優渥叢書

優渥叢書

股素人、卡小孩的

收租股 總覽1

好存股一把抓

3~5年賺 100%

股素人、卡小孩◎著

CONTENTS
目錄

Chapter 1

給「積極投資人」，更快獲利翻倍的捷徑 025

CONTENTS
目錄

紀律是邁向成功的必要修練

財經部落客／股魚

　　投資市場是個迷人的世界，其中流竄著數不盡的真假訊息。若古代故事中的狐仙會迷惑眾人，令人一時之間失去方向，投資市場這些真假難辨的消息，便可說是現代的狐仙。

　　在如此虛實難辨的環境裡，投資人很容易感到困惑，需要有人指引該怎麼做。其實，最好的解答往往來自親身經驗的累積。豐富的處理經驗，能使我們在第一時間做出判斷，將風險降到最低，讓潛在的回報得以放大。

　　這樣的過程，也就是所謂的SOP (Standard Operating Procedures)，是企業運作的基石，同時也適用於投資市場。試著回想過去的每一次投資，是否總有相似的狀況出現，就有機會重複獲利的模式。SOP最重要的精神，在於建立標準流程，並將個人的情緒排除在外，讓整個過程變成一套可量化的準則。

　　2位作者在書中共同提出數種條件（買股、先決、但書、賣股），作為每個決策點要注意的關鍵指標，這是一種高度紀律的做法。各位不要忘記：「有紀律不一定保證投資成功，但投資成功的人必定有紀律。」

　　沒有紀律的投資行為，充其量只是一種賭博，一旦賭輸了，只能怪運氣不好，對下一次要如何提高勝率毫無助益。紀律與流程，則帶給投資人檢討與改善的契機，透過一次又一次的檢討，每個人都有機會在投資市場上賺取屬於自己的那一桶金。

　　本書舉出相當多個股作為選股案例，但我建議各位讀者，不要將書裡介紹的個股當成唯一選擇。每檔個股在不同的時間點，判斷結果可能都會有所不同，大家應利用書中說明的流程與技巧進行選擇，看看自己選出的個股與其數據，和作者提供的有何差異。透過不斷比對，將這些技巧內化成自己的一部分。

　　與其拿別人捕好的魚吃，不如學會他們的捕魚技巧，在茫茫股海中獵捕屬於自己的大魚。

細水長流才是股市致勝之道

算股高手／陳喬泓

如果有人問我，什麼是最適合一般普羅大眾的投資策略？我的答案是存股。

許多散戶投資人喜歡以短線追求快速獲利，但事實上，能夠持續利用短線操作獲利的人有如鳳毛麟角，唯一賺到的，恐怕只有交易的快感！反而是藉由存股收租，透過長時間的複利，細水長流才是長久致勝之道。至於如何執行，本書提供了絕佳答案，想存股卻不得其門而入的散戶朋友，一定要好好閱讀。

2006年，我懷抱賺大錢的美夢進入股市，卻在2年後遭遇美國次貸風暴，損失近百萬。之後痛定思痛，靠著不斷閱讀學習，改變投資風格，從短線操作進化為中長線，而且只買獲利不斷創高的成長股，投資績效才逐漸提升。

本書作者股素人可說是我的投資前輩。他早在1998年就「錢進股市」，剛開始也並非一帆風順，在2000年慘賠掉一棟房產後，黯然離開股市。直到2008年，才與女兒卡小孜合力研究出一套存股法，悟出「買股的3個15準則」與「3個先決條件」這樣的選股與買進策略，因此在重返股市後，創造獲利翻倍的成績。

　　本書是他們父女合著的第3本著作，經過前2本暢銷書《股票收租法，我4年賺100%》、《我用4張表，存股賺1倍》的歷練，他們的存股術更進一步提升，平均獲利時間更短，獲利倍數也更大。根據書中公開的最新持股記錄，他們持有的25檔股票當中，有10檔平均獲利高達177%！

　　要如何選擇穩健的好股票收租？有許多投資人，光看各家公司的財報數字就覺得頭痛，畢竟台股上市上櫃的公司總數超過1,500家。有些老一輩的投資人會翻閱《股市總覽》或《四季報》，但這2本書厚達近千頁，大多數人最後都選擇放棄，改採短線操作，或是聽電視上的投顧老師報明牌。然而，這麼做的結果，往往是賠錢收場。

　　想長期投資，但沒有時間仔細挑選股票的投資人，別擔心！2位作者貼心地幫大家從上市上櫃千餘檔股票中，精選出60檔具備長期投資價值的績優存股名單，讓你不用看盤，就能享有獲利100%的機會。

　　不是每個人都能成為巴菲特，也並非全職投資人才能創造高投報率。股素人與卡小孜，一位是專業空調技師，一位是日文翻譯兼教學，投資股票是他們的副業，卻創造令人驚豔的投資績效。如果你也想在工作之餘，透過「股票收租法」，幫自己累積一筆額外的財富，《股素人和卡小孜的收租股總覽 1》絕對是你的最佳選擇。

長抱好存股，
股利、價差自然來

股素人

　　領固定薪水的月薪族，想買房成家並不容易。勤儉持家的菜籃族，省吃儉用存老本，但銀行年息不到1.1%（定存100萬元的年息不到11,000元），只能望錢興嘆。沒有18%定存收入的退休族，對退休生活沒有安全感。（我的勞保月退金僅22,800元，哪天萬一中風，勉強請個外籍看護，還得不吃不喝。）因此，上述月薪族、菜籃族和退休族等散戶族群，大多期待能增加一筆穩定的收入。

　　「有沒有穩賺不賠的投資法？」「有！低買高賣！」這個道理誰都知道，但大多數小資族仍無法克服追高殺低的人性，難逃賺少賠多的厄運。在現實中，除了內線交易外，沒有穩賺不賠的股市理財法。

　　好友老張是位靠房租收入、不愁吃穿的退休族，過著上午看盤、進出股市小玩一下，然後逛街喝下午茶的悠閒日子。某天他說：「老何，存股3～5年太久了，可不可以告訴我一支半年可賺50%的股票？」通常我只思考長抱5年的存股理財，不碰正面廝殺的短線操作，但在吃了免費的下午茶點心後，「吃人的手軟」，只好硬著頭皮告訴他：

「如果亞翔（3577）跌到22元，可買進放半年看看。」

結果，老張果真在21.6元買進20張亞翔，但不到2個月，股價就跌到18元。老張打電話給我說：「老何，你的明牌不準，好歹請我吃頓晚餐賠賠罪吧。」在吃晚餐時，我勸他不要認賠賣出，再等4個月看看，如果沒有回漲，我再請吃牛排。

2016年2月初，當亞翔漲到42元時（非本業因素），我打電話給老張要他賣出，他竟然回答：「我凍袜條啦，31元時就全部賣掉！」老張賺了近20萬元，至今尚未請我喝下午茶、吃晚餐。唉，跌有罪、漲無功啊！

有位讀者說：「我確實是用閒錢買股票，只是現在（大盤指數約8,600點）找不到好存股可買，你可不可以推薦幾支股票給我參考？」當時我檢視手中既有的持股，找到一檔仍然完全符合收租股操作SOP的股票，然而有了老張的前車之鑑，我不敢再推薦個股給讀者。

後來才想出變通的辦法，完成本書第7章收租潛力股的4張表，縮小找尋好存股的摸索範圍與時間。但你還是得自己走完最後一哩路，以最近4季的EPS計算適當買價，免得你跟老張一樣，要我請你吃牛排大餐。

沒有永遠的好存股，而且任何產業均有景氣循環週期，尤其是原料、物產等傳統產業的景氣週期，短則3～4年，長則7～8年。這些傳統產業的股票多已上市20年以上，至少撐過3個景氣循環週期，仍然屹立不搖。期間股

價有漲有跌，才會使投資大眾「有人看好、有人看衰」，進場買賣股票，於是出現價差的利基與風險。

散戶在面對套牢股時，多半抱著「不賣不算賠」的心態，這種想法不算錯，錯在置之不理。**如果買到的是好存股，應在股價每跌25%以上時，再買進以攤平成本，才有機會盡早解套。**就拿我在2011年12月以27.8元買進的中鋼（2002）來看，如果我沒有在2016年2月以18.35元再加碼買進，至今的持股成本依然比市價高20%。

所以，當好存股套牢時，必須「逆人性操作」──他人恐懼我貪婪，逢低加碼。知易行難，但正因如此，股市才有所謂的「二八法則」：20%的贏家從80%的輸家手中賺取利潤。

「你不理財，財不理你」，但投資理財必有風險，「不當理財，財會損你」。若想「低買高賣安穩賺」，除了要逆人性操作，還必須依據收租股操作SOP，**慎選好存股，長抱3～5年，股利、價差自然來。**

在股神巴菲特的眾多名言中，我最喜歡這句話：「買進好股票後，要假設從明天起，股市將休市5年。」我的存股目標是**「持股5年，獲利100%」**，與各位讀者共勉。

富貴不需險中求，
小富可以安穩得

卡小孜

　　我認識的小資族，或多或少都稍有積蓄，只不過大多害怕投資虧損、套牢，即使銀行定存利率不到1.1%，仍然把錢放在銀行裡。誠然，沒有穩賺不賠的投資理財法，但若是有8成以上勝率的方法，就值得嘗試看看。我當初也是這樣開始進行存股理財，比別人幸運的是，我有家父股素人的前車之鑑可以參考，才能在7年的存股理財經驗中，安穩獲利不蝕本。

　　自2009年12月買進人生第一檔股票（統一超，2912）以來，我即抱持穩紮穩打的心態，以「每年領息6%」為目標，希望能增加另一份收入。由於我平時從事日文教學與翻譯，加上服裝設計與製作的副業，還得照顧剛滿週歲的小baby，已經沒有多餘心力去想如何賺大錢。因此，當不成專職的理財專家，只適合當個每年買股2次的「股市打工族」。

　　老實說，剛開始我並未留意股價是否倍漲，直到有不少讀者反應，希望能縮短存股獲利100%的時間，我才開始思考這樣的可行性。存股理財本應以持股≧5年為目

標，否則就失去意義，因此我採取折衷的辦法，決定把前書「不賣股的3準則」中的①「不持股5年不賣」，調降為**「不持股3年不賣」**。

平心而論，1,800檔上市櫃股票中，在股市指數8,500點以上時，能夠完全符合收租股操作SOP的股票，大概不到20檔，所以一旦選中好存股，**實在不宜只以獲利1倍為目標，眼光要放得更遠、耐心等待，以獲利2倍、3倍為目標。**

否則，若你持有超過10檔股票，在賣出這些股票後，可能很難再找到另一檔好存股。不如細水長流，每年安穩地領取約6%的股利。這也就是為什麼股素人存股理財7年，沒有賣出任何一檔帳面上已經獲利100%的股票，反而對套牢中的2檔股票持續逢低買進。

相對於股素人的長抱不賣（不缺錢急用不賣），我則改以「如何縮短獲利100%的時間」為考量，改以持股3年為目標，並在獲利100%時賣出，比股素人享有更高的投報率。至於≦3年就獲利100%的股票，到底賣不賣，就由各位自己決定吧！

2015年9月18日，光明（4420）的股價首度飆漲到50元時，我曾考慮賣出，但因為堅持每年僅操作2次的但書條款（每年只在1月1日和7月1日的前後30天內操作一次），當時並未賣出。直到10月15日股價又飆漲到60元以上時，為了印證「獲利100%就賣，可增加整體投報率」

的邏輯，才以63.2元（賺2.88倍）一次全部賣出，破了我原先的堅持。

之後，我又在2016年3月以42.2元（賺1倍）賣掉亞翔，在2016年7月以255元（賺4.9倍）賣出統一超。因此，才將限每年操作2次的但書條款，正式修正為**限每年買股2次**，不再限制僅在每年1月1日和7月1日的之前後30天買賣股票。

在我7年的存股理財經驗裡，每年穩定領取5.8～6.3%的現金股利。但在賣掉已獲利至少1倍的光明、亞翔及統一超之後，確實有再賣出其他股價已倍漲股票的衝動。通常，如果每一檔股票在獲利1倍時就賣（亞翔），應該會比長期持股、獲利3～5倍時再賣（光明和統一超），享有更好的投資報酬率，只是賣股後需要再花時間找好存股來遞補，將可能破壞限每年買股≤2次的紀律。

誠然，嚴守紀律可能錯失高獲利的良機，但把持不住也可能陷入頻繁買賣股票的風險，個性保守的我還是決定嚴守紀律。

許多理財專家在書上或節目中都報喜不報憂，只談獲利而避談虧損。股素人與我均不敢以理財專家自居，我們僅是業餘理財者，因此得老實告訴各位，我們持股滿3年的股票當中，目前尚有台橡（2103）和裕民（2606）2檔股票仍處於套牢狀態。

我會引以為戒，從錯誤中學習，依照「買股的3個15

準則」和「**3個先決條件**」選擇好存股,並以「**基準買價
與複查買**」的雙煞車機制,決定買股的適當買價,才能避
免重蹈覆轍,遠離套牢的困境。

因為存股套牢的經驗,我深深體會到,不僅沒有穩賺
不賠的投資理財法,也沒有永遠的好存股。股價的起伏漲
跌是常態,所以買進現階段的好存股後,應至少每年檢視
一次。以後《收租股總覽》也將每年更新一次,希望有助
於平常沒時間深入研究存股理財的小資族。

富貴不需險中求,小富可以安穩得。存股理財獲利的
祕訣,在於「戒貪念、等時機、慎選買、長持有、逢低
買」,再加上用閒錢買股票,才能跌不心驚、漲不心動,
進而避風險、領高息!

精選 60 檔收租股，
3 年獲利加倍奉還

　　2014年9月出版《股票收租法：我4年賺100%》時，我們只是忠實敘述自己存股理財的心得，沒想到「無心插柳柳成蔭」，獲得讀者青睞，出版不到2個月，即登上金石堂網路書店投資理財類暢銷排行榜第一名。當時承蒙許多讀者來函詢問，除了逐一回信，也適時增修原本不夠詳盡的內容。

　　隔年9月出版的增訂版，不僅針對讀者的問題新增補充說明，也加上熱心的旅美讀者蔡博義先生提供的心得報告，總共增加80頁內容，正名為《我用4張表・存股賺1倍》（以下簡稱前書）。此書仍深受讀者支持，出版2個月，再度登上暢銷排行榜第一名。

　　前書出版後，讀者的問題明顯減少，談的多是個股問題，令人意外的是，「如何縮短存股獲利100%的時間」竟是多數讀者的心聲。

　　平心而論，存股理財是相當無聊的事。股神巴菲特曾說：「如果你不想持股10年，連10分鐘也不要持有。」買進一檔股票，然後抱10年，確實很無聊，如果您沒有其他正職工作，可能會閒得發慌，所以我們在前書中，即誠懇

地呼籲讀者：「存股理財是打零工賺外快」，以及「要用閒錢買股票」。

我們均有其他正職工作，確實遵守**每年只買賣股票2次**的條款，追求細水長流的股息收入，6年多來，現金股利收入在5.8～6.3%之間（目前銀行定期存款的年息≦1.1%），對於這樣的成績，已經感到很滿足了。

為了回應讀者，我們開始修正前書的操作準則，並進行實驗性操作。**本書將實際操作結果據實以告，沒有誇大不實的敘述，而是中肯地向讀者報告「好存股一把抓，3～5年賺100%」的可行性**，結論是：實際上可行，但風險可能會提高！

我們持有3年以上的25檔股票當中，雖然有16檔符合「持股3～5年，獲利100%」的狀態，但也有2檔目前仍然被套牢。如果問我們：「會認賠賣出嗎？」答案是：「不會。」

這就回到前書**「不賣股的3準則」**之一：「**不獲利100%不賣**」，理由是這2檔股票即使EPS不到1元，仍會配發1元的現金股利給小股東（現金配息率高於100%），而董監事持股也未明顯減少，因此決定股價每跌25%以上，再買進攤平，耐心等待股價倍漲的時機。

「月有陰晴圓缺，價有漲跌起伏」，股價時起時落乃是常態，所以投資理財並非穩賺不賠，即使股神巴菲特也是如此。在某次電視訪談中，來賓詢問巴菲特是否有投資

失敗的經驗，巴菲特笑著回答：「如果時間許可的話，我可以談上3天3夜。」

短線操作如同正面對決，瞬間定勝負，著重10～20%的價差輸贏，存股理財則如同長期抗戰，迂迴轉進，著重長期持股的股利，追求100%的價差獲利。

本書第1章，針對前書做了一些修正和補充說明。理財過程中難免犯錯，我們不諱言曾經犯過的錯誤，重點在於，在錯誤中找出盲點並予以改善，因此才會訂出所謂的台玻條款、中鋼條款、台橡條款和燦坤條款，盡量讓**收租股操作SOP**，成為低風險又可行的存股理財法。

本書除了延續前書的存股理念，也為希望縮短存股獲利100%時間的讀者，提供一個明確的存股理財方向。書中整合《股市總覽》與「台灣50」（0050）的模式，定名為**《收租股總覽》**；從上市櫃股票中，依據最近5年的財報資訊，整理出**60檔**目前最具潛力的收租股，製作出如前書所述的**4張表**，作為各位篩選好存股（績優收租股）時的參考。

這60檔收租潛力股並非穩賺不賠，我們也並未全數持有。只是若目前的持股倍漲賣出時，會從這60檔當中依據最近4季的EPS重新計算，再找出現階段的好存股。（因為沒有永遠的好存股，我們每年都會更新資料，出版當年適用的《收租股總覽》。2017年1月出版《收租股總覽1》。）

基本上，除非銀行定存年息回到2001年前的6%以

上,否則收租股操作SOP不會改變,因此本書有時仍需引用前書的論點。然而,為了節省篇幅,盡量不全文移植,而是加註前書×××頁。如果各位的理財理念跟我們一樣,是以「存股領息6%」作為基本的薪資收入,而把「存股3～5年,獲利100%」當成意外的年終獎金,本書與前書均是必讀的理想參考書。

不過要提醒大家,依照本書的做法操作,不代表就能穩賺不賠。小資族(包含上班族、SOHO族、菜籃族及退休族等股市散戶)若不想淪為股市的輸家,應**慎選好存股,耐心等待低價買進時機,並長期持股,每年領取6%的現金股利,穩健獲利不蝕本!**

聯絡我們:tempace@yahoo.com.tw(股素人)

誠 摯 叮 嚀

▶勤做功課,不如做對功課。

▶一夕致富聽天命,3年倍還靠人為。

NOTE

Chapter *1*

給「積極投資人」，
更快獲利翻倍的捷徑

前書（《我用4張表・存股賺1倍》）是2014年9月出版的《股票收租法・我4年賺100%》增訂版，這2本書均站在小資族的立場，分享以「存股5年，每年領息6%」為目標，兼顧5年內產生100%價差獲利的存股理念。事實上，我們2人都做到了，只是有許多讀者反應：「持股5年，獲利100%」似乎太久，可否縮短為3年？

存股理財即價值投資，談價值投資，就必須參考該公司的4大財務報表：資產負債表、損益表、股東權益變動表，以及現金流量表。然而這4大財務報表，只有專業人士才能徹底了解，散戶多半沒有心力探討其中的複雜數據。

前書中提到的4張表，並非此4大財務報表，而是**從4大財務報表中摘錄整理，精簡成人人都看得懂的4張表，**也就是所謂的「存股需知」。前3張表包含：**1.近10年的配股配息記錄、2.近10年的最高價和最低價、3.近4季與近5年的EPS，**均可從公開網站上下載（搜尋步驟詳見前書），然後稍微加減乘除計算，**整理出第4張表「收租股買前檢查表」。**

東森財經台曾在2016年1月11日的節目裡介紹拙作，並依照書中「買股的3個15準則」與「3個先決條件」，從近1,000檔上市公司中，找到中宇（1535）、新巨（2420）和超豐（2441）3檔股票，這應該是以2015年Q3的財報數據所做的分析（**表6-3**，153頁）。

　　之後，我以2016年Q1的財報數據重新計算時，只有中宇仍然完全符合「買股的3個15準則」與「3個先決條件」，其他2檔股票的股價已經偏高，若貿然追高買進，恐有套牢疑慮。這正好說明，**買股前以最近4季EPS重新驗算**的重要性。

1-1

積極的投資人，就用「收租股操作SOP」進階版

　　表1-1是前書的收租股操作SOP，強調方法、紀律與耐心。「買股的3個15準則」與「3個先決條件」是選股的方法，「3個但書條款」是操作的紀律，而「不賣股的3準則」則是存股的耐心。總而言之，就是勤做功課不如做對功課；追高殺低不如戒急用忍。

　　此外，因為有些讀者認為收租股操作SOP過於嚴謹，

表1-1 收租股操作SOP

> ★**買股的3個15準則**
>   ①平均ROE≧15% ②買入價P/E≦15 ③買入價≦現金息×15
>   ×0.8　　　　　　　　　　　　　　　　　　　　　　A
>
> ★**3個先決條件**
>   ①現金配息率≧70% ②董監持股≧25% ③負債比≦55%
>   　　　　　　　　　　　　　　15%　B
>
> ★**3個但書條款**
>   ①僅買現金息≦5元 ②買跌不買漲 ③限每年操作2次
>   　　　　　　　　　　　　　　　　買股　C
>
> ★**不賣股的3準則**
>   ①不持股5年不賣 ②不獲利一倍不賣 ③不缺錢急用不賣
>   3年　D

不容易找到好存股，本書將左頁粉紅色圈處做了修正，以符合讀者「縮短獲利100%時間」的期待，又不失存股理財的精神。

保守型存股理財者，仍適合採用原有的操作SOP，但願意承擔稍高風險，以縮短獲利時間的積極型存股理財者，則可採用修正版的操作SOP。本書針對原始的SOP，做了以下4項修改。

A.平均ROE從≧15%，下修為≧15%×0.8

為了維持「買股的3個15準則」，所以沒有直接將「平均ROE≧15%」改成≧12%，而以「15%×0.8」代替。一般而言，ROE≧20%是**優等股（A⁺）**，ROE≧15%是**甲等股（A）**，ROE≧12%是**乙等股（B）**，而ROE≧10%則是**丙等股（C）**，是選購收租股的等級下限。

優等股和甲等股的股價多已偏高，而且股價不會只漲不跌，乙等股（B）則大多比優等股（A+）有成長空間，也有更高的股價倍漲機率。因此，將好存股的選股條件由「平均ROE≧15%」下修為「平均ROE≧12%」，可選擇的好存股檔數就明顯增加。

前書以「近5年平均ROE≧15%」作為買股條件之一，是為了確保獲利、降低風險（保守理財），若想追求「3年獲利100%」，則不能拘泥於此，以免錯失有成長潛

力的好存股。

若一家公司每年的現金配息率≧70%，而ROE≧12%（乙等股），應可算是難能可貴。事實上，我寧可選擇每年ROE=10%的公司，而不會選今年ROE30%、隔年ROE就變為0%的公司。

ROE=EPS÷每股淨值，P/E=股價÷EPS，兩者顯然是相互影響的，所以將ROE下修時，P/E多會上升。然而，如果不以「**買入價P/E≦15**」做限制，**將導致複查買價偏高**。

因此，②「買入價P/E≦15」仍維持不變，③「買入價≦現金息×15」也維持不變，相當於現金殖利率≧6.67%，②和③是①修正為「ROE≧12%」後的必要制衡機制，不宜下修。

好存股幾乎都會填權息，只是時間早晚而已，萬一「價有不測漲跌」，隔年的股價跌了30%以上，或是現金殖利率跌了一半，尚有時間檢討是否應「逢低攤平」，還是暫時觀望。精挑細選的好存股，**不宜在下跌20～30%時即認賠賣出**。事實上，**股價下跌25%時，正是我們逢低加碼的起點**。

B.董監持股從≧25%，下修為15%

將董監持股下修為≧15%的理由有2個。

　　一、有些公司會成立境外公司（基於節稅或操控股價等因素），甚至透過親友團或法人來持股。舉例來說，2015年下半年，浩鼎（4174）因扯上中央研究院院長，而登上報紙頭條，其申報的董監事持股僅14.92%（**表1-2a**），但實際大股東是隸屬潤泰集團的宜泰投資公司，持股高達15.13%（**表1-2b**），因為沒有指派董監事，其持股比率並未列入董監事持股內，若加上公司高層經理人的持股，則

表1-2a　浩鼎股東架構（105/05）

股東結構類別	人數	股數	持股比例（％）
政府（公營）機構投資	0	0	0.0000
本國金融機構投資	1	403,000	0.2366
本國證券投信基金投資	30	5,034,088	2.9554
本國公司法人投資	86	58,742,329	34.4858
本國其他法人投資	3	58,680	0.0344
僑外金融機構投資	16	2,168,503	1.2731
僑外法人投資	62	11,514,651	6.7599
僑外證券投信基金投資	220	11,067,325	6.4973
本國自然人投資	12,253	81,319,956	47.7405
僑外自然人投資	9	29,052	0.0171
庫藏股票	0	0	0.0000
股東人數	12,680	------	------
實際發行總股數	------	170,337,584	100
股東常（臨）會日期			105/06/27
全體董事、監察人、經理人，以及持股10%以上股東（含宜泰公司持股）	26	52,406,351	30.7662
全體董監持股合計	25,417,944	全體董監持股比例（％）	14.922%

資料來源：公開資訊觀測站，查詢方法詳見前書第 125 頁。

表1-2b 浩鼎董監事及經理人持股（105/05）

職稱	姓名	目前持股	配偶、未成年子女及利用他人名義持有部分 / 關係人目前持股合計
董事長	張念慈	2,311,963	0
董事	匯弘投資股份有限公司	15,545,699	0
董事之法人代表人	曾達夢	0	0
董事	匯弘投資股份有限公司	15,545,699	0
董事之法人代表人	卓隆燁	0	266,639
董事	許友恭	1,063,333	33,000
董事	英屬維京群島商 Alpha Corporate Holdings Limited	6,496,949	0
董事之法人代表人	李世仁	0	305,000
獨立董事	蔡揚宗	0	0
獨立董事	馮震宇	0	0
獨立董事	張仲明	0	0
總經理	黃秀美	41,500	0
副總經理	曾毓俊	204,001	0
副總經理	游丞德	683,000	50,000
副總經理	孟芝雲	95,000	0
副總經理	陳純誠	0	0
副總經理	余裴文	0	0
副總經理	張凱萍	0	0
副總經理	王振東	45,000	0
協理	羅婷玉	32,000	0
協理	楊孟慧	0	0
協理	賴建勳	81,000	0
協理	謝義簧	0	0
協理	廖宗志	0	0
協理	陳建國	0	0
協理	楊子濂	16,041	0
協理	李淑娟	25,833	0
經理	簡志仲	0	0
財務部門主管	王振東	45,000	0
大股東	宜泰投資股份有限公司	25,765,032	（佔15.13%）

資料來源：公開資訊觀測站，查詢方法詳見前書第 125 頁。

所有與公司關係密切者的總持股，高達35%以上。

　　二、董監持股低於15%的好存股，有可能在每3年一次的董監事改選前，出現「董監改選行情」，使股價突然飆漲，有助於縮短獲利100%的時間。因此，本書將財報上的董監持股比率，由25%下修為15%，而董監持股≧25%的另一附加條款：「（董監＋外資）持股≧40%」，也下修為「（董監+外資）持股≧25%」。

　　董監條款修正後，把關機制則由①現金配息率≧**70%**與③負債比≦**55%**負責，這是董監持股≧**15%**的最後防線，不宜下修。

　　如果某公司除了董監持股少於15%，其他條件均完全符合收租股操作SOP，則可上網搜尋如**表1-2**的董監事與經理人的持股比例，若其總計持股比率達25%以上，就可以考慮破例買進。

C.限每年操作2次，改為限每年買股2次

　　操作包含買股與賣股，僅在每年1月1日和7月1日的前後30天進行。然而每年的股價高點，並非一定在這2個時段內，因此應至少每個月檢視一次手中的持股（花3分鐘看報紙的股市行情即可），**如果股價已經漲1倍以上，可以考慮賣股**，否則可能錯失股價倍漲的賣股良機。也就是說，買股仍然維持在1月1日與7月1日的前後30天內，**賣**

股則見機行事,時間不受限制。

例如,前面提及的光明和亞翔,都是在股價突然飆漲(非本業因素)的時機賣出,而不是賣在1月1日和7月1日前後30天內的期間內。

股價倍漲即賣,確實比長期持股「年領6%股息」,享有較高的投資報酬率,但如果在賣股後找不到好存股,勉強買進「類收租股」(不完全符合收租股操作SOP),獲利也可能回吐。

短線操作就像賭博,賺的錢只是暫時放在口袋而已。閒錢不多與專業技巧不足的小資族,宜堅守「限每年買股2次」的原則。

D.不持股5年不賣,改為不持股3年不賣

既然要縮短存股獲利100%的時間,就必須下修持股年限,同時得避免淪為短線操作,所以修改為「不持股3年不賣」,保留長期持股的理念。至於持股3年內股價即漲1倍時,賣或不賣則由各位自己決定。

我的看法是不缺錢急用,或者該個股未來一年內仍有成長空間時,可以暫緩賣出,等上漲2~3倍時再賣,免得賣出後又找不到好存股遞補。

「不賣股的3原則」看似簡單,卻是收租股操作SOP中最難遵守的條款。而不持股3年不賣,更是許多習慣賺

15～20%就獲利了結的人難以克服的魔咒。存股理財者若無法遵守這個原則，大多難逃追高殺低的結局。

　　此外，對於存股理財的做法，我們不諱言曾經犯錯，而且一直持續檢討改善，希望將收租股操作SOP的風險降至最低。因此，本章1-2～1-9針對前書部分內容（第34、47、52、79～81、102～103、150～151、163～164、187頁）做了一些修正。

1-2

想更快獲利1倍，關鍵就在「低價位區」買進收租股

　　若要達成「好存股一把抓，3～5年賺100%」的目標，必須堅持以低價位買進好存股。那麼，好存股的適當買價要如何決定？在收租股買前檢查表中，有**2個參考價格**。

　　（A）基準買價＝近5年平均現金息×15

　　　　　欲買入P/E＝基準買價÷近4季EPS≦15

　　（B）複查買價＝近5年平均P/E×近4季EPS

　　若**近5年平均P/E≧15**，則取15計算，否則可能導致複查買價偏高，而誤買在高價位。

　　基準買價並非合理買價，而是欲買入價的參考基準。當欲買入P/E＞15時，基準買價便不適用，需以複查買價取代基準買價。

　　好存股的適當買價（即建議買價），是取基準買價與複查買價之間的較低價格，若基準買價或複查買價又能符

合「≦近5年最低價」的條件，才算是便宜買價，只是這種機會並不多。

> 適當買價 = Min.（基準買價，複查買價）
> 便宜買價 ≦ 近5年最低價的（A）或（B）

基準買價與複查買價是互相制衡的雙煞車機制，就像駕訓班的教練車裡，副駕駛座另有一組煞車板，當駕駛座上的學員即將發生衝撞時，教練可以緊急煞車。

基準買價如同學員依指示開車，複查買價有如教練使用的第2組煞車板，而即將發生衝撞則好比欲買入P/E大於15。也就是說，當欲買入P/E＞15或「最近4季EPS＜近5年平均EPS」時，複查買價便可能低於基準買價，產生制衡效果。

如果某檔股票的股價連續5年創新低，其最近一年的最低價並非便宜買價，因為這種股票不可能完全符合收租股買前檢查表的標準（**表2-2b**、**表2-3b**、**表2-4b**，67、71、76頁）。

1-3

不看盤，你也能做到銀行定存「年息20%」的獲利！

　　表1-3是不同年利率的「複利率本利和速查表」，從中可快速了解銀行定存的本利和收入，以及存股理財多少年可以加倍奉還。

　　銀行定存需存滿既定時間才能領利息，而股市存股沒有既定的時間，只要在每年7、8月的除權息日前買進股票，也許數天、數個月，等股價回復到除權日前一天的股價時，就能賺到全部的實質利息。這些利息通常會在每年8、9月，自動匯入帳戶。

　　大多數股市專家都警告：「不要賺了小股利，賠了大價差」，其實這僅適用於想在除權息期間，趁機獲利10～20%的短線操作者。以持股3～5年為目標的存股理財者，不必在意是否填權息，因為好存股在3～5年內，多有數次填權息，甚至股價倍漲的機會。「做對功課、選對好存股」，股價倍漲只是時間長短的問題而已。

　　談投資理財的獲利率時，銀行定存的年利率相當於存股理財的「年化報酬率」。例如，以100萬元買進股票，

而每年有15%的獲利率時，如**表1-3**所示，第一年的本利和是115萬元（在年利率15%與年數1的交叉點），也就是可以獲利15萬元的利息。若以此利息再買進同一檔股票，則成為第2年本金的一部分。依此類推，100萬元的存款，5年即可連本帶利，變為201.1萬元（在年利率15%與年數5的交叉點）。

　　中央銀行連4季降息半碼（≒0.125%），自2016年7月起，銀行定存的年息利率僅1.03%，然而消費者物價指數（CPI）為1.09%，也就是說，台灣已正式進入負利率時代，錢放在銀行，雖然帳面上每年仍增加1.03%，但實質上的應用價值已虧損了0.06%。

　　「存股5年獲利100%」相當於銀行定存年息15%，「存股3年獲利100%」則相當於銀行定存年息26%。我很滿意這樣的成效，你呢？

表1-3 ▶ 複利率本利和速查表 （單位：萬元）

年數	銀行存款年利率 或 股市存股年報酬率（以本金1萬元為例）													
	1.35%	2%	3%	4%	5%	6%	7.2%	8%	9%	10%	11%	12%	15%	18%
1	1.0135	1.020	1.030	1.040	1.050	1.060	1.072	1.080	1.090	1.100	1.110	1.120	1.150	1.180
2	1.0272	1.040	1.061	1.082	1.103	1.124	1.149	1.166	1.188	1.210	1.232	1.254	1.323	1.392
3	1.0410	1.061	1.093	1.125	1.158	1.191	1.232	1.260	1.295	1.331	1.368	1.405	1.521	1.643
4	1.0551	1.082	1.126	1.170	1.216	1.262	1.321	1.360	1.412	1.464	1.518	1.574	1.749	1.939
4.2	1.0579	1.088	1.132	1.179	1.227	1.277	1.339	1.382	1.436	1.492	1.550	1.610	1.799	2.004
4.5	1.0622	1.093	1.142	1.193	1.246	1.300	1.367	1.414	1.474	1.536	1.599	1.665	1.876	2.106
5	1.0693	1.104	1.159	1.217	1.276	1.338	1.416	1.469	1.539	1.611	1.685	1.762	2.011	2.288
5.5	1.0765	1.115	1.177	1.241	1.308	1.378	1.466	1.527	1.606	1.689	1.775	1.865	2.157	2.485
6	1.0838	1.126	1.194	1.265	1.340	1.419	1.518	1.587	1.677	1.772	1.870	1.974	2.313	2.700
6.5	1.0911	1.137	1.212	1.290	1.373	1.460	1.571	1.649	1.751	1.858	1.971	2.089	2.480	2.932
7	1.0984	1.149	1.230	1.316	1.407	1.504	1.627	1.714	1.828	1.949	2.076	2.211	2.660	3.185
7.5	1.1058	1.160	1.248	1.342	1.442	1.548	1.684	1.781	1.909	2.044	2.187	2.340	2.853	3.460
8	1.1132	1.172	1.267	1.369	1.477	1.594	1.744	1.851	1.993	2.144	2.305	2.476	3.059	3.759
8.5	1.1207	1.183	1.286	1.396	1.514	1.641	1.806	1.924	2.080	2.248	2.428	2.620	3.280	4.083
9	1.1283	1.195	1.305	1.423	1.551	1.689	1.870	1.999	2.172	2.358	2.558	2.773	3.518	4.435
9.5	1.1359	1.207	1.324	1.451	1.590	1.739	1.936	2.077	2.268	2.473	2.695	2.935	3.773	4.818
10	1.1435	1.219	1.344	1.480	1.629	1.791	2.004	2.159	2.367	2.594	2.839	3.106	4.046	5.234

註1：複利本利和＝（1+ 年利率 %）^{n}，n 是存款年數。
註2：紅字是本利和增加一倍時的年利率與年數對照值。

存股 5 年獲利 100%，相當於存款年利率 15%。

1-4

散戶子彈有限，持股 3～5檔是最佳選擇

　　投資理財務必要用「閒錢」（即使全部虧損也不會影響生活品質的金額）。到底持有多少檔收租股比較好？多數股市理財專家都建議：「不宜同時持股超過5檔」，主要是為了避免短線操作時管理不易。但存股理財須長期持股，宜視資金多寡與理財心態，分為保守型與積極型（**表1-4**）。

　　保守型：持股檔數在3～15檔之間，當手中的閒錢≧801萬元時，應以20檔為上限，否則在賣掉倍漲的股票

表1-4 合宜的持股檔數

保守型（分散風險）		積極型（集中火力）	
閒錢（資金）	持股檔數	閒錢（資金）	持股檔數
≦50萬元	≦3檔	≦500萬	≦5檔
≦200萬元	≦6檔		
≦500萬元	≦10檔		
≦800萬元	≦15檔	≦800萬	≦8檔
≧801萬元	≦20檔	≧801萬	≦12檔

後，很難再找到完全符合收租股買前檢查表的好存股。

積極型：當手中的閒錢≦800萬元時，持股檔數應在5～8檔之間；當手中的閒錢≧801萬元時，則每200萬元加一檔，但不宜超過12檔。

分散風險是我們小資族的優先考量，所以不應把所有雞蛋放同一個籃子裡。每檔股票的買入總金額以50萬元為上限，且每檔股票的投入金額，以不超過總投資金額的**10%**為上限（以免股價邊跌時心驚膽跳）。

1-5

國安基金進場護盤，就是存股好時機？錯！

　　理財專家多說：「國安基金護盤時，是買股的好時機」，此說法應是針對短線操作的股市專家說的。外資、投信、自營商（3大法人）與股市大戶，看準國安基金必定會買進的心理，挾著人才、技術與龐大資金，勇敢地與國安基金對賭。他們配合運用權證、期貨及匯市交易等方式，確實可能小賺一筆，而國安基金就成為散財童子。

　　自2015年起，國安基金的護盤操作已不再單純為了拯救股市崩盤危機，而是可能有政治考量。**表1-5**是歷年來的國安基金護盤事件。以前國安基金多在股市（5個交易日）急跌1,500點以上，並跌破10年線時，才會開始進場護盤。

　　但國安基金最近一次（第7次，2015年8月24日開始）的護盤，是因為美國股市8月21日單日重挫500多點，造成台股恐慌賣壓湧現，8月24日上午10時，盤中指數暴跌583點，跌幅高達7.49%，創下台股史上最大跌幅記錄。11點以後，國安基金緊急進場護盤，指數跌幅縮小，終

場下跌376.6點，收在7410點。這一次，股市僅單日下跌500多點，國安基金就開始打預防針了。

表1-5 國安基金進場護盤的次數與年度

順序	年度（民國）	原因	最高指數（max）	最低指數（min）	max－min
第1次	89年3月	（藍、綠）政權交替	10,393.59	4,555.91	5,837.68
第2次	89年10月	國際油價上漲、核四停建	同上	同上	同上
第3次	91年4月	SARS危機	6,484.93	3,845.76	2,639.17
第4次	93年3月	總統選舉、319槍擊事件	7,135.00	5,255.65	1,879.35
第5次	97年9月	金融風暴	9,309.95	3,955.43	5,354.52
第6次	100年12月	全球股災	9,220.69	6,609.11	2,611.58
第7次	105年8月	全球股災	NA	NA	NA

接著，因為已接近2016年1月的總統大選，「可能的」政治考量是怕萬一股市崩盤，會讓執政黨已經很不樂觀的選情雪上加霜。

選後，馬政府雖然大敗，但國安基金仍不退場，顯然馬政府不願在總統交接前，讓股市跌到低點，而在蔡政府上任後衝上高點，上演慶祝行情。所以，在2016年5月20日前，即使外資連續15天賣超高達1,200億元以上，國安基金仍然勉強撐盤，讓指數維持在8,000點以上。

更妙的是，蔡政府上任後，國安基金操盤手換人當，首度破除「520政黨輪替，股市必跌」的魔咒，以小紅收盤。5月23日當天，外資回籠，股市大漲213點。然而，

國安基金卻經由8大行庫賣股，賺取小確幸。

國安基金宣布：「5月底投入護盤的金額僅剩約350億元」，此後將「來無影、去無蹤」，這表示國安基金將伺機賣股，不讓股票大漲。因此，即便外資在520之後連續12天買超，也無法漲破8600點。

國安基金護盤後，獲利的祕訣無他，只是以低價買進，符合「低買高賣，穩賺不賠」的真理而已。況且，國安基金護盤時買的多是大型權值股，不可能下市倒閉，因此持股一年半載後賣出，就能穩賺不賠。

表1-6是國安基金2008年9月至12月進場護盤的47檔股票，這些股票在2010年3月至8月陸續賣出，持股1.5年，47檔股票全部獲利，平均獲利率高達53.6%（相當於年化報酬率34%），其中有8檔股票（**表1-6**中紅字者）獲利率在100%以上。

其實，光看國安基金進出場時的股市指數，就可以了解為何2008年進場護盤時，平均獲利率高達53.6%。**表1-7**是國安基金進場（2008年9月18日～2008年12月17日）的股市指數變化：進場時的股市指數（3個月）平均值為4,875.6點，退場時的股市指數（6個月）平均值為7,673.4點，差距高達2,797.8點，加上國安基金護盤時買的多是大型權值股，沒有理由不賺錢。

深信「國安基金護盤時，是買股的好時機」的小資族，因為難以克服追高殺低的人性，總是「買股慢半拍，

表1-6 國安基金（97年進場）護盤股績效

項次	代號	公司名	獲利金額	獲利率	項次	代號	公司名	獲利金額	獲利率
1	1101	台泥	5.34	51.20%	25	**2993**	**億光**	**2.96**	**106.86%**
2	1102	亞泥	1.78	24.05%	26	2409	友達	6.8	36.15%
3	1216	統一	4.13	27.30%	27	3481	群創	7.28	92.86%
4	1301	台塑	17.65	44.56%	28	2332	友訊	1.74	81.31%
5	1303	南亞	20.61	54.34%	29	3485	兆赫	1.62	99.39%
6	1326	台化	19.75	58.43%	30	3045	台灣大	3.83	23.51%
7	1402	遠東新	9.25	76.76%	31	4904	遠傳	0.56	2.99%
8	1434	福懋	0.28	32.94%	32	2308	台達電	2.6	22.67%
9	1710	東聯	0.37	94.87%	33	2392	正崴	1.52	54.09%
10	1717	長興	0.48	92.31%	34	**3037**	**欣興**	**1.23**	**114.95%**
11	2103	台橡	1.02	58.96%	35	**2347**	**聯強**	**28.53**	**128.17%**
12	**2311**	**日月光**	**7.89**	**134.41%**	36	2317	鴻海	16.3	62.81%
13	2325	矽品	7.12	28.99%	37	2354	鴻準	9.85	84.91%
14	2330	台積電	6.50	28.57%	38	2603	長榮	1.88	16.64%
15	2441	超豐	0.87	76.99%	39	2801	彰銀	2.3	10.82%
16	**2451**	**創見**	**0.50**	**113.64%**	40	2880	華南金	1.04	14.00%
17	2454	聯發科	8.44	60.94%	41	2881	富邦金	0.85	85.86%
18	**3189**	**景碩**	**2.09**	**139.33%**	42	2882	國泰金	0.28	11.11%
19	2301	光寶科	11.43	75.90%	43	2886	兆豐金	20.17	73.19%
20	3706	神達	0.19	22.62%	44	2892	第一金	0.06	37.50%
21	**2324**	**仁寶**	**18.07**	**112.59%**	45	5854	合庫	0.7	23.41%
22	**2353**	**宏碁**	**34.95**	**100.40%**	46	6505	台塑化	4.72	14.28%
23	2357	華碩	0.72	3.30%	47	9904	寶成	5.26	77.13%
24	2382	廣達	17.73	73.94%					

註：97/09/18 ～ 12/17 進場，99/03/01 ～ 08/27 出脫（單位：億元）

表1-7 97年國安基金進場護盤期間的指數變化

護盤操作	期間	最高指數／最低指數（max）/（min）	指數差距 max-min	月指數均值	月指數總均值
97年進場買股	09/18～10/17	6,182.21/4,960.40	1221.81	5571.31	
	10/18～11/17	4,995.06/4,366.87	628.19	4680.97	4875.6
	11/18～12/17	4,658.87/4,089.93	568.94	4374.40	
99年出場賣股	03/01～03/31	7,962.22/7,569.80	392.42	7766.01	
	04/01～04/30	8,171.94/7,854.22	317.72	8013.08	
	05/01～05/31	7,952.17/7,086.37	865.8	7519.27	7673.4
	06/01～06/30	7,635.56/7,071.67	563.89	7353.62	
	07/01～07/31	7,798.99/7,254.06	544.93	7526.53	
	08/01～08/27	8,034.49/7,689.74	344.75	7862.12	
			進出場指數均值差距		2797.8

賣股快一拍」，所以在國安基金護盤期間也賺不了錢。

　　蔡政府上任後，國安基金操盤手已經換人當，因此國安基金開始護盤時，只適合短線操作者與國安基金對賭，進場賺外快，不適合存股理財族進場買股。

　　所以，對存股理財族而言，這句話應該修正為：「**國安基金開始護盤，且指數再往下跌1500點以上時，才是進場尋找好存股的好時機。**」

1-6

定期定額太傻了！其實一年只需買2次

　　存股理財也有類似定期定額型基金的操作法，就是在每年的同一天，例如生日或新年開盤日，視當時股價高低來決定買股的張數。相同的金額，在股價高時買進較少的張數，股價低時則買入較多的張數。**這種採用平均值的規律性投資法，雖然不見得虧損或套牢，但必定會降低獲利，因為股價偏高時追高買進，會墊高持股成本。**

　　定期定額型基金是基金業務員的最愛，因為業務員一旦說服你簽下購買合約，穩賺業務獎金，就可以安枕無憂，每月或每季準時從你的銀行戶頭扣款。當基金上漲時，照樣扣繳，但已無形中墊高你的持有成本，而當基金已下跌20%以上，讓你提心吊膽想解約時，業務員總會千方百計地說服你不要解約，或者另換一檔業務獎金更高的基金。

　　有人將定期定額購買股票或基金稱為「懶人投資法」。想投資賺錢，卻又不做功課，買進股票或基金後就不聞不問，因此最後多以虧損或套牢收場。對小資族而

言，長年持有好存股，或許不會虧本，但累積報酬率並不是最好，而且他們大多難以克服恐懼與貪婪的人性，逢低不敢加碼，遇高卻又買進，結果往往不太樂觀。

收租股操作SOP屬於「半年期、不定額」的理財方法，因為一年當中，僅在1月1日和7月1日的前後30天買賣股票≦2次。

首先，11月下旬開始檢視各持股Q3的基本面數據。如果完全符合「買股的3個15準則」與「3個先決條件」，則在1月1日前後30天一次買進，不再看股票資訊。若未完全符合，則暫時觀望，或是先部分買進，等隔年5月底再檢視一次Q1的基本面數據，在7月1日前後30天再買進一次。因此，屬於半年期（一年內有2次時機點）買股。

至於不定額，則是依據當時現金股息與閒錢的多寡，再決定買進股票的數量。

綜合以上，**存股理財最好的買股時機，是每年的12月、1月，以及6月、7月**。只需在這2個時段做對功課，其他時間就不要理會股價或股市指數的變化，專心在自己的正職工作上吧！

1-7

停損？停利？那是短線玩法，存股關鍵在「沉得住氣」

　　股價有漲有跌是正常現象（如果股波不興，那大部分投資人大概就退出股票市場了），如**表1-8**所示，近22年來的台灣股市指數起伏不定，其中有6年的最高與最低指數差距超過3,000點，而每年的指數變化幅度，少則20%以下（2005、2012～2016年），多則在1倍以上（2000年網路泡沫化、2008年全球金融風暴）。

　　股市指數變化時，個股的股價也多會受到影響。因此，**對於存股理財的長期投資人而言，只要手中持股的公司基本面沒有惡化，每年仍有現金利息可領，即使股價下跌時，也不必急於避險而賣出股票。**

　　股市理財專家多會建議，訂定賣出股票的停利點與停損點，例如：「漲15%，停利賣出；跌10%，停損賣出。」這是短線操作的典型做法，頻繁地買股、賣股，以賺取價差利潤。然而，**存股理財是以持股3～5年為目標，不宜訂定僅15%的停利點和10%的停損點，應以獲利1～3倍為目標。**

表1-8 近22年的股市指數區間

民國 （年）	最高指數 max	最低指數min	指數差距 max-min	指數比max/ min	平均指數
83	7,228.33	5,125.64	2,162.69	1.41	6,176.99
84	7,144.70	4,474.32	2,670.38	1.60	5,809.51
85	7,084.25	4,672.67	2,411.58	1.52	5,878.46
86	10,256.10	6,789.33	3,466.77	1.51	8,522.72
87	9,378.52	6,219.89	3,158.63	1.51	7,799.21
88	8,710.71	5,422.66	3,288.05	1.61	7,066.69
89	10,393.59	4,555.91	5,837.68	2.28	7,474.75
90	6,198.22	3,411.68	2,786.54	1.82	4,804.95
91	6,484.93	3,845.76	2,639.17	1.69	5,165.35
92	6,182.20	4,044.73	2,137.47	1.53	5,113.47
93	7,135.00	5,255.65	1,879.35	1.36	6,195.33
94	6,600.17	5,565.21	1,034.96	1.19	6,082.69
95	7,823.72	6,232.49	1,591.23	1.26	7,028.11
96	9,859.65	7,306.07	2,553.58	1.35	8,582.86
97	9,309.95	3,955.43	5,354.52	2.35	6,632.69
98	8,188.80	4,164.19	4,024.61	1.97	6,176.50
99	8,990.38	7,032.40	1,957.98	1.28	8,011.39
100	9,220.69	6,609.11	2,611.58	1.40	7,914.90
101	8,170.72	6,857.35	1,313.37	1.19	7,514.04
102	8,623.43	7,616.64	1,006.79	1.13	8,120.04
103	9,593.68	8,230.46	1,363.22	1.17	8,912.07
104	10,014.28	9,918.01	96.27	1.01	9,966.15

台股每年的指數變化幅度，少則20%以下（94及101～105年），多則在1倍以上。

　　股神巴菲特長期投資的獲利功力，是大家有目共睹的，他經營的波克夏投資公司，持股大多10年以上。但一般散戶族群多半很難做到，那就退而求其次，「**選對收租股、坐領高股息、靜待價倍漲**」，持股3～5年應該容易許多。

　　存股理財基本上是持股≧5年的長期抗戰，小資族應隨時提醒自己：依照「**買股的3個15準則**」和「**3個先決條件**」買進的好存股，都是體質好的公司。因此，即使公司的產能降低或營收衰退，導致EPS降低、股價下跌，均不應心生恐懼而賣股。

　　從**表3-6**和**表3-7**（92～93頁）來看，我們持有的25檔股票，持股3年獲利100%的有14檔，高達56%，所以才決定將「不持股5年不賣」，下修為「不持股3年不賣」。

　　不持股3年不賣，是收租股操作SOP的精神所在，各位在選購好存股時，要有長抱3～5年的心理準備。不過，有2個例外：若獲利100%或缺錢急用，那麼持股≦3年就可以賣！

1-8

逢低加碼？別貪心想買在最低價，而要買在低價區

　　股市和基金理財均有所謂的「微笑曲線理論」，大意是：當股價或淨值持續下跌時，不要驚慌恐懼，耐心等待跌至谷底時，股價就會反彈回升。**圖1-1a**的微笑曲線，如同股價的跌深反彈。相對地，當股價上漲至高峰時，股價必然會下跌，因此有**圖1-1b**的「悲情曲線」（本書首創用語），如同股價的漲多拉回。

　　月有陰晴圓缺，人有悲歡離合，「微笑之後必有悲

(a) 微笑曲線
（跌深反彈）

(b) 悲情曲線
（漲多拉回）

圖1-1　微笑曲線 vs. 悲情曲線

情」，事實上，每一檔股票都不斷重複微笑曲線和悲情曲線的漲跌起伏走勢。問題是沒有人知道，今日的股價是否已是微笑曲線或悲情曲線的反轉點。

圖1-2是台塑（1301）的股價走勢月線圖，在2009年2月27日出現微笑曲線的谷底（微笑反轉點），而在2011年7月29日出現悲情曲線的高峰（悲情反轉點），任何人看了，都知道何時該買、何時該賣。然而，這是事後諸葛，如果是現在進行式的話，何時會出現微笑曲線和悲情曲線的反轉點？任何技術分析都難以準確預測。

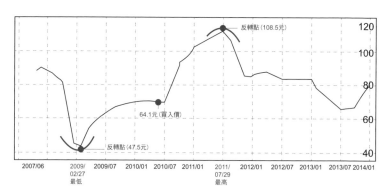

圖1-2　台塑股價月線圖

依照「買股的3個15準則」，是要**買在低價區**，而非**買在最低價**。同樣地，「不賣股的3原則」是要**賣在高價區**，而非**賣在最高價**。

股素人在2010年6月以64.1元買進台塑，雖然買在悲

情曲線的起漲點，但並未在悲情曲線的反轉點（108.5元）賣出，目前仍繼續持有。至2015年5月31日，台塑的收盤價為80.6元，持股5年再扣除配股配息，還原權值後的累積報酬率為75.98%。（其實，買入的第2年就有獲利100%的時機，只是當時沒賣，因此沒有實質上的獲利，見**表3-6**。）

1-9

每年只要做2次功課，利用專家資訊往上攻頂

　　投資理財不宜只以消息面或理財書籍為依據，自己也要做對功課，因為即使老師相同、教材相同，同一班的學生也有第一名和最後一名之分。**存股理財者至少每年要做2次功課。**

　　在每年的每一季（1、5、8、11月），財金文化事業股份有限公司均會出版《股市總覽‧上市》和《股市總覽‧上櫃》。這2本股票書籍，提供上市、上櫃公司的基本財務報表數據（前書表6-5、表6-6），頗具參考價值。

　　每一季的《股市總覽‧上市》和《股市總覽‧上櫃》中，已有大部分的基本面資料。如果需要更進一步的參考資料，可以上網查詢個股的詳細分析（各項資料的搜尋步驟，詳見前書第3、4章）。

　　除了證券公司與不少股市理財專家的自設網站外，尚有以下5個可免費利用的公開網站：

1. 台灣證券交易所
   （www.tse.com.tw/ch/index.php）
2. 公開資訊觀測站
   （mops.twse.com.tw/mops/web/index）
3. 證券櫃檯買賣中心
   （www.tpex.org.tw/web）
4. Yahoo！奇摩股市（https://tw.stock.yahoo.com）
5. CMoney財經資訊網
   （https://apps.cmoney.tw/finance）

　　善用專家整理的財報數據，站在專家的肩膀往上攻，才能縮短獨自摸索的心力與時間。用對方法、做對功課，就可以輕鬆找到好存股。

Chapter 2

「收租股操作 SOP」再進化，穩賺股息不套牢

　　2008年金融風暴時，股素人以存股理財的方式重返股市，剛開始，買股原則只有簡單的3個條件：①近5年平均ROE≧15%，②近5年平均P/E≧15，以及③「台灣50」（0050）和「中型100」（0051）成分股。

　　此後的5年，分別在2011年11月買進台玻（1802）和中鋼、2013年6月買進台橡，以及2014年1月買進燦坤，那時這4檔股票讓我們套牢。之後經過不斷檢討改善，2014年6月，第一本書《股票收租法・我4年賺100%》交稿時，才完成收租股操作SOP的基本架構。當時，雖然已經訂定複查買價與「買入價P/E≦15」的機制，但無法確定是否真有其必要性。

　　我從2009年12月首次買進人生的第一檔股票（統一超）以來，2010年6月買進台泥（1101）和鴻海（2317），接著在2011年11月買進永豐金（2890）和台玻，這5檔股票均是老字號的大公司。台玻是中型100成分股，其他4檔則是台灣50成分股。若回顧前書8-2節，即可發現這4檔股票在買進時，均未完全符合目前的收租股買前檢查表。

　　我能夠在2013年12月及時賣出台玻而不虧損，算是相當僥倖。中鋼、台橡和燦坤，以前常被視為收租股，但是「好花不常開，好股不常漲」，它們已淪落到令收租股族敬而遠之的地步。

　　我們從這4檔曾套牢的股票中記取教訓，「前事不忘，後事之師」，一再檢討改進，才了解「買入價≦現金息

×15」、複查買價與「買入價P/E≦15」的必要性，也體會到「**沒有零風險的存股理財法**」，而完成超低風險的收租股操作SOP。

2-1

堅守「買入價≦現金息 ×15」，確保先拿到 現金股息

　　在股素人與我曾經買進的40檔股票中，台玻是唯一呈現**年度EPS負值**的股票（連6季虧損）。

　　2011年11月，我以29.2元買進台玻（股素人買進中鋼，見前書表7-1、表8-1），當時尚未訂出收租股操作SOP，我買進的理由是：中型100成分股、產業龍頭、低負債比，以及董監持股高達40%（見前書227頁）。之後在2013年12月賣出台玻，「持股2年，獲利9.53%」，勉強小賺了結，幸運地保持存股7年零虧損的記錄。

　　如**表2-1**所示，台玻收租股買前檢查表中有3個「X」，表示當時不該買進。我買進時，其近5年平均P/E已高達23.64，ROE僅7.31%，且現金殖利率僅3.35%。事後綜合檢討，發現其基準買價僅13.8元，才訂出「買入價≦現金息×15」的條款，此條款相當於「買入價的現金殖利率≧6.67%」。若買進股票時，依據此條款，並配合前述的「近5年平均ROE≧15%」，即使套牢也不容易發生年度EPS負值的狀況。

　　理由很簡單，一檔好存股不太可能在2、3年內，由「現金殖利率≧6.67%」和「近5年平均ROE≧15%」，突然ROE降為0%，而發不出現金股息。因此，確定「**平均ROE≧15%**」和「**買入價≦現金息×15**」（即基準買價）非常重要。它們與「**買入價P/E≦15**」並列為「**買股的3個15準則**」，是選購收租股時的重要指標。

表2-1　台玻收租股買前檢查表（100/11）

民國（年）	最高價（元）（月/日）	最低價（元）（月/日）	收盤均價（元）	淨值（元）	EPS（元）	本益比（P/E）	ROE（%）	現金息（元）	現金殖利率（%）	現金配息率（%）	負債比（%）	董監事持股（%）	外資持股（%）
100	30.40（12/25）	21.60（08/23）	25.10	21.23	1.59	15.79	7.49	1.20	4.78	75.47	26.31	45.44	6.15
101	46.30（10/30）	25.55（03/06）	31.19	21.97	2.08	15.00	9.47	1.20	3.85	57.69	26.47	39.22	6.57
102	41.55（01/16）	13.30（10/28）	28.15	19.79	0.58	48.53	2.93	1.20	4.26	206.90	31.55	39.22	10.86
103	27.70（10/08）	15.40（03/03）	22.00	20.35	0.80	27.50	3.93	0.50	2.27	62.50	26.95	39.63	9.19
104	38.50（11/01）	24.60（02/08）	31.89	22.00	2.80	11.39	12.73	0.50	1.57	17.86	27.37	44.35	11.74
平均					23.64	7.31	0.92	3.35	84.08			
是否符合SOP：○X					X	X		X		○	○	○

②複查買價＝平均P/E×近4季EPS
　　　　　＝15×2.06元＝30.9元
※平均P/E≧15，取15計算

①基準買價＝0.92元×15＝13.8元
　買入P/E＝基準買價÷近4季EPS
　　　　　＝13.8元÷2.06元＝6.7
※6.7＜15，OK

註1：100年Q3資本額：227.6億元
註2：99年Q4～100年Q3 EPS＝2.06元
註3：100年Q3淨值：20.95元
註4：100/10/31股價：37.3元（P/B=1.78）
註5：100/10/31適當買價：13.8元

2-2

從中鋼得到教訓，得檢查複查買價，以免誤觸「牛皮股」

2011年以前，如果談收租股，專家們必定會推薦一檔股票，那就是中鋼。主要是因為2004年起，景氣與其業績都開始好轉，此後8年奠定中鋼的好存股形象。中鋼的資本額高達1,500億元，是大到不會倒也不能倒的公司，雖然已開放民營，但官股比例仍佔20%以上，所以依舊是散戶族群的最愛。

因為買進前，中鋼完全符合「買股的3個15準則」與「3個先決條件」（**表2-2a**中以紅框標記處），而且基準買價為34.5元，股素人在2011年11月24日很高興地以27.8元，首次買進當時散戶心目中的理想收租股中鋼。但由於尚未建立複查買價的檢查機制，不幸發生股價一路下滑的慘況（**表2-2b**中的收盤均價）。

2013年6月買進台橡後，又發生同樣的狀況，到了2014年1月才覺得不對勁，於是訂定複查買價條款。依此條款來看，2011年時中鋼的複查買價僅23.61元，確實不該以27.8元買進。

從**表2-2b**可以看出，2016年6月時，中鋼的本益比（P/E）、ROE和現金殖利率，均已不符合「買股的3個15準則」，不能再視為好存股買進。然而，股素人在2016年02月02日以18.35元（接近近5年最低價16.75元）加碼買進，藉此攤平成本，才免於繼續套牢。

中鋼此時雖然不能視為好存股，但是自2008年的高價54.4元（**表2-2a**）起，已連跌7年（景氣循環因素），來到2015年的最低價16.75元（**表2-2b**），2016年Q2則已站穩20元以上。因此，雖然中鋼2016年的現金股利可能仍低於1元，若以23元以下的價格承接，長抱的風險也不高。已套牢的存股族仍可考慮進場承接，以攤平成本。

只不過，中鋼屬於每年股價變化不大的牛皮股，股價倍漲的機率並不高。所以，首次購入者最好還是遵守收租股買前檢查表。

表2-2a ▶ **中鋼收租股買前檢查表（100/11）**

民國（年）	最高價（元）（月/日）	最低價（元）（月/日）	收盤均價（元）	淨值（元）	EPS（元）	本益比（P/E）	ROE（%）	現金息（元）	現金殖利率（%）	現金配息率（%）	負債比（%）	董監事持股（%）	外資持股（%）
95	34.95（12/27）	24.40（01/03）	29.68	18.48	3.56	8.34	19.26	4.10	13.81	115.17	23.37	25.28	29.03
96	52.00（10/03）	32.60（01/12）	40.65	19.44	4.49	9.05	23.10	3.08	7.58	68.60	21.02	34.75	24.94
97	54.40（5/20）	19.20（10/28）	39.72	18.33	1.91	20.80	10.42	1.30	3.27	68.06	44.82	24.34	33.74
98	33.00（12/31）	21.00（03/12）	27.67	18.94	1.54	17.97	8.13	1.01	3.65	65.58	43.88	22.95	16.48
99	35.80（01/11）	29.25（06/09）	31.90	19.19	2.83	11.27	14.75	1.99	6.24	70.32	46.93	22.96	20.51
平均						13.49	15.13	2.30	6.91	77.55			
是否符合SOP：○X						○	○		○	○	○	○	○

②複查買價＝平均P/E×近4季EPS
　　　　　＝13.49×1.75元=23.61元

①基準買價=2.3元×15=34.5元
買入P/E=基準買價÷近4季EPS
　　　　＝34.5元÷1.75元=19.71
※19.71＞15，不宜

註1：99年Q4～100年Q3 EPS=1.75元
註2：100/11/30 適當買價：23.61元
註4：100/11/24 以27.8元首次買進。

表2-2b　中鋼收租股買前檢查表（105/06）

民國(年)	最高價(元)(月/日)	最低價(元)(月/日)	收盤均價(元)	淨值(元)	EPS(元)	本益比(P/E)	ROE(％)	現金股息(元)	現金殖利率(％)	現金配息率(％)	負債比(％)	董監事持股(％)	外資持股(％)
100	35.80(04/28)	26.85(11/21)	31.98	19.51	1.36	23.51	6.97	1.01	3.16	74.26	31.60	22.93	19.67
101	30.90(03/02)	24.00(09/06)	27.59	18.56	0.38	72.61	2.05	0.40	1.45	105.3	34.85	21.65	13.24
102	28.40(01/03)	23.00(06/24)	25.88	19.11	1.03	25.13	5.39	0.70	2.70	67.96	53.17	21.64	13.29
103	27.00(01/02)	24.60(05/30)	25.71	19.72	1.43	17.98	7.25	1.00	3.89	69.93	50.98	20.54	13.86
104	26.75(01/13)	16.75(12/14)	22.77	19.04	0.49	46.47	2.57	0.50	2.20	102.0	52.71	20.54	15.86
平均						37.14	4.85	0.72	2.68	83.89			
			是否符合SOP：○X			X	X		X	○	○	○	○

②複查買價＝平均P/E×近4季EPS
　　　　　＝15×0.16元＝2.4元
※平均P/E≧15，取15計算

①基準買價＝0.72元×15＝10.8元
　買入P/E＝基準買價÷近4季EPS
　　　　＝10.8元÷0.16元＝67.5
※67.5＞15 不宜

註1：104年Q2～105年Q1 EPS=0.16元
註2：105/02/02 適當買價2.4元
註3：105/02/02 以18.35元逢低加碼。

2-3

符合「買入P/E≦15」，才可以當作好存股買進

　　台橡和中鋼同屬傳統產業，有明顯的景氣循環現象，從2011年的最高價91元（**表2-3a**），一路下跌至2015年的最低價16.75元（**表2-3b**）。

　　我在2013年6月以59.05元首次買進台橡，而當時尚未訂定「買入P/E≦15」的條款，僅以收租股買前檢查表來考量。

　　從**表2-3a**可以看出，那時跟首次買進中鋼時一樣，完全符合收租股買前檢查表，所以我很樂觀地以比基準買價（51.3元）高20%的59.05元買進。直到2014年6月，我才了解，不僅複查買價有問題，當時基準買價「買入價P/E=18」已高於15，於是追加「近5年平均P/E≧15時，一律以15計算」的條款，進而體會到「買入P/E≦15」的必要性。

　　以**表2-3b**來看，台橡近5年P/E為26.46，已遠高於「買入價P/E≦15」，現金殖利率也僅為3.67%，不宜再視為好存股買進。但是，股價跌至2015年11月的最低價16.75元後，便緩步回升，且本業營運也已回穩，所以套

牢中的存股族若能以26元以下的價格承接，長抱風險應不高，在股價未倍漲之前，現金息應可望回到1.5元以上。

自2013年6月首次買進台橡後，雖然我持續逢低買進，但首次購入的價格高達59.05元，至2016年9月的平均持股成本（持股成本算法見**表3-6**註2，92頁）為35.25元（**表3-7**，93頁），仍比市價約高出30%，是我目前持股中唯一套牢的股票。

若2017年1月台橡的股價仍在低檔徘徊，我還是會再買進以攤平成本，畢竟自首次購入後，在最差的2015年仍有1.06元的現金股利，沒什麼好擔心。

只是依**表2-3b**來看，台橡的適當買價僅10.05元，目前不宜視為收租股買進。

表2-3a ▶ 台橡收租股買前檢查表（102/06）

民國（年）	最高價（元）（月/日）	最低價（元）（月/日）	收盤均價（元）	淨值（元）	EPS（元）	本益比（P/E）	ROE（%）	現金息（元）	現金殖利率（%）	現金配息率（%）	負債比（%）	董監事持股（%）	外資持股（%）
97	57.30（05/20）	19.20（10/29）	38.88	18.37	4.26	9.13	23.20	2.80	7.20	65.73	38.87	13.91	21.77
98	42.80（06/01）	22.80（01/15）	35.42	18.66	3.59	9.87	19.24	3.20	9.03	89.14	37.07	13.90	16.25
99	68.50（12/31）	36.10（02/06）	47.58	19.94	5.05	9.42	26.53	3.50	7.36	69.31	39.53	13.89	23.50
100	91.00（06/07）	57.60（08/09）	76.57	24.01	8.03	9.54	35.75	5.00	6.53	62.27	46.31	13.88	34.77
101	81.70（02/04）	51.50（11/13）	68.70	20.10	3.27	21.01	15.26	2.60	3.78	79.51	49.04	13.88	38.80
平均						11.79	24.00	3.42	6.78	73.19			
是否符合SOP：○X			○	○		○			○	○	○	○	○

②複查買價＝平均P/E×近4季EPS
　　　　　　＝11.79×2.85元＝33.6元

①基準買價＝3.42元×15＝51.3元
　買入P/E＝基準買價÷近4季EPS
　　　　＝51.3元÷2.85元＝18
　※18＞15，不宜

註1：101年Q2～102年Q1 EPS＝2.85元
註2：105/02/02 適當買價：33.06元
註3：2013/06 以59.05元第1次買進。
　　　2014/01 以45.2元第2次買進。
　　　2015/06 以29.5元第3次買進。

表2-3b 台橡收租股買前檢查表（105/02）

民國（年）	最高價（元）〔月/日〕	最低價（元）〔月/日〕	收盤均價（元）	淨值（元）	EPS（元）	本益比（P/E）	ROE（％）	現金股息（元）	現金殖利率（％）	現金配息率（％）	負債比（％）	董監事持股（％）	外資持股（％）
100	91.00（06/07）	57.60（08/09）	76.57	21.07	8.03	9.54	38.12	5.00	6.53	62.27	24.16	13.88	34.77
101	81.70（02/04）	51.50（11/13）	68.70	12.51	3.27	21.01	26.14	2.60	3.78	79.51	25.39	13.88	38.80
102	62.80（02/23）	40.30（11/22）	54.83	19.81	1.90	28.86	9.59	1.37	2.50	72.11	47.40	13.87	33.33
103	47.00（05/08）	31.25（10/17）	40.66	19.63	1.38	29.46	7.03	1.52	3.74	110.14	45.29	13.87	32.97
104	40.30（01/28）	16.75（08/25）	27.78	19.67	0.64	43.41	3.25	0.50	1.80	78.13	39.73	13.87	29.03
平均						26.46	16.83	2.20	3.67	80.43			
是否符合SOP：○X						X	○		X	○	○	○	○

②複查買價＝平均P/E×近4季EPS
　　　　　＝15×0.67元＝10.05元
※平均P/E≧15，取15計算

①基準買價＝2.2元×15＝33元
　買入P/E＝基準買價÷近4季EPS
　　　　　＝33元÷0.67元＝49.25
※49.25＞15，不宜

註1：104年Q2～105年Q1 EPS=0.67元
註2：105/02/02 適當買價：10.05元
註3：2016/02 以23.45元第4次買進。

2-4

燦坤點醒我，世上沒有零風險的存股理財法

　　如**表2-4a**所示，股素人在2014年1月以40.8元第一次買進燦坤（2430）時，不僅完全符合收租股買前檢查表，而且買入價P/E=13.88≦15，複查買價40.2元，買入價40.8元僅比複查買價高1.5%，應該算是萬無一失吧？很不幸的是，其股價仍一路下滑，最低曾跌到2015年8月的16.5元，顯然收租股操作SOP仍有盲點！

　　有些高級進口車配備了自動跟速系統，在正常情況下，當前面車輛的速度減慢時，此系統的雷達會在偵測到前車的狀況後，自動減速以保持安全距離。然而，自動跟速系統也有盲點，例如：當兩側同方向行進的車輛突然瞬間插到前面時，自動跟速系統可能會來不及反應，導致撞上該車；抑或在大雨或大霧中，因為雷達無法準確判斷距離而追撞前車等。

　　無論再嚴謹的操作SOP，都可能有尚未發現的盲點，因此出現偶發的個案，例如：美國無人機的誤傷友軍、高雄軍艦的飛彈誤射、Tesla自駕車的誤判車禍，以及一銀

ATM盜領案等，也只能在事後檢討改善，防止同樣的錯誤再度發生。

買入燦坤並面臨連續2年的狂跌後，我們曾考慮將收租股操作SOP修正得更嚴謹，例如增訂「買入價≦近5年最低價」或「買入價P/E≦12」等條款，但極可能因此錯殺具有潛力的收租股，而買不到好存股。

所以，事後進行檢討時，認為不宜因噎廢食，只認定這是偶發個案，進而訂定燦坤條款：「沒有零風險的存股理財法」，提醒自己日後不要隨意放寬選股條件，以免再度陷入套牢的風險。

好存股在悲情曲線反轉點的初期，大多仍會符合收租股買前檢查表的所有條件。因此，「買股的3個15準則」與「3個先決條件」也可能遇到盲點。燦坤個案就如同配備了自動跟速系統的車子，在大雨中行駛時，仍有可能追撞前車。

我個人認為，沒有零風險、穩賺不賠的投資理財法，否則大家都有穩定豐富的收入，也不會有那麼多理財專家，賣力地推薦各種投資理財法。這些方法必定有一條大同小異的備註：「投資理財必有風險，投資人需自負盈虧。」我們能提供的，也只是我們歸納出來的收租股操作SOP而已。再次提醒各位：投資必有風險，務必謹慎為之。

追蹤檢討

儘管燦坤面臨網路購物普及的競爭，營業收入和利益都有衰退的跡象，但造成燦坤股價大幅下滑的主要因素，是連續2年的錯誤投資所致。

首先是2014年入主震旦通訊，出現業外虧損的現象，在2015年Q1認賠出場，接著2015年投資複合式餐飲，同時開設4家不同類型的餐飲店，也認賠出場。此2項因素均非本業之罪，散戶大多在業外虧損列入財報時，才會發現問題。

燦坤除了縮減實體店面規模，加強網購通路外，也再接再厲，重新出發，於2016年入主金礦咖啡。到了2016年7月，似乎有好轉的跡象，股價止跌回升，創下波段新高的27.8元。

如**表2-4a**和**表2-4b**所示，股素人自2014年1月以40.8元首次買進後，逢低加碼，分別以32.3元（2015年1月）、24.7元（2015年6月）及20.8元（2016年2月）買進，到2016年9月底，持股成本已降至28.65元，解除套牢的困境。

表2-4a 燦坤收租股買前檢查表（103/01）

民國 （年）	最高價 （元） （月/日）	最低價 （元） （月/日）	收盤 均價 （元）	淨值 （元）	EPS （元）	本益比 （P/E）	ROE （%）	現金息 （元）	現金 殖利率 （%）	現金 配息率 （%）	負債比 （%）	董監事 持股 （%）	外資 持股 （%）
97	48.40 （05/20）	8.70 （10/28）	30.64	19.32	1.75	17.51	9.06	1.50	4.90	85.71	66.27	36.59	34.33
98	63.50 （12/14）	10.40 （02/23）	27.22	15.64	3.02	9.01	19.31	3.00	11.02	99.34	69.20	39.88	13.55
99	79.40 （04/28）	50.60 （01/27）	59.82	23.60	6.50	9.20	27.54	4.50	7.52	69.23	58.93	38.33	8.89
100	74.00 （08/02）	55.10 （03/15）	61.88	27.37	6.43	9.62	23.49	4.50	7.27	69.98	59.10	35.11	8.57
101	73.50 （03/05）	55.50 （11/05）	63.84	28.22	4.32	14.78	15.31	2.00	3.13	46.30	54.87	35.40	13.02
平均						12.02	18.94	3.10	6.77	74.11			
				是否符合SOP：○Ⅹ	○	○			○	○	○	○	○

②複查買價＝平均P/E×近4季EPS
　　　　＝12.02×3.35元＝40.2元

①基準買價＝3.1元×15＝46.5元
　買入P/E＝基準買價÷近4季EPS
　　　　　＝46.5元÷3.35元＝13.88
※13.88＜15，ok

註1：100年Q4～102年Q3 EPS=3.35元
註2：103/01/30 適當買價：40.2元
註3：103/01以40.8元第1次買進。
註4：104/01以32.3元第2次買進。

表2-4b ▶ 燦坤收租股買前檢查表（105/06）

民國（年）	最高價（元）（月/日）	最低價（元）（月/日）	收盤均價（元）	淨值（元）	EPS（元）	本益比（P/E）	ROE（%）	現金息（元）	現金殖利率（%）	現金配息率（%）	負債比（%）	董監事持股（%）	外資持股（%）
100	74.00（08/02）	55.10（03/15）	61.88	27.37	6.43	9.62	23.49	4.50	7.27	69.98	58.80	35.11	8.57
101	73.50（03/05）	55.50（11/05）	63.84	28.22	4.32	14.78	15.31	2.00	3.13	46.30	54.71	35.40	13.02
102	60.30（03/01）	38.80（11/26）	46.40	27.04	3.11	14.92	11.50	2.00	4.31	64.31	56.28	30.28	14.29
103	44.95（01/15）	29.60（11/25）	38.00	25.77	0.66	57.58	2.56	0.40	1.05	60.61	56.56	30.21	10.69
104	33.10（01/05）	16.50（08/25）	25.11	27.01	1.79	14.03	6.63	1.22	4.86	68.16	53.02	30.23	8.05
平均						22.18	11.90	2.02	4.13	61.87			
是否符合SOP：○X						X	X		X	▲	○	○	○

②複查買價=平均P/E×近4季EPS
　　　　　=15.0×2.27元=34.05元
※平均P/E≧15，取15計算

①基準買價：2.02元×15=30.3元
買入P/E=基準買價÷近4季EPS
　　　　=30.3元÷2.27元=13.35
※13.35＜15，OK

註1：104年Q2～105年Q1 EPS=2.27元
註2：105/05/31 適當買價：30.3元
註3：104/06 以24.7元第3次買進。
註4：105/02 以20.8元第4次買進。

2-5

月線圖會透露：最壞可能套牢多久、最好可能何時倍漲

　　對短線操作者而言，日線圖和週線圖或許具有研判分析的功能，但也存在盲點，例如：遇到前一日歐美股市急跌的突發狀況，線圖分析就失靈了。對持股長達3～5年的存股理財者來說，不僅日線圖、週線圖沒有助益，月線圖也沒有研判股價長期走勢的功能，只能回顧股價的歷史走勢。

　　依我非股市專家的淺見，股價月線圖僅是過去股價走勢的忠實記錄，可供邏輯判斷，而非技術分析使用。以線圖分析預測未來5天的股市指數趨勢，其準確性大概不會高於氣象專家預測颱風未來5天的登台路徑，更遑論談收租股3～5年後的獲利情形。

　　颱風梅姬於2016年9月27日登陸台灣，**圖2-1a**是中央氣象局5天前預測的路徑：從墾丁掃過，**圖2-1b**則是颱風實際登陸的路徑：從花蓮攔腰登陸，再由麥寮出海，和原先的預測偏差了200公里。同理，對於反覆無常的股市指數或股價走勢預測，不必太過苛求。

圖2-1a 颱風梅姬的預測路徑圖

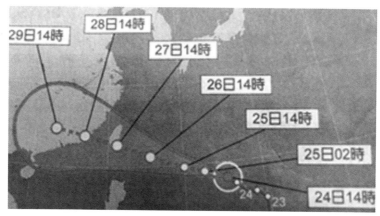

資料來源：《中國時報》

圖2-1b 颱風梅姬的實際路徑圖

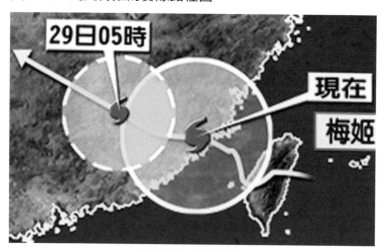

資料來源：民視新聞台

　　我曾花了一段時間研究線圖分析，但終究看不出技術分析對選購收租股有何幫助。不過有了中鋼、台橡、燦坤和台玻的教訓之後，我會在首次買股時檢視股價月線圖，看看買入點的股價，落在近5年股價的什麼位置。以「5年一循環」的基準來看，如果近5年最高價出現在近2年內，就要有套牢3年的心理準備，或者選擇暫緩購入，再等一季看看。

　　從**圖2-2a**、**圖2-2b**、**圖2-2c**和**圖2-2d**可以看出，台橡、燦坤和台玻的股價均已位於低價區，若以此股價買進，應該沒有套牢一年以上的風險。但要特別注意的是，台玻2015年的EPS仍為負值，而且已2年沒有配息，雖然股價可望回升，但並不符合收租股的標準。

　　觀察個股的年度成交資訊（見第7章中每檔股票的第2張表），雖然可以看出每年的最高價和最低價，但不容易感受到股價漲跌的波動性。

　　不過，若是觀察股價月線圖，就能明顯感受到股價變動的幅度，大致了解目前的買入價距離近5年的最高價有多遠，先有心理準備：**最壞可能套牢多久、最好可能何時股價倍漲**。如果股價已經漲到近5年最高價，而且獲利100%以上，通常我會考慮賣股，再另尋好存股。

圖2-2a　中鋼股價月線圖

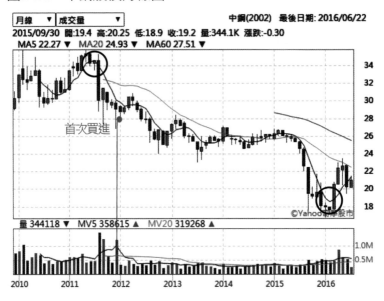

圖2-2b　台橡股價月線圖

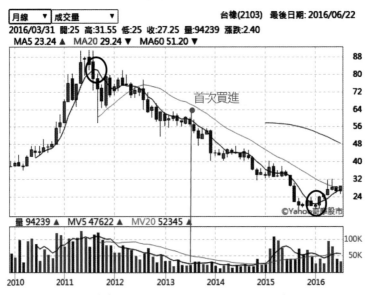

資料來源：Yahoo！奇摩股市（https://tw.stock.yahoo.com/）

圖2-2c　燦坤股價月線圖

圖2-2d　台玻股價月線圖

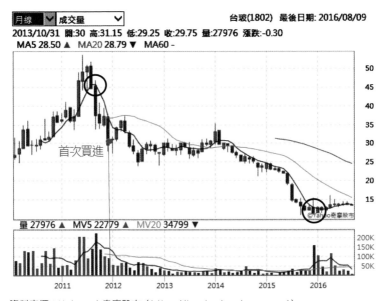

資料來源：Yahoo！奇摩股市（https://tw.stock.yahoo.com/）

Chapter 3

想縮短時間且穩賺 100%，有 3 大重點

3-1

錢別放銀行！就算亂槍打鳥，長抱10年賺翻倍的機率有50%

　　《Money》雜誌的2013年9月號，以封面故事報導，從2003年7月31日至2013年8月1日，長抱股票10年的報酬率。文中說明，在台股掛牌滿10年的934家上市櫃公司當中，有高達265檔（佔28.4%）股票，若是長抱10年可獲利2倍，相當於存款複利年息12%。

表3-1 ▶ 長抱10年的股票報酬率排行榜

排名	公司（代號）	獲利倍數	排名	公司（代號）	獲利倍數
1	儒鴻（1476）	47.7倍	6	東隆興（4401）	17.0倍
2	佳格（1227）	40.8倍	7	寶雅（5904）	15.9倍
3	龍巖（5530）	26.5倍	8	鳳凰（5706）	15.2倍
4	美利達（9914）	26.1倍	9	富堡（8929）	13.7倍
5	葡萄王（1707）	24.8倍	10	潤隆（1808）	13.4倍

資料來源：《Money 雜誌》2013 年 9 月號

　　如**表3-1**所示，其中有10檔股票的報酬率至少13.4倍，榜首的儒鴻更是高達47.7倍。（自2012年起，連續5年創下2002年以來新高價的台積電，僅排名第253，長抱10年僅獲利約2.5倍。）

　　大多數人看到這樣的報酬率，可能會感嘆：「早知道……。」其實你不用怨嘆，因為（一）這是事後諸葛的分析，此10大獲利王當年多是低價位、不被看好的小公司，有些公司甚至處於EPS負值的虧損狀態，很少人敢買進長抱；（二）除了自家公司的員工配股，很少人會在買進股票後枯等10年，多半在獲利20～30%時就賣出，或者頂多在獲利100%時就獲利了結。

　　表3-2是表3-1中前5名的10年股價變化。2002年底時，儒鴻的股價僅為16.1元，而佳格、龍巖和葡萄王的股價均在10元以下，並且龍巖尚處於EPS負值的虧損狀況，而其他4家公司的EPS都不到1元。就這樣的EPS值而言，大概除了當時的董監事（大股東）之外，外人應該不敢有「長抱10年賺20倍」的幻想吧。若以統計期間內，這5家公司每年的最高價與最低價變化來看，短線操作者早已停利小賺或停損小賠N次了。

　　這10檔獲利王是理想的收租股嗎？其實都不是。能夠連續5年以上高成長、高獲利的公司（不一定能符合收租股買前檢查表），大多已引起外資和股市大戶的注意，股價偏高，超出收租股操作SOP的標準。

表3-2　表3-1中前5名的10年股價變化

(年)	①儒鴻（1476）		②佳格（1227）		③龍巖（5530）		④美利達（9914）		⑤葡萄王（1707）	
92/07/31股價／91年EPS	16.10元	0.98元	8.40元	0.56元	3.80元	-2.31元	14.40元	0.46元	8.05元	0.26元
民國(年)	最高價日期	最低價日期	最高價日期	最低價日期	最高價日期	最低價日期	最高價日期	最低價日期	最高價日期	最低價日期
92	19.90（07/28）	10.00（03/12）	10.00（01/16）	7.05（05/02）	5.15（11/06）	2.79（01/08）	20.00（01/10）	10.20（05/02）	10.15（09/08）	6.65（05/02）
93	18.60（04/06）	13.30（03/23）	12.35（02/10）	8.60（03/26）	8.60（01/30）	4.85（01/05）	22.10（12/29）	11.00（05/18）	13.00（02/12）	7.00（08/18）
94	19.75（06/27）	15.05（09/19）	15.55（12/16）	11.00（04/21）	35.60（12/30）	6.76（03/02）	25.45（08/23）	15.95（04/20）	9.75（10/24）	7.60（10/04）
95	19.50（12/26）	13.10（08/21）	16.20（05/29）	12.95（11/02）	51.40（04/10）	19.00（09/14）	36.90（12/26）	19.70（08/11）	12.35（05/10）	8.58（03/01）
96	26.50（07/18）	15.80（12/24）	23.90（07/18）	13.80（01/11）	27.10（01/12）	11.80（12/18）	78.00（09/03）	32.50（03/05）	39.30（07/30）	9.90（03/06）
97	18.20（04/30）	8.00（10/27）	37.00（05/22）	14.70（01/11）	17.90（06/26）	4.30（10/13）	78.10（07/14）	38.60（10/20）	27.50（04/21）	12.15（10/28）
98	21.80（10/23）	9.22（01/16）	44.20（12/31）	20.00（02/02）	21.50（12/17）	4.26（03/03）	60.00（08/28）	32.50（03/03）	16.15（12/15）	14.55（01/21）
99	48.90（10/08）	18.70（05/27）	93.90（07/30）	37.20（02/05）	124.00（12/24）	20.70（01/04）	57.50（08/03）	42.30（05/26）	53.50（10/04）	34.00（02/08）
100	53.90（07/22）	30.70（02/11）	141.50（08/01）	69.10（01/17）	140.50（07/21）	65.10（09/27）	76.50（07/28）	51.60（03/15）	56.50（08/03）	34.15（12/20）
101	107.00（12/28）	45.05（01/02）	113.50（03/05）	69.60（07/17）	107.50（02/09）	78.60（05/28）	136.00（12/12）	62.80（01/02）	83.30（12/13）	36.00（01/02）
102	390.50（11/25）	104.00（01/03）	107.50（05/02）	78.90（01/17）	112.50（05/23）	77.60（12/16）	238.50（10/07）	122.00（01/15）	158.00（12/09）	72.10（01/21）
102/08/01股價／102年EPS	240.0元	10.91元	90.90元	2.83元	90.80元	5.05元	200.5元	10.21元	152.0元	6.42元

註：龍巖是借殼上市的公司，前身是大漢建設公司，91年EPS為-2.31元的虧損狀態。

　　表3-3、 表3-4和表3-5（88～90頁），分別是前3大獲利王的收租股買前檢查表。從這3張表可以看出，雖然ROE高，但本益比（P/E）也高，而且現金殖利率遠低於6.67%。此外，目前的股價均已超出建議買價太多，不宜再視為好存股買進。

表3-3 儒鴻收租股買前檢查表

民國 (年)	最高價 (元) (月/日)	最低價 (元) (月/日)	收盤均價 (元)	淨值 (元)	EPS (元)	本益比 (P/E)	ROE (%)	現金息 (元)	現金殖利率 (%)	現金配息率 (%)	負債比 (%)	董監事持股 (%)	外資持股 (%)
100	53.90 (07/22)	30.70 (02/11)	42.85	21.11	5.60	7.65	26.53	3.70	8.63	66.07	38.97	27.50	2.94
101	107.00 (12/28)	45.05 (01/02)	74.33	27.01	7.75	9.59	28.69	5.20	7.00	67.10	33.97	27.29	4.58
102	390.50 (11/25)	104.00 (01/03)	228.26	32.31	10.91	20.92	33.77	7.40	3.24	67.83	35.30	25.20	18.30
103	407.00 (03/12)	212.50 (08/21)	313.72	36.31	11.51	27.26	31.70	8.00	2.55	69.50	36.50	24.96	37.52
104	549.00 (09/18)	297.00 (01/07)	433.50	45.11	15.99	27.11	35.45	10.50	2.42	65.67	33.41	24.78	43.47
平均						18.51	31.23	6.96	4.77	67.23			
是否符合SOP：○X			X	○			X	◆	○	○	○		

②複查買價=平均P/E×近4季EPS
　　　　　=15×14.96元=224.4元
※平均P/E≧15，取15計算

①基準買價=6.96元×15=104.4元
買入P/E=基準買價÷近4季EPS
　　　　=104.4元÷14.96元=6.98
※6.98＜15，OK

註1：104年 Q3 ~ 105年 Q2 EPS=14.96元
註2：104年 Q4 淨值：45.11元
註3：105/05/31 股價：350元（P/B=7.76）
註4：105/05/31 適當買價：104.4元

表3-4　佳格收租股買前檢查表

民國 (年)	最高價 (元) (月/日)	最低價 (元) (月/日)	收盤均價 (元)	淨值 (元)	EPS (元)	本益比 (P/E)	ROE (%)	現金息 (元)	現金殖利率 (%)	現金配息率 (%)	負債比 (%)	董監事持股 (%)	外資持股 (%)
100	141.50 (08/01)	69.10 (01/17)	94.18	19.29	5.34	17.64	27.68	4.80	5.10	89.89	27.57	54.23	5.13
101	113.50 (03/05)	69.60 (07/17)	87.21	17.38	3.92	22.25	22.55	3.50	4.01	89.29	27.02	54.00	10.70
102	107.50 (05/02)	78.90 (01/17)	90.47	16.31	2.83	31.97	17.35	2.50	2.76	88.34	31.81	53.98	15.42
103	94.00 (01/06)	64.60 (10/16)	79.21	16.71	2.90	27.31	17.35	2.60	3.28	89.66	33.28	53.98	20.70
104	97.30 (07/30)	63.00 (08/24)	78.20	16.91	3.47	22.54	20.52	2.70	3.45	77.81	34.22	53.98	19.52
平均						24.34	21.09	3.22	3.72	87.00			
是否符合SOP：○ X				X	○			X	○	○		○	

②複查買價=平均P/E×近4季EPS
　　　　　=15×3.47元=52.05元
※平均P/E≧15，取15計算

①基準買價=3.22元×15=48.3元
買入P/E=基準買價÷近4季EPS
　　　　=48.3元÷3.47元=13.92
※13.92＜15，OK

註1：104年Q2～105年Q1 EPS=3.47元
註2：104年Q4淨值：16.91元
註3：105/05/31股價：77.7元（P/B=4.59）
註4：105/05/31適當買價：48.3元

表3-5 ▶ 龍巖收租股買前檢查表

民國（年）	最高價（元）〔月/日〕	最低價（元）〔月/日〕	收盤均價（元）	淨值（元）	EPS（元）	本益比（P/E）	ROE（%）	現金息（元）	現金殖利率（%）	現金配息率（%）	負債比（%）	董監事持股（%）	外資持股（%）
100	140.50〔07/21〕	65.10〔09/27〕	104.42	18.70	4.68	22.31	25.03	3.00	2.87	64.10	79.49	51.62	6.79
101	107.50〔02/09〕	78.60〔05/28〕	95.36	20.81	5.13	18.59	24.65	3.30	3.46	64.33	76.55	49.14	14.17
102	112.50〔05/23〕	77.60〔12/16〕	95.72	20.99	5.05	18.95	24.06	4.00	4.18	79.21	76.19	49.17	16.64
103	102.50〔12/03〕	80.10〔03/24〕	89.76	22.47	5.49	16.35	24.43	3.60	4.01	65.57	76.05	50.64	11.75
104	93.20〔01/05〕	50.60〔08/25〕	74.71	20.64	2.73	27.37	13.23	0.50	0.67	18.32	80.38	50.57	16.07
平均						20.71	22.28	2.88	3.04	58.31			
是否符合SOP：○X						X	○		X	▲	X	○

②複查買價=平均P/E×近4季EPS
　　　　=15×2.51元=37.65元
※平均P/E≧15，取15計算

①基準買價=2.88元×15=43.2元
買入P/E=基準買價÷近4季EPS
　　　=43.2元÷2.51元=17.21
※17.21＞15，不宜

註1：104 年 Q3 ～ 105 年 Q2 EPS=2.51 元
註2：104 年 Q4 淨值：20.64 元
註3：105/05/31 股價：53.4 元（P/B=2.59）
註4：105/05/31 適當買價：37.65 元

3-2

作者持有25檔股票，其中10檔平均獲利高達1.77倍

　　本書要強調的重點並非「長抱10年賺10倍」，而是要引用此篇報導的數據，說明：「以亂槍打鳥的方式，任意選股長抱10年，每4檔即有一檔可賺2倍，每2檔即有一檔可賺1倍。」因此，若能做對功課、選對好股，3～5年賺1倍的機率理應高出許多。

　　以我們持股滿3年以上的25檔股票為例，其中有16檔（佔64%）股票，確實已經達到「存股3～5年，獲利100%」的目標（甚至有10檔平均獲利高達1.77倍）。這25檔股票當年在買進時，有些還沒有完全符合「買股的3個15準則」與「3個先決條件」，如果那時我們能再多點耐心等待，「存股3～5年，獲利100%」的機率將更高。

　　回顧前書的表7-1和表8-1，這2張表是我們自2008年底開始買進的25檔股票總整理。為了解「存股3～5年，獲利100%」的可能性，將這2張表分別改寫成**表3-6**、**表3-7**。

表3-6 ▶ 股素人持股記錄總檢討

序號	公司(代號)	買入年/月	買價(元)	買入後第1年配息/成本/最高價	買入後第2年配息/成本/最高價	買入後第3年配息/成本/最高價	買入後第4年配息/成本/最高價	買入後第5年配息/成本/最高價	獲利100%年數	105/09/20股價
1	廣達(2382)	97/01	37.40	3.80/33.60/53.10	3.60/30.00/75.30	3.68/26.32/72.30	3.60/22.72/73.00	4.00/18.72/86.4	第2年	64.30
2	中華電(2412)	98/12	58.30	4.06/54.24/79.0	5.52/48.72/111.00	5.46/43.26/101.00	5.35/37.91/102.00	4.53/33.38/96.90	第2年	111.50
3	統一(1216)	99/02	34.00	1.80/32.20/43.90	2.00/30.20/49.30	1.70/28.50/55.00	2.00/26.50/68.30	2.10/24.40/58.60	第4年	57.70
4	台塑(1301)	99/06	64.10	4.00/60.10/97.90	6.80/53.30/117.00	4.00/49.30/93.90	1.60/47.70/82.10	1.90/45.80/80.60	第2年	77.30
5	開發金(2883)	100/11	8.60	0.00/8.60/10.20	0.18/8.42/9.23	0.40/8.02/10.50	0.60/7.42/13.30	0.50/6.92/NA		7.900
6a	中鋼(2002)	100/11	27.80	1.16/26.64/30.90	0.50/26.14/28.40	0.90/25.24/27.00	1.00/24.24/26.75	0.50/23.74/NA	已解套	21.90
6b	中鋼(2002)	105/02	18.35	0.50/17.85/NA	6a、6b平均持股成本為20.80元					
7	大億(1521)	102/06	46.90	3.50/43.40/71.50	3.70/39.70/93.10	4.30/35.40/108	5.00/30.40/NA		第2年	82.50
8a	裕民(2606)	102/06	46.00	2.50/43.50/55.20	2.00/41.50/53.80	2.20/39.30/49.90	1.00/38.30/NA		套牢中	21.95
8b	裕民(2606)	105/02	25.10	1.0/24.10/NA	8a、8b平均持股成本為31.20元					
9	上福(6128)	102/06	29.90	1.70/28.20/36.95	2.25/25.95/40.70	2.80/23.15/38.35	3.00/20.15/NA		第4年	44.00
10a	先益(3531)	102/06	25.30	1.70/23.60/29.00	1.80/21.80/31.50	1.50/20.30/21.85	0.25/20.05/NA		已解套	17.70
10b	先益(3531)	104/01	20.60	1.50/19.10/31.50	0.25/18.85/NA					
10c	先益(3531)	104/07	18.40	1.50/16.9/31.50	0.25/16.65/NA					
10d	先益(3531)	105/02	13.40	0.25/13.15/NA	10a～10d平均持股成本為17.08元					
11	松翰(5471)	102/06	42.50	3.00/39.50/44.85	3.20/36.30/66.20	3.20/33.10/50.20	2.20/30.90/NA			34.00
12	中磊(5388)	102/07	38.80	2.75/36.05/51.10	3.00/33.05/78.80	3.00/30.05/89.80	4.00/26.05/NA		第2年	73.50
13	海韻電(6203)	102/12	34.85	3.00/31.85/74.60	3.50/28.35/51.10	2.00/26.35/NA			第1年	31.85

註1：成本是指持股成本，第1年成本＝買入價－第1年配息，第2年成本＝第1年成本－第2年配息，第3年成本＝第2年成本－第3年配息，依此類推。

註2：資料來源：前書表7-1。以紅框標記逢低加碼的記錄。

表3-7 卡小孜持股記錄總檢討

序號	公司（代號）	買入年/月	買價（元）	買入後第1年配息/成本/最高價	買入後第2年配息/成本/最高價	買入後第3年配息/成本/最高價	買入後第4年配息/成本/最高價	買入後第5年配息/成本/最高價	獲利100%年數	105/09/20股價
1	統一超（2912）	98/12	74.40	3.60/70.8/138.00	4.90/65.90/195.00	4.80/61.10/172.00	4.85/56.25/229.00	6.00/50.25/253.00	第2年	249.00
2	台泥（1101）	99/02	28.20	1.80/26.4/36.40	2.00/24.4/49.45	1.90/22.50/39.75	1.90/20.60/46.95	2.30/18.30/49.80	第2年	34.50
3	鴻海（2317）	99/06	95.25	3.20/92.05/155.50	2.00/90.05/126.50	2.50/87.55/117.00	2.50/85.05/89.90	3.00/82.05/113.00		80.20
4	永豐金（2890）	100/11	8.48	0.45/8.03/13.25	1.13/6.90/15.10	1.14/5.76/15.10	1.24/4.52/14.35	0.93/3.59/NA	第2年	9.270
5a	台橡（2103）	102/06	59.05	2.6/56.45/62.80	1.87/54.58/47.00	2.60/51.98/40.30	1.06/50.92/NA		套牢中	29.00
5b	台橡（2103）	103/01	45.20	1.87/43.33/47.00	1.52/41.81/40.30	1.06/40.75/NA				
5c	台橡（2103）	104/06	29.50	1.52/27.98/40.30	1.06/26.92/NA					
5d	台橡（2103）	105/02	23.45	1.06/22.39/NA	5a～5d平均持股成本為35.25元					
6	勤誠（8210）	102/06	35.05	2.50/32.55/39.50	2.50/30.05/71.40	3.00/27.05/59.50	2.6/24.45/NA		第2年	50.50
7	光明（4420）	102/06	19.30	1.00/18.30/30.00	1.00/17.30/29.50	1.00/16.30/70.90	104/10以63.2元賣出		第3年	
8	聚鼎（6224）	102/06	58.80	4.10/54.70/65.50	4.10/50.60/88.00	4.20/46.4/81.40	4.30/42.1/NA			58.60
9a	亞翔（6139）	102/06	28.30	2.00/26.30/32.50	1.50/24.80/28.95	0.80/24.00/25.05			第3年	26.70
9b	亞翔（6139）	104/06	21.25	0.80/20.45/43.50						
9c	亞翔（6139）	105/02	18.65	NA/18.65/43.50	9a～9c平均持股成本為21.03元，105/03以42.2元賣出					
10	矽品（2325）	102/12	34.80	1.80/33.00/55.80	3.00/30.00/57.90	3.80/26.20/NA			第3年	46.65
11a	亞泰（4974）	102/12	41.90	2.50/39.40/53.20	2.70/36.70/52.00	2.65/34.05/NA			已解套	32.65
11b	亞泰（4974）	105/06	28.90	2.65/26.25/NA	11a、11b平均持股成本為30.15元					
12	新巨（2420）	102/12	32.00	2.80/29.20/60.60	3.50/25.70/53.20	2.50/23.2/NA			第1年	36.35

註1：成本是指持股成本，第 1 年成本＝買入價－第 1 年配息，第 2 年成本＝第 1 年成本－第 2 年配息，第 3 年成本＝第 2 年成本－第 3 年配息，依此類推。

註2：統一超在 105/07 以 255 元賣出，持股 6.5 年，是當時持股成本的 5.9 倍，獲利 4.9 倍＝｛（售價 255÷成本 43.25）-1｝。

註3：資料來源：前書表 8-1。以紅框標記逢低加碼的記錄。

　　從**表3-6**可以看出，股素人的13檔持股中有8檔股票，持股3～5年就有機會獲利100%，機率為61.5%。只是因為他迄今完全沒有賣出，並沒有實質上的獲利。

　　再看**表3-7**，我的12檔持股中也有8檔股票，持股3～5年（事實上是1～3年）就獲利100%，機率為66.7%。我在2015年10月以63.2元賣出光明，是當時持股成本16.3元的3.88倍；2016年3月以42.2元賣出亞翔，是當時持股成本21.03元的2倍；2016年7月以255元賣出統一超，是當時持股成本43.25元的5.9倍（**表3-7**註2）。至於其他9檔股票仍未賣出，並沒有實質上的獲利。

3-3

【重點1】掌握「三七法則」，做到股息30%與價差40%

　　2014年第一本書出版時，我們持股滿5年的股票只有廣達、中華電和統一超（見前書表7-1、表8-1），因為樣本數不足，當年無法進行有效分析。前書「存股5年，獲利100%」的論述基礎很簡單，不像其他存股專家所說的「滾雪球理論」（複利）那麼複雜，還得將每年的現金股利再投入購買同一檔股票。

　　圖3-1是獲利100%的「三七法則」，這跟某些保險類似，有「繳款期滿後每年領回N萬元」的誘因。存股理財的誘因更明確：買進好存股後（一次繳清），每年領回6%的股利。

　　假設以每股100元買進某一檔股票，每年配發現金股利6元，持股成本將逐年遞減，第5年的持股成本為70元。如果滿5年時的股價漲為140元，就買入價（100元）來看，5年的股價漲幅為40%，但就第5年的持股成本（70元）來看，則是「持股5年，獲利100%」。

　　然而，並非每一檔好存股都可以在5年後上漲40%以

圖3-1　獲利100%的三七法則

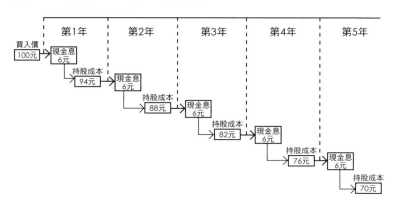

上，所以存股理財需打群體戰，分散持股。

　　依據收租股操作SOP，存股5年的獲利機率有多高？答案是100%。為方便比較，**表3-8**將表3-6和表3-7中，10檔持股滿5年的股票整理在一起。每一檔股票均呈現獲利的狀況，除了開發金、中鋼和鴻海的獲利少於1倍，其他7檔股票的獲利倍數都在1.39倍以上。**如果在持股滿5年時賣出，這10檔股票的平均獲利倍數是1.77倍**，相當於年化報酬率22.6%。

　　2012年1月以前，我們買股的依據只有簡單3個條件：①5年平均ROE≦15%，②5年平均P/E≦15，以及③台灣50與中型100成分股。此後逐步修改增訂收租股操作SOP，而完整版是在第一本書交稿時（2014年6月）才完成。若能完全依照收租股操作SOP進行存股理財，則「好存股一把抓，3～5年100%」的機率，可望高於8成。

表3-8　持股5年的10檔股票獲利分析

序號	公司（代號）	買入年/月	買價（元）	買入後第1年 配息/成本/最高價	買入後第2年 配息/成本/最高價	買入後第3年 配息/成本/最高價	買入後第4年 配息/成本/最高價	買入後第5年 配息/成本/最高價	獲利倍數
1	廣達（2382）	97/01	37.40	3.80/ 33.60/ 53.10	3.60/ 30.00/ 75.30	3.68/ 26.32/ 72.30	3.60/ 22.72/ 73.00	4.00/ 18.72/ 86.4	3.62倍
2	中華電（2412）	98/12	58.30	4.06/ 54.24/ 79.0	5.52/ 48.72/ 111.00	5.46/ 43.26/ 101.00	5.35/ 37.91/ 102.00	4.53/ 33.38/ 96.90	1.90倍
3	統 一（1216）	99/02	34.00	1.80/ 32.20/ 43.90	2.00/ 30.20/ 49.30	1.70/ 28.50/ 55.00	2.00/ 26.50/ 68.30	2.00/ 24.50/ 58.60	1.39倍
4	台 塑（1301）	99/06	64.10	4.00/ 60.10/ 97.90	6.80/ 53.30/ 117.00	4.00/ 49.30/ 93.90	1.60/ 47.70/ 82.10	1.90/ 45.80/ 80.60	1.76倍
5	開發金（2883）	100/11	8.60	0.00/ 8.60/ 10.20	0.18/ 8.42/ 9.23	0.40/ 8.02/ 10.50	0.60/ 7.42/ 13.30	0.50/ 6.92/ NA	0.58倍
6a	中 鋼（2002）	100/11	27.80	1.16/ 26.64/ 30.90	0.50/ 26.14/ 28.40	0.90/ 25.24/ 27.00	1.00/ 24.24/ 26.75	0.50/ 23.74/ NA	0.15倍
6b	中鋼（2002）	105/02	18.35	0.50/ 17.85/ NA	6a、6b平均 持股成本 為20.80元				
7	統一超（2912）	98/12	74.40	3.60/ 70.8/ 138.00	4.90/ 65.90/ 195.00	4.80/ 61.10/ 172.00	4.85/ 56.25/ 229.00	6.00/ 50.25/ 253.00	4.03倍
8	台 泥（1101）	99/02	28.20	1.80/ 26.4/ 36.40	2.00/ 24.4/ 49.45	1.90/ 22.50/ 39.75	1.90/ 20.60/ 46.95	2.30/ 18.30/ 49.80	1.72倍
9	鴻 海（2317）	99/06	95.25	3.20/ 92.05/ 155.50	2.00/ 90.05/ 126.50	2.50/ 87.55/ 117.00	2.50/ 85.05/ 89.90	3.00/ 82.05/ 113.00	0.38倍
10	永豐金（2890）	100/11	8.48	0.45/ 8.03/ 13.25	1.13/ 6.90/ 15.40	1.14/ 5.76/ 15.10	1.24/ 4.52/ 14.35	0.93/ 3.59/ NA	2.34倍
								平均	1.77倍

註1：成本是指持股成本，第1年成本＝買入價－第1年配息，第2年成本：第1年
成本－第2年配息，第3年成本＝第2年成本－第3年配息，依此類推。

　　但投資理財不宜過度樂觀，從**表3-6**和**表3-7**中可以看出，我們目前仍有裕民和台橡2檔股票（佔8%），持股3年依然套牢，還原權值後的持股成本，仍比市價約高30%以上。只是我們堅持存股理念，一旦每跌25%以上，就再買進以攤平成本，才能盡早擺脫套牢的困境。例如，中鋼、先益和亞泰在2016年5月時仍然套牢，到2016年9月時均已解套。

　　存股獲利有2個思考方向，一種是保守派，不論股價漲跌都不賣股票，僅追求每年穩定的股利收入，另一種則是積極派，在乎到底持股多久可以獲利100%。

　　保守派要看前書的表7-1和表8-1，表中會逐年統計每年領取的股利。**積極派則要看本書的表3-6和表3-7，表中會逐年統計每年的持股成本（買入價－配股配息），看看何時可以賺取1倍的價差。**

3-4

【重點2】想縮短獲利 100%的時間？選股得 符合2要件

選對低價位好存股，持股5年獲利100%的機率應可高於9成，若還不滿意，想縮短存股獲利100%的時間，選股時可特別留意下列2點。

1. 股本小、股價淨值比低

表3-2中這5檔股價漲N倍的股票，當年均是16.1元以下的低價股。股價要倍漲，基本上公司要能夠持續成長、獲利。通常高股本的大公司成長動能較低，而且股價1,000元要倍漲至2,000元，比股價10元倍漲至20元困難太多。此外，股價淨值比（P/B）高的股票，股價多已偏高，追高的風險太高，不適合小資族投資。

股本小（≦30億元）、股價淨值比低（≦1.2）的股票，除了有成長空間，還有被炒作與董監改選的行情，甚或被併購的題材，而有意外的倍漲機會。因此，我從2014年起花了很多時間，在上櫃公司中找尋符合收租股

操作SOP的股票（詳見第7章）。

2. 買入價≦近5年最低價

　　好存股是指符合「買股的3個15準則」與「3個先決條件」的股票，若再加上「買入價≦近5年最低價」的良機，就是便宜買價。此時買進股票，即使股價再下跌也有限，因此多有2年內倍漲的機會。相對地，如果「買入價≧近5年最高價」，即使現階段是好存股，不出2年也可能被套牢。

　　所以，我們將股票的年度成交資訊（見第7章中每檔股票的第2張表），列為買股前的必看表格，藉此了解每年的最高價和最低價（最高價與最低價發生的時間並無規律）。

　　即使買在低價區，若是因為本業因素獲利，股價倍漲大多需要一年以上的時間，但若是因為董監改選、人為操作等外部因素，2個月內就可能使股價倍漲。我賣掉的光明和亞翔都是如此。

　　因此，想縮短存股獲利100%的時間，至少每個月要瀏覽一次手中持股的股價，才能掌握稍縱即逝的賣股時機。不過，限每年買股≦2次的條款不宜破壞，否則將在不知不覺中得意忘形，漸漸忘記存股理財的初衷，陷入短線操作的危機。

　　總而言之，「持股3～5年，獲利100%」的可能性相當高，關鍵在於**2項充分條件**。

　　① 符合收租股買前檢查表的適當買價。
　　② 買入價≦近5年最低價（即便宜買價）。

　　符合充分條件①，「持股3～5年，獲利100%」的成功機率約8成，若同時符合充分條件②，成功機率則可望達到9成以上。那麼，剩下10%的失敗原因為何？

　　當然，本書的操作準則也有潛在盲點（例如燦坤個案），但最大的可能因素是重大突發事件，著名案例像是2013年的基因（胖達人）案、2014年的榮化（氣爆）案、2015年的浩鼎（解盲）案，還有其他因為錯誤投資而突然列入的損失等，都可能使股價持續下跌一年以上。

　　千算萬算不如天算，小資族存股理財應分散持股，不宜單押一檔股票。

3-5

【重點3】好存股得一把抓，不可單靠一支花

　　儘管有理財專家在書籍、雜誌或理財節目中，談論類似「只買一支股，養活一家人」的誇張特例，我們建議存股理財者還是聽聽就好，不要信以為真。

　　有些專家針對每年股價漲跌幅差距達50%的股票，進行低買高賣的短線區間操作，或許能夠每年獲利100%，然而存股理財的小資族，除非擁有500張穩健配息的好存股，否則不宜妄想「只買一支股，養活一家人」。（有能力持有一檔股票500張，就不算小資族了。）

　　選對好存股，獲利100%只是時間長短而已。但存股理財難免套牢，套牢時間有短有長，如果你不是用閒錢買股，又誤信「只買一支股，養活一家人」，遲早會撐不住而認賠殺出，黯然退場。

　　若能善用區間操作，想養活一家人不是不可能，而是不會像股市專家只持有一檔股票。此外，因為每年的股價變化幅度無法掌控，除非某檔股票每年的股價變化幅度均在40%以上，而且單一持股的買入成本在500萬元以上，

否則即使每年精準區間操作的獲利，也很難維持一家人的正常生活開支（台北市申購國宅的條件是家庭收入≦138萬元）。因此我合理推測，如果要養活一家人，手中至少得有7、8檔股票，輪流換股操作。

> **區間操作**
>
> 依據某檔股票每年的股價變化，設定買入價和賣出價，例如：以最高價均值（Hav）為賣出價，最低價均值（Lav）為買入價，來低買高賣，賺取價差利潤（以**表3-9**倒數3行為例）

　　台灣50是「只買一支股，養活一家人」的代表股，因為**台灣50是台灣股市市值前50名的股票，其股價波動幅度幾乎與台灣股市指數一致**。比方說，**圖3-2**和**圖3-3**中的圓圈處，當台灣50的股價在高點時，股市指數也在高點，而當台灣50股價在低點時，股市指數也處於低點。

　　台灣50每年的股價變化幅度（最高價與最低價）大多≦1.4，屬於股價變動幅度小的**牛皮股**。中鋼、統一超、台塑四寶等大型權值股，因為這樣的股價變化邏輯（股市權重比高且每年股價變化小），都比較適合區間操作。只是此類股票的現金殖利率偏低（≦5%），不符合收租股買前檢查表的標準。

圖3-2　台灣50股價月線圖

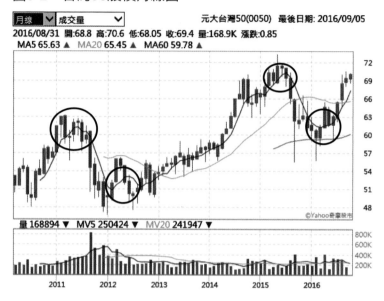

月線　∨　成交量　∨　　　　　元大台灣50(0050)　最後日期: 2016/09/05
2016/08/31 開:68.8 高:70.6 低:68.05 收:69.4 量:168.9K 漲跌:0.85
MA5 65.63 ▲　MA20 65.45 ▲　MA60 59.78 ▲

量 168894 ▼　MV5 250424 ▼　MV20 241947 ▼

©Yahoo奇摩股市

圖3-3　上市公司指數月線圖

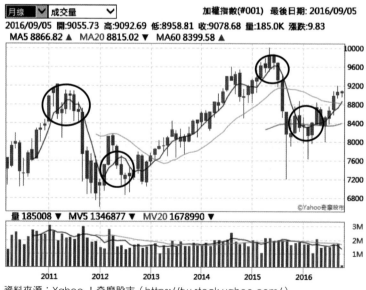

月線　∨　成交量　∨　　　　　加權指數(#001)　最後日期: 2016/09/05
2016/09/05 開:9055.73 高:9092.69 低:8958.81 收:9078.68 量:185.0K 漲跌:9.83
MA5 8866.82 ▲　MA20 8815.02 ▼　MA60 8399.58 ▲

量 185008 ▼　MV5 1346877 ▼　MV20 1678990 ▼

©Yahoo奇摩股市

資料來源：Yahoo！奇摩股市（https://tw.stock.yahoo.com/）

　　有些高現金殖利率的小型股，因為董監事持股比率高，且市場流通率低（呆滯股），每年的股價變化幅度有明顯的規律性，反而比大型權值股更適合區間操作。只是區間操作相當耗費心力，不適合每年只操作2次的存股族。

　　表3-9顯示了台灣50與台灣50成分股前5名（共6檔股票），近6年股價變化的幅度。這6檔股票中，除了鴻海與宏達電（2498）以外，4檔股票均符合牛皮股的標準。想以這4檔股票進行區間操作，每年賺取20%以上的獲利，並非不可能，而是只有股市專家才做得到。因此，每年僅買股2次的存股理財者，並不適合這樣做。

　　其中的宏達電，每年的Hav/Lav比多高於2，屬於**雲霄飛車股**。這種股票大多不符合收租股買前檢查表的標準，而且每年的股價變化幅度以倍數論，區間操作的風險極高，因此存股理財者少碰為宜。

　　呆滯股：每月股市成交量≦2500張。

　　牛皮股：每年的Hav/Lav比≦1.4。

　　雲霄飛車股：每年的Hav/Lav比≧2.0。

表3-9 「只買一支股，養活一家人」的代表股

民國 （年）	①台灣50（0050）			②台積電（2330）			③鴻海（2317）		
	最高價 日期	最低價 日期	最高價/ 最低價	最高價 日期	最低價 日期	最高價/ 最低價	最高價 日期	最低價 日期	最高價/ 最低價
100	63.20 〔02/08〕	46.61 〔12/19〕	1.36	78.30 〔01/19〕	62.20 〔08/09〕	1.26	126.50 〔02/08〕	61.50 〔08/25〕	2.06
101	56.20 〔03/14〕	47.45 〔06/04〕	1.18	99.40 〔12/13〕	73.80 〔07/23〕	1.35	117.00 〔03/29〕	79.00 〔08/03〕	1.48
102	59.15 〔10/21〕	52.95 〔06/25〕	1.12	116.50 〔05/14〕	92.90 〔08/22〕	1.25	89.90 〔01/02〕	68.80 〔06/21〕	1.31
103	69.95 〔09/01〕	55.60 〔02/05〕	1.26	142.00 〔12/01〕	100.50 〔02/05〕	1.41	113.00 〔07/14〕	78.90 〔01/07〕	1.43
104	73.30 〔04/27〕	55.40 〔08/24〕	1.32	155.00 〔03/19〕	112.50 〔08/24〕	1.38	99.70 〔06/25〕	77.90 〔08/24〕	1.28
105	70.60 〔08/10〕	55.60 〔01/20〕	1.27	179.50 〔08/09〕	130.50 〔01/07〕	1.38	90.10 〔08/09〕	72.50 〔05/09〕	1.24
	104年 均價	104年 現金息	104年 現金 殖利率	104年 均價	104年 現金息	104年 現金 殖利率	104年 均價	104年 現金息	104年 現金 殖利率
	66.34元	0.85元	1.30%	139.6元	6.00元	4.30%	89.58元	4.00元	4.50%
	最高價 均值	最低價 均值	均值比 Hav/Lav	最高價 均值	最低價 均值	均值比 Hav/Lav	最高價 均值	最低價 均值	均值比 Hav/Lav
	65.40	52.27	1.25	128.45	95.4	1.35	106.03	73.10	1.45
	52買、65賣			95買、128賣			73買、106賣		

　　老實說，即使選對好存股，也絕非萬無一失，仍有套牢的可能，但應該不至於有虧損的困擾。我自2009年12月買進第一支股票，至今剛好7年，目前總持股檔數已達到我的20檔存股總數上限（**表1-4**，41頁），其中只有台橡仍然套牢。股素人目前的存股總數也是20檔，其中只有裕民套牢。

　　回顧**表3-8**，我們持股滿5年的10檔股票，雖然平均獲

④中華電（2412）			⑤台塑（1301）			⑥宏達電（2498）		
最高價日期	最低價日期	最高價/最低價	最高價日期	最低價日期	最高價/最低價	最高價日期	最低價日期	最高價/最低價
111.00〔07/20〕	72.70〔01/05〕	1.53	117.00〔05/03〕	76.00〔09/26〕	1.54	1,300.00〔04/29〕	403.00〔12/09〕	3.23
101.00〔01/03〕	87.50〔04/23〕	1.15	93.90〔02/20〕	67.40〔11/15〕	1.39	672.00〔02/29〕	191.00〔11/05〕	3.52
102.00〔06/28〕	90.00〔10/22〕	1.13	82.10〔01/10〕	67.30〔06/24〕	1.22	307.50〔01/02〕	122.00〔09/09〕	2.52
96.90〔06/20〕	89.80〔02/05〕	1.08	80.60〔07/02〕	65.00〔12/17〕	1.24	180.00〔05/06〕	118.00〔08/07〕	1.53
101.00〔11/04〕	92.10〔01/06〕	1.10	81.70〔04/29〕	59.50〔08/24〕	1.37	161.00〔04/29〕	40.35〔08/24〕	3.99
125.50〔07/12〕	97.90〔01/04〕	1.28	82.50〔04/20〕	70.10〔01/11〕	1.18	136.50〔03/15〕	55.30〔05/13〕	2.47
104年均價	104年現金息	104年現金殖利率	104年均價	104年現金息	104年現金殖利率	104年均價	104年現金息	104年現金殖利率
93.73元	5.49元	5.90%	73.88元	3.60元	4.90%	96.52元	0.00元	0.00%
最高價均值	最低價均值	均值比Hav/Lav	最高價均值	最低價均值	均值比Hav/Lav	最高價均值	最低價均值	均值比Hav/Lav
106.23	88.33	1.20	89.63	67.55	1.33	459.50	154.94	2.97
88買、106賣			68買、90賣			155買、460賣		

利是1.77倍，但並非均勻獲利，最高為統一超的4.03倍，最低為中鋼的0.15倍，這說明了「存股一把抓」，分散持股、降低風險的重要性。萬一哪天某些股票套牢時，還有比銀行定存高的股利可領，才不至於驚慌，認賠賣出。

　　存股理財要打群體戰，而非單挑獨鬥。最能闡述存股理財真諦的球類運動是美式足球，球賽對陣時，攻方的中鋒先將球往後傳給4分衛（存股暫時套牢），再往前傳或

跑陣（股價回升），透過重複回傳、前傳（退1步進3步），逐漸往前推進（累積股息），最終目標是達陣（股價倍漲）。

4分衛是美式足球的靈魂人物、得分之鑰，但若無其他隊員的貢獻，4分衛也無法獨撐大局。所以，存股理財也要打群體戰（多持股以分散風險），穩紮穩打才能穩健獲利不蝕本。

依我們存股理財的實戰經驗，平心而論，「存股3～5年，獲利100%」並不難。首先，只要遵守收租股買前檢查表的條件，耐心等待適當買價或便宜買價，就有機會買對好存股。比較困難的反而在於，是否有決心和毅力，遵守**3個但書條款**中的「限每年買股2次」與「買跌不買漲」限制，以及「不賣股的3原則」中的「不獲利100%不賣」條款。

不少有心存股理財的小資族，在看到財經節目介紹某些成長股、績優股和高獲利股時，就忘記存股理財的初衷而盲目跟進，喪失「他人貪婪我恐懼」的警戒心，「漲時追高、跌時殺低」，於是陷入虧損套牢的困境。

儘管「存股3～5年，獲利100%」的機率高，但天有不測風雲，小資族進行投資理財時，要先做好最壞打算，再想如何賺錢。因此，應先存妥一年的急用準備金，再考慮投資理財。我自己就是在銀行存好一筆急用準備金，即使目前定存利息僅有1.1%也不挪用，然後藉由存股理財

賺取更高的利潤。

　　堅守紀律和原則，等待收租股買前檢查表中的適當買價，雖然獲利可能不是最好，但至少可以將風險降至最低。

Chapter 4

套牢該怎麼處理？除非連 4 季虧損，否則……

4-1

股神巴菲特也有虧損記錄，重點是……

　　存股理財必有風險，風險包含虧損與套牢。符合收租股買前檢查表適當買價的好存股，基本上沒有虧損的困擾，但在長達3～5年的持股期當中，有可能會短暫套牢。虧損是高買低賣的金錢損失，套牢則是心情鬱卒。由此可知，在收租股套牢時，需要心理建設，要能以平常心面對。

　　存股理財也可用籃球賽來比喻。美國NBA籃球賽分為東區和西區聯盟，每區各有15支球隊，季賽前8名就能進入季後賽，東、西區的區冠軍才能晉級決賽，爭取總冠軍。因此，每支球隊追求的不是單場的大比數勝利，而是累積輸少贏多的勝率，只要勝率在5成以上，就有機會擠進季後賽，再拚區冠軍、總冠軍。

　　存股理財以每年領息6%為目標，便是在累積勝率，經年累月、積少成多，至少有比銀行定存利息高的收益。單場比賽的大比數勝利，如同偶爾出現的股價倍漲機會，連續數場比賽的失敗則是短暫的套牢，在NBA籃球史

上，很多球隊都是連敗5場後，仍然擠進決賽。

　　然而，在長達3～5年的存股戰役中，股價並非只漲不跌，即使好存股也難免會套牢。所以，存股理財不宜單挑1、2檔股票長期持有，必須打群體戰，比總積分與勝場率，勇於逢低買進，3～5年就可能獲利100%。

　　投資理財有賺有賠，因此虧損（認賠賣出）或套牢（續抱不賣）在所難免，連股神巴菲特也有投資虧損的記錄，更遑論一般小資族。

　　股神巴菲特的波克夏公司，股價並非只漲不跌，有時一年的股價也會下跌30%以上，只是他的總持股勝率仍為正值。**表4-1**是他持有的前5大公司股票，其股價跌幅曾在-32%與-81%間大幅震盪。以如此大的跌幅進行短線操作的理財專家，早在小跌10%（停損點）時就認賠賣出，如果不是用閒錢買股的散戶，大概會虧得更慘。

表4-1 ▶ 巴菲特前5大持股的最大跌幅

名稱	高低震盪（美元）	跌幅（%）	時間點
WFC（富國銀行）	36.78～8.09	-78	2006/11～2009/03
Ko（可口可樂）	42～20	-52	1998/04～2003/01
AXP（美國運通）	51～28	-45	2000/05～2001/08
	64～12	-81（max）	2007/03～2008/12
IBM	120～58	-51	2001/09～2002/06
	215～120	-44	2013/03～2016/01
WMT（沃爾瑪）	16.28～10.19	-37	1992/11～1995/11
	84～57	-32（min）	2014/10～2015/08

資料來源：《你沒學到的巴菲特：股神默默在做的事》，闕又上著。

　　對於好存股，幾年前存股專家說：「好存股長抱10年也穩賺」，現在則說：「買進好存股後，不能置之不理，要每季定期檢查，在ROE下跌時，要趕快停損賣出。」

　　依我們的存股理財實績來看，如果是以適當買價買進的好存股，持股3～5年內大多有機會翻轉1倍。因此，**好存股不需要訂定停損點**。那麼，先前買進的好存股若是被套牢，該如何看待？

4-2

買股如同戀愛結婚，有4種可能的結局

　　收租股買前檢查表中，共有6項審查條件。在約1,800檔上市櫃股票當中，大致符合◆尚可標準（見第7章中每檔股票的第4張表）的股票，約有80檔（佔4.4%），雖然不是很多，但對於存股理財的小資族而言，已經綽綽有餘了。

　　然而，有些存股理財者就像追星族，明知明星偶像是「鏡中花、水中月」，不可能是自己日後的終身伴侶，依然趕場追星。好存股如同俊男美女，不能見一個愛一個，一看到好存股便盲目買進。若持股太多，加上資金不足，導致無法克服追高殺低的衝動，便難以長抱3～5年，享受存股理財的成果。

　　中鋼、台橡、燦坤和台塑四寶，都曾是理財專家推薦的好存股，其中最經典的莫過於中鋼。如**表4-2**所示，中鋼是散戶持股最多的公司，雖然從2011年持續衰退迄今（2016年Q1），自2012年散戶股東人數高達100萬人以後，散戶仍然不離不棄。由此可見，有數十萬的中鋼粉絲

表4-2 ▶ **中鋼股東人數與持股比例**

	100年Q4	101年Q4	102年Q4	103年Q4	104年Q4
五大股東類別	持股（%）	持股（%）	持股（%）	持股（%）	持股（%）
董監事	22.93	21.65	21.64	20.54	20.54
外資機構	19.61	13.22	13.24	13.81	15.82
本國法人機構	6.29	8.87	9.15	8.80	6.86
政府公營機構	21.29	20.11	20.10	20.10	20.10
散戶族群	38.39	44.27	46.17	44.89	42.16
散戶族群人數	843,369人	1,001,533人	1,047,686人	1,040,127人	1,028,195人

族，可能套牢在30元以上長達3年之久。

　　散戶對中鋼不離不棄，就如同與股票談戀愛進而結婚，忠貞不渝。所幸中鋼謹守「結婚誓言」，與散戶相互扶持，在不景氣、EPS不到0.5元時，現金配息率仍高達100%以上，沒有「大難臨頭各自飛」（董監事持股變化率僅約10%）。倒是外資持股從2011年Q4的19.61%降至2014年Q4的13.8%（降幅3成），2015年Q4時持股又回升至15.82%。這也是股素人在2011年11月買進中鋼後，又在2016年2月逢低加碼的原因之一。

　　與股票談戀愛期間（選股階段），如果發現彼此個性不合（不符收租股標準），不宜勉強結婚（買進），宜另覓良緣（好存股）。我在2011年11月以29.2元買進台玻，後來連續5季虧損，覺得不對勁，2013年12月當機立斷以

30.1元賣出，持股2年，投報率尚有9.53%（見前書第152頁）。如果當時未賣而持股至今，慘況可想而知（台玻年年虧損，2016年5月底的股價僅剩13元）。

如同戀愛期間要仔細觀察對象，不要貿然決定結婚一樣，堅持選股原則，慎選好（存股）對象，才能避開套牢的風險。

現在該賣中鋼股票嗎？答案是不用。中鋼雖然已開放民營，但官方持股比例均維持在20%左右，經營權也掌握在官股手中。再看**表2-2a**和**表2-2b**（66～67頁），現金配息率都維持在70%左右，而且EPS越低，現金配息率越高，這表示當景氣好轉時，中鋼必可重回好存股的行列。

好存股「暫住套房」時，不宜置之不理，反而應該每跌25%再買進，以攤平成本。看看**表3-6**（92頁）中的分析，如果股素人沒有在2016年2月以18.35元再買進，現在真的會套牢20%以上。

誠 摯 叮 嚀

買股票如同戀愛、結婚，結局有4種可能。

▶吵吵鬧鬧，離婚收場（停損認賠賣出）。

▶歡喜冤家，好聚好散（停利小賺了結）。

▶患難與共，白首偕老（不賣的收租股）。

▶神鵰俠侶，修成正果（持股5年賺3倍）。

4-3

ROE持續下滑是危機還是轉機？用EPS來判斷

　　表**4-3**中的3家公司，ROE均持續5年下跌。①台橡和②燦坤是已落難的收租股，現階段沒有理財專家將這2檔股票視為收租股。至於③王品，ROE也連續5年持續下滑，近5年平均P/E更高達128.7，情況似乎比台橡和燦坤還糟。如果前2檔股票的P/E已偏高而不宜買進，那麼③王品還可以買進嗎？

　　王品主打多品牌策略，旗下有16個品牌，海峽兩岸的店鋪多達420家，難免出現不良店家。2015年約關閉30家店，並曾連續4季衰退至虧損狀態，2016年5月的最低價

表4-3 ▶ 台橡、燦坤、王品的ROE變化

民國（年）	① 台橡（2103）			② 燦坤（2430）			③ 王品（2727）		
	EPS（元）	ROE（%）	P/E	EPS（元）	ROE（%）	P/E	EPS（元）	ROE（%）	P/E
100	8.03	38.12	9.54	6.43	23.49	9.62	12.71	42.72	30.40
101	3.27	26.14	21.01	4.32	15.31	14.78	15.69	25.62	27.98
102	1.90	9.59	28.86	3.11	11.50	14.92	13.64	24.47	31.96
103	1.38	7.03	29.46	0.66	2.56	57.58	9.14	17.71	43.37
104	0.64	3.25	43.41	1.79	6.63	14.03	0.45	1.03	510.00
平均		16.83	26.45		11.90	22.18		22.31	128.70

為106元。由**表4-4**可知，2016年前3季已明顯獲利，12月股價站上145元，股價可能續漲，但不符合收租股SOP，不宜視作收租股買進。

ROE持續下滑，可能是轉機，也可能是危機，要視最近4季的EPS變化而定。就像台橡、燦坤與中鋼，曾經是收租股，目前則是處於微笑曲線反轉點的低價股票，雖然不完全符合收租股買前檢查表的條件，但低價買進的套牢風險並不高。

股素人目前仍套牢中的裕民也是如此。不過，如**表4-5a**所示，裕民的EPS已連續2季為負值，因此股價可能尚未觸及微笑曲線反轉點。

表4-5b是裕民的收租股買前檢查表，雖然在2015年仍勉強撥出現金息1元（配息率104%），但近5年最低價出現在2015年，加上2016年Q1、Q2的EPS為負值，因此半年內股價能否回穩，仍難以預料。手中沒有持股者還不宜進場，建議等到2016年Q4，若EPS已連續2季轉為正值，再考慮進場也不遲。

表4-4　王品股價變化和近5季、近5年EPS

民國（年）	最高價	最低價	現金息	最新5季每股盈餘		最近5年每股盈餘	
104年	297元	143元	1.00元	105年第3季	1.54元	104年	0.45元
103年	497元	272元	8.09元	105年第2季	1.08元	103年	9.14元
102年	498元	398元	12.27元	105年第1季	1.07元	102年	13.64元
101年	517元	397元	13.67元	104年第4季	-2.66元	101年	15.69元
100年	550元	342元	10.24元	104年第3季	-0.04元	100年	12.71元

表4-5a ▶ **裕民近5季與近5年EPS**

獲利能力（105年第2季）		最新5季每股盈餘		最近5年每股盈餘	
營業毛利率	-9.76%	105年第2季	-0.57元	104年	0.96元
營業利益率	-14.17%	105年第1季	-0.77元	103年	2.43元
稅前淨利率	-31.27%	104年第4季	0.25元	102年	1.83元
資產報酬率	-0.58%	104年第3季	0.50元	101年	2.10元
股東權益報酬率	-1.92%	104年第2季	0.14元	100年	3.18元

連2季虧損

表4-5b ▶ **裕民收租股買前檢查表**

民國（年）	最高價（元）（月/日）	最低價（元）（月/日）	收盤均價（元）	淨值（元）	EPS（元）	本益比（P/E）	ROE（%）	現金息（元）	現金殖利率（%）	現金配息率（%）	負債比（%）	董監事持股（%）	外資持股（%）
100	63.60（01/19）	40.00（11/23）	54.38	31.29	3.18	17.10	10.16	3.00	5.52	94.34	51.55	40.10	12.70
101	52.50（03/16）	43.00（11/19）	46.93	28.48	2.10	22.35	7.37	2.50	5.33	119.05	54.75	40.24	11.83
102	55.20（09/26）	43.05（06/24）	47.97	29.72	1.83	26.21	6.16	2.00	4.17	109.29	50.40	40.33	12.00
103	53.80（01/02）	44.45（10/17）	49.24	32.97	2.43	20.26	7.37	2.20	4.47	90.53	55.44	40.34	13.38
104	49.90（01/05）	23.90（12/14）	39.83	32.65	0.96	41.49	2.94	1.00	2.51	104.17	52.70	40.36	12.57
平均						25.48	6.80	2.14	4.40	103.48			
是否符合SOP：○X					X	X			X	○	○	○	

②複查買價=平均P/E×近4季EPS
=NA
※最近4季EPS為負值，不予計算

①基準買價=2.14元×15=32.1元
買入P/E=基準買價÷近4季EPS
=NA
※最近4季EPS為負值，不予計算

　　裕民的ROE持續下滑，究竟是危機或轉機，就看未來2季的表現了。

　　至於讓數萬人虧損套牢的宏達電，如**表4-6**所示，EPS已經連5季（2015年Q2～2016年Q2）為負值，大幅虧損，加上2015年未配發現金股利，以及本業看不出有轉好的跡象，因此即使每年的股價大幅變化，也不宜貿然買進，而是觀察其實際營運狀況再決定。

　　宏達電從未被歸類為收租股，從**圖4-1**來看，其股價大起大落，屬於雲霄飛車股。雖然宏達電讓許多散戶投資者傷心落淚，但仍有不少短線操作大戶，靠其股價變化賺大錢。（**對於近5年最低價發生在最近一年的股票，存股理財者應做好股價可能繼續下跌的最壞打算。**）

表4-6 ▶ 宏達電股價變化和近5季、近5年EPS

民國（年）	最高價	最低價	現金息	最新5季每股盈餘		最近5年每股盈餘	
104年	161元	40元	0元	105年第2季	-3.71元	104年	-18.79元
103年	180元	118元	0.4元	105年第1季	-3.16元	103年	1.80元
102年	308元	122元	0元	104年第4季	-4.09元	102年	-1.60元
101年	672元	191元	2.0元	104年第3季	-5.41元	101年	20.17元
100年	1300元	403元	40.0元	104年第2季	-9.70元	100年	73.32元

連5季虧損

圖4-1　宏達電股價週線圖

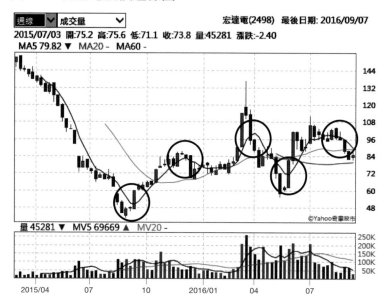

資料來源：Yahoo！奇摩股市（https://tw.stock.yahoo.com/）

4-4

不連續4季EPS為負值，就不考慮賣掉

基本上，依據收租股操作SOP適當買價買進的股票，不太可能出現連續4季虧損的狀況。回顧**表3-6**和**表3-7**（92～93頁）中的25檔股票，沒有任何一檔的EPS連4季為負值，而且每年仍會配發現金股利，所以在收租股操作SOP的「不賣股的3原則」中，並未列入「不連4季虧損不賣」，而改為不缺錢急用不賣。

表4-7是裕民、先益、台橡和亞泰的相關數據，我們自2013年陸續買進，持股滿3年仍然（或曾經）套牢。這些公司都已不符合「買股的3個15準則」，但除了套牢的帳面損失與偏低的現金殖利率，還看不出有賣股的必要。

事實上，若回頭看**表3-6**和**表3-7**的分析，你會發現這4檔股票買進後的每年最高價，仍高於持股成本。也就是說，如果短線操作，訂定10～20%的停利點，這4檔股票早已獲利了結，根本沒有虧損或套牢的問題，反而因為堅持持股5年的存股理財原則，才會被套牢。

如**表4-7**所示，這4檔股票每年的EPS均為正值，而且

表4-7 ▶ 4檔套牢股4年間的數據變化

公司	年度ROE（%）	年度EPS（元）	年度現金股利（元）	年度現金配息率（%）
	101 / 102 / 103 / 104	101 / 102 / 103 / 104	101 / 102 / 103 / 104	101 / 102 / 103 / 104
裕民（2606）	7.37/6.16/7.37/2.94	2.10/1.83/2.43/0.96	2.50/2.00/2.20/1.00	119.1/109.3/90.5/104.2
先益（3531）	7.52/7.34/1.25/1.04	2.14/2.17/0.37/0.30	1.70/1.80/1.50/0.25	79.4/83.0/405.4/66.7
台橡（2103）	26.14/9.59/7.03/3.25	3.27/1.90/1.38/0.64	2.60/1.37/1.52/1.06	79.5/72.1/110.1/177.7
亞泰（4974）	17.8/16.6/15.5/14.6	3.65/3.68/4.07/4.02	2.44/2.50/2.70/2.65	66.8/67.9/66.3/65.9

註：105 年 8 月時，先益和亞泰均已解套，其他 2 檔股票的持股成本仍比本書交稿時的股價約高 20%。

每年仍配發現金股利。它們目前的股價（**圖4-2～圖4-5**）處於近5年的低價位區，已套牢的存股理財者可以跟我們一樣逢低買進，以便盡早解套。對手中沒有持股的非存股族（存股族應遵守收租股操作SOP）來說，未嘗不是逢低承接、等待價差獲利的良機。

通常，買在近5年最低價的好存股，即使套牢也不會超過2年。所以好存股套牢時，到底賣不賣？回顧燦坤條款：「沒有永不套牢的收租股」，**我們面對收租股套牢時的唯一策略，就是「價跌心不驚，逢低再加碼」。做得到「他人恐懼我貪婪」的人，就是存股理財的贏家！**

股票套牢時，堅持不賣的人到底是阿Q還是股神？如果確實依照「買股的3個15準則」與「3個先決條件」，買進了低價位好存股，那麼在想認賠賣出前，請先回想股神巴菲特的2句名言：「買進好股票後，要假設從明天開始，

圖4-2 裕民股價月線圖

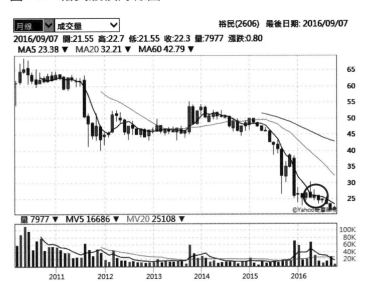

圖4-3 先益股價月線圖

資料來源：Yahoo！奇摩股市（https://tw.stock.yahoo.com/）

圖4-4 台橡股價月線圖

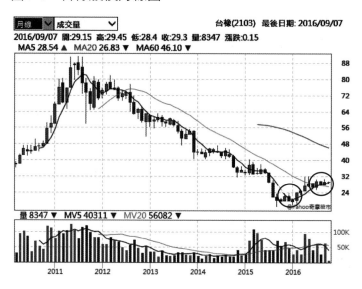

圖4-5 亞泰股價月線圖

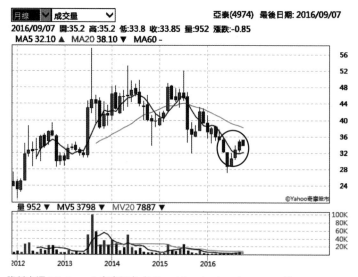

資料來源：Yahoo！奇摩股市（https://tw.stock.yahoo.com/）

股市將休市5年。」、「如果你不想持股10年，連10分鐘也不要持有。」

　　當曾是好存股的股票股價下跌30～50%時，存股理財者大多不敢逢低買進，因此無法縮短套牢的時間。

　　回顧**表3-6**和**表3-7**，觀察其中5檔「套牢中」和「已解套」的股票，就知道好存股套牢時逢低加碼的重要性。若不逢低加碼以攤平成本，恐怕會像股素人一樣——他在18年前買進的第一金、開發金和鍅德（2349），至今仍被套牢（見前書76頁），就連華碩也連續套牢14年，直到2015年才解套。

誠　摯　叮　嚀

▶低價不賣不算虧，高價強買便是賠。

▶高價不賣不算賺，低價不買便是虧。

4-5

買股戒急、賣股用忍，做得到必是贏家！

　　1996年9月，前總統李登輝針對當時台灣投資大陸的議題，提出戒急用忍的主張。「戒急用忍」這4個字，連在一起是文言文，若拆開為「戒急，用忍」，則是簡單易懂的白話文。將這套用在存股理財上，就是「**買股不用急，賣股忍一忍**」。

　　收租股操作SOP的①買股的3個15準則、②3個先決條件、③3個但書條款，就是買股不用急，而④不賣股的3原則，則是賣股忍一忍。

　　後來，我們將①買股的3個15準則和②3個先決條件，轉換成簡單明瞭的收租股買前檢查表，③3個但書條款，則是自律條款，要求自己：「每年僅買股2次，不買股價≧75元的股票」（見前書133頁），以及「買跌不買漲，逢低再加碼」。

　　至於④不賣股的3原則中的「不持股3年不賣、不獲利100%不賣，以及不缺錢急用不賣」，則說明要存股3年以上的決心，以及**買進好存股不像短線操作，沒必要訂定**

20～30%的停利點、停損點，要順其自然，「**持股3～5年，獲利100%**」的目標便能水到渠成。

按常理來說，真正的好存股，會符合股神巴菲特的價值型股票標準，所以長抱10年，賺個3～5倍應該不成問題。但是，很少股票能夠持續10年只漲不跌，10年間股價必有起伏漲跌，如果把持不住，追高殺低，結果一定不樂觀。

好存股也有股價下跌的時候，因此**真能長抱10年的好存股，也必須買在低價位區，然後逢低再加碼，才能兼顧股息與倍漲的雙重獲利**。

產業的景氣循環，短則3、4年，長則7、8年，也就是說，只要依照「買股的3個15準則」與「3個先決條件」買進股票，並且逢低再買進，快則3、4年，慢則7、8年，多半有獲利100%的機會。

表3-6和**表3-7**裡的2檔套牢中股票，都是在2013年6月購入。至2016年11月為止，它們也不過暫住套房3年半而已，離持股5年的原則，尚有一年半的時間，而且每年的EPS仍為正值，還會配發現金股利，所以我們根本不擔心。

巴菲特在2011年買進Tesco股票（全球第3大零售商，僅次於家樂福和沃爾瑪），成為Tesco的第3大股東，當2012年7月股價大跌16%時，大幅加碼買進，變成Tesco的第2大股東。之後，股價又在2014年9月大跌25%以上，創

下Tesco股價11年來的新低點，巴菲特大賠近億美元（帳面值），但他並未賣出持股，仍維持Tesco第2大股東的地位。

巴菲特是全球大富豪，因此跌不心驚，秉持「**價值型投資，長年持股**」的理念。我們用閒錢買股票，同樣可以跌不心驚，當每年仍有比銀行定存高的現金股利可領時，就繼續遵循逢低買進、攤平成本的原則。

堅持遵守收租股操作SOP，多半可以躲過住套房的風險，若再符合「買入價≦近5年最低價」，雖不能說萬無一失，但至少可以躲過9成的套牢危機。

問題是，如果找不到這樣的好存股，你可能會將「買股的3個15準則」條款打8折（ROE≧12%或P/E≦18等），或是將適當買價提高20%，硬是買進**類收租股**。（我們也不例外，才會仍有2檔股票套牢。）

好存股：完全符合收租股買前檢查表，且「買入價≦適當買價」。

類收租股：不完全符合好存股條款，且股價遠高於適當買價。

好存股，富貴穩中求；類收租股，富貴險中求。

NOTE

131

Chapter 5

台積電、中華電信，為何不是好存股？

5-1

買在悲情曲線反轉點，績優股也難逃虧損

　　近年來不少理財專家力挺台積電，認為台積電會持續成長，股價有機會再往上攀升。台積電的近5年平均ROE高達26.85％，近5年平均P/E僅14.96，而且7奈米的製程技術已獨步全球，遙遙領先對手三星、英特爾。因此，股價確實有機會再往上挺。2016年5月時，甚至某外資機構將目標價上調至200元，只是沒有任何理財專家敢百分之百打包票。

　　台積電在1994年9月以96元掛牌上市（**表5-1a**），如果在台積電上市當天，以每股96元買進一張，並且長抱22年到2016年8月的179元，扣除每年的配股配息（早年以配股居多），96元還原權息後僅約4元，也就是說，長抱台積電22年大賺44倍。

　　但回頭再看**表3-1**（84頁）中的儒鴻與佳格，持股10年就賺40倍以上。相較之下，台積電就沒啥好羨慕了。

　　台積電連續14年蟬聯台灣企業的獲利王，近5年來的外資持股均高達75％以上（**表5-1b**），換句話說，台積電

實質上是外資公司。我們的行政院國發基金，從當年持股40%到目前僅剩6%，讓美其名為「台灣之光」的獲利大多被外資賺走。連國發基金和本土法人機構都不愛台積電，我們小資族賺不到台積電的錢，也就不用怨嘆了。

姑且忘記「22年投資報酬率44倍的天方夜譚」，免得氣死人，現在開始擁抱台積電還來得及嗎？

如**表5-1a**所示，台積電自2013年初，股價再度站上100元以後，3年多來，股價最高至170元以上。因此，許多理財專家常以台積電為例，證明買進台積電持股10年、12年或15年，可以賺3倍以上的價差。

理財專家說的都是事實，但沒有人敢以2000年買進台積電並持股16年為例。想像一下，那會是什麼情形？答案是：套牢14年（到2014年Q2），第15年攤平但仍虧利息，第16年獲利約40%（相當於定存年息2%）。當年如果把錢放在銀行定存至今，16年的平均複利年息約3.5%，還有73%的獲利。

股素人就是買台積電套牢14年的活生生例子。台積電在2000年2月創下天價222元，此後一路往下跌，2010年起才開始穩定回漲，直到2016年8月的最高價179元。股素人在2000年5月31日以157.2元買進2張台積電（前書表2-4），而且持股至今沒有賣出。

他在1998年5月至2000年5月的2年間，把手中全部的閒錢投入股市，結果賣股虧損240萬元，還套牢380萬

表5-1a ▶ 台積電年度成交資訊

民國（年）	張數	金額（仟元）	筆數（仟）	最高價	日期	最低價	日期	收盤均價
105	6,824473	1,092,450,466	2,107	193.00	10/25	130.50	01/14	161.96
104	9,780,728	1,365,734,269	2,900	155.00	03/19	112.50	08/24	139.84
103	9,054,507	1,102,966,313	2,250	142.00	12/01	100.50	02/05	122.53
102	8,571,637	887,933,410	2,144	116.50	05/14	92.90	08/22	104.09
101	10,106,805	844,105,649	2,494	99.40	12/13	73.80	07/23	84.08
100	12,740,507	916,448,075	2,829	78.30	01/19	62.20	08/09	72.09
99	12,070,831	750,624,427	2,670	75.00	12/17	57.00	02/08	62.01
98	16,383,357	902,124,091	3,610	65.20	10/01	38.70	01/21	55.48
97	16,302,842	921,758,410	2,982	69.80	05/19	36.40	11/21	56.44
96	15,497,936	1,010,167,573	2,501	73.10	07/13	57.40	11/22	65.52
95	10,344,294	635,369,872	2,054	70.00	04/21	52.30	07/24	61.34
94	12,782,716	707,671,837	1,821	64.30	12/27	46.20	01/14	54.08
93	12,664,016	660,686,174	2,480	68.50	03/05	40.70	07/27	52.36
92	11,186,549	620,375,005	2,373	72.50	09/09	40.10	02/12	56.42
91	12,069,377	770,055,945	3,053	97.50	04/02	34.90	10/08	67.42
90	8,960,692	684,460,549	2,305	105.50	02/01	43.60	10/03	77.74
89	7,729,777	1,106,510,465	2,511	222.00	02/11	74.50	12/27	146.30
88	9,702,381	1,151,130,000	3,224	171.00	12/28	68.00	01/06	120.01
87	8,613,597	938,095,332	3,048	173.00	02/27	56.50	09/04	100.74
86	13,689,883	1,644,349,499	4,104	173.00	08/26	55.50	01/07	109.45
85	2,551,689	162,573,264	727	106.00	04/30	49.10	07/17	63.83
84	1,196,951	147,080,305	432	196.00	06/14	77.00	11/18	128.43
83	260,767	43,077,714	90	177.00	10/05	96.00	09/05	159.04

表5-1b▶ 台積電收租股買前檢查表

民國 (年)	最高價 (元) (月/日)	最低價 (元) (月/日)	收盤 均價 (元)	淨值 (元)	EPS (元)	本益比 (P/E)	ROE (%)	現金息 (元)	現金 殖利率 (%)	現金 配息率 (%)	負債比 (%)	董監事 持股 (%)	外資 持股 (%)
100	78.30 (01/19)	62.20 (08/09)	72.09	24.29	5.18	13.92	21.33	3.00	4.16	57.92	17.31	7.51	71.64
101	99.40 (12/13)	73.80 (07/23)	84.08	27.90	6.41	13.12	22.97	3.00	3.57	46.80	23.57	7.51	76.93
102	116.50 (05/14)	92.90 (08/22)	104.09	32.69	7.26	14.34	22.21	3.00	2.88	41.32	32.88	7.46	77.39
103	142.00 (12/01)	100.50 (02/05)	122.53	40.32	10.18	12.04	25.25	4.50	3.67	44.20	30.06	7.32	77.80
104	155.00 (03/19)	112.50 (08/24)	139.84	47.11	11.82	11.83	25.09	6.00	4.29	50.76	26.24	7.32	77.18
平均						13.05	23.37	3.90	3.71	48.20			
			是否符合SOP：○X			○	○		X	X	○	○	○

②複查買價＝平均P/E×近4季EPS
＝13.05×11.28元＝147.2元

①基準買價：3.9元×15＝58.5元
　買入P/E＝基準買價÷近4季EPS
　　　　＝58.5元÷11.28元＝5.19
※5.19＜15，OK

註1：104年Q2～105年Q1 EPS=11.28元
註2：104年Q4淨值：47.11元
註3：105/05/03股價：148.5元（P/B=3.15）
註4：105/09/13適當買價：58.5元

元。其中有7檔股票持股至今仍未賣出，因為我媽堅持不准賣，於是每年約有15萬元的現金股利，可以當零用金。

不僅是台積電，股素人在1998至2000年買進的第一金、開發金和華碩，均是當年的高價績優股，但至今16年仍然套牢（見前書表2-4，華碩本來有機會在2013年以382元賣出，獲利100%以上，只是當時沒賣又繼續套牢）。

績優股之所以會套牢，當然是因為買在高價位區，也就是悲情曲線反轉點，此後一路往下跌。雖然股價曾在期間反彈，但力道不足，因此存股理財者應引以為戒：**沒有永遠的績優股、成長股或是好存股，買在悲情曲線反轉點，多半難逃虧損套牢的命運。**

台積電長抱10年，是賺3倍還是住套房？全依買進價格而定。以**表5-1a**中的收盤均價為例，在2000年買入並持股10年到2009年，仍然是住套房，但若在2007年買入並長抱10年，到2016年9月底賣出，股利加上價差，確實是賺3倍以上。

5-2

台積電、中華電……處於高價位區就不宜再追

　　台積電最近5年的EPS逐年上升（**表5-1c**），近10年來，每年配發3元以上的現金股利（**表5-1d**）。然而，若依台積電的收租股買前檢查表（**表5-1b**）來看，其近5年平均ROE雖然高達23.37％，但平均現金殖利率僅3.71％，基準買價僅58.5元，近5年最低價是62.2元。自2008年36.4元（**表5-1a**）最低點起漲，至2016年9月的188元最高點，或許已經快回跌下滑了。

　　不過，也可能真的另創高峰。股王大立光（3008）的股價，在2014年站上2,000元，2015年和2016年均曾創下3,500元以上的高價。

　　台積電在2016年6月底，破記錄地僅花3天就完成填息，股價也繼續往上挺，但**圖5-1**的股價月線圖，似乎已快到達悲情曲線反轉點，而且目前股價已遠高於適當買價（58.5元，**表5-1b**）。所以，此時不宜再追高，將台積電視作好存股買進。

　　台積電近5年的現金殖利率均低於5％，平均現金配息

表5-1c 台積電近4季與近5年的EPS

獲利能力（105年第1季）		最新4季每股盈餘		最近5年每股盈餘	
營業毛利率	44.90%	105年第1季	2.50元	104年	11.82元
營業利益率	34.63%	104年第4季	2.81元	103年	10.18元
稅前淨利率	35.51%	104年第3季	2.91元	102年	7.26元
資產報酬率	3.87%	104年第2季	3.06元	101年	6.41元
股東權益報酬率	5.18%	每股淨值	49.36元	100年	5.18元

表5-1d 台積電股利政策

民國（年）	現金股利	盈餘配股	公積配股	股票股利	合 計
104	6.00	0.00	0.00	0.00	6.00
103	4.50	0.00	0.00	0.00	4.50
102	3.00	0.00	0.00	0.00	3.00
101	3.00	0.00	0.00	0.00	3.00
100	3.00	0.00	0.00	0.00	3.00
99	3.00	0.00	0.00	0.00	3.00
98	3.00	0.00	0.00	0.00	3.00
97	3.00	0.02	0.03	0.05	3.05
96	3.03	0.02	0.03	0.05	3.08
95	3.00	0.02	0.03	0.05	3.05

率是48.2%。它目前是優等股，但不符合收租股的標準。

其實，被許多股市理財專家視為「新收租股」的中華電、台灣大和統一超，也是ROE高，但目前的股價（2016年9月20日）已遠高於適當買價。以這3檔股票的收租股買前檢查表（**表5-2**、**表5-3**、**表5-4**）來看，它們的股價均處於高價位區，不宜再追高。

這3檔股票每年的現金配息率均在80%以上，表示「獲利與小股東分享」是公司政策，因此等股價跌到接近適當買價時再買進，就能成為高現金殖利率的收租股。

圖5-1　台積電股價月線圖

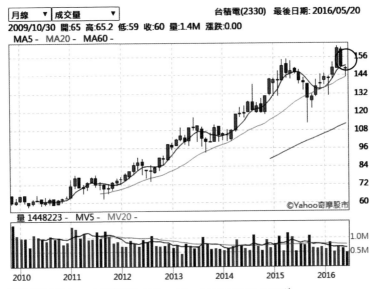

資料來源：Yahoo！奇摩股市（https://tw.stock.yahoo.com/）

表5-2 ▶ 中華電收租股買前檢查表

民國（年）	最高價（元）〔月/日〕	最低價（元）〔月/日〕	收盤均價（元）	淨值（元）	EPS（元）	本益比（P/E）	ROE（%）	現金息（元）	現金殖利率（%）	現金配息率（%）	負債比（%）	董監事持股（%）	外資持股（%）
100	111.00〔07/20〕	72.70〔01/05〕	96.19	47.53	6.04	15.93	12.71	5.46	5.68	90.40	15.78	36.53	26.42
101	101.00〔01/03〕	87.50〔04/23〕	92.22	47.11	5.14	17.94	10.91	5.35	5.80	104.09	15.82	37.22	16.54
102	102.00〔06/28〕	90.00〔10/22〕	94.11	46.44	5.12	18.38	11.02	4.53	4.81	88.48	17.19	37.26	15.15
103	96.90〔06/20〕	89.80〔02/05〕	93.05	46.98	4.98	18.68	10.60	4.86	5.22	97.59	17.28	41.12	14.66
104	101.00〔11/04〕	92.10〔01/06〕	97.81	47.53	5.52	17.72	11.61	5.49	5.61	99.46	17.44	35.32	16.86
平均						17.73	11.37	5.14	5.43	96.00			
是否符合SOP：○X				▲	▲			▲	○	○	○		

最近 4 季（104 年 Q3～105 年 Q2）EPS=5.67 元

②複查買價=平均P/E×近4季EPS
　　　　　 =15×5.67元=85.05元
※平均P/E≧15，取15計算

①基準買價=5.14元×15=77.1元
　買入P/E=基準買價÷近4季EPS
　　　　 =77.1元÷5.67元=13.6
※13.6＜15，OK

註：105/09/20 股價：111.5 元

表5-3 ▶ 台灣大收租股買前檢查表

民國 (年)	最高價 (元) (月/日)	最低價 (元) (月/日)	收盤 均價 (元)	淨值 (元)	EPS (元)	本益比 (P/E)	ROE (%)	現金息 (元)	現金 殖利率 (%)	現金 配息率 (%)	負債比 (%)	董監事 持股 (%)	外資 持股 (%)
100	98.30 (11/17)	65.20 (02/18)	78.18	18.20	4.70	16.63	25.82	5.16	6.60	109.79	45.46	18.08	31.72
101	115.50 (10/09)	86.30 (02/02)	98.26	18.48	5.46	18.00	29.55	5.50	5.60	100.73	45.00	18.06	32.77
102	121.50 (05/16)	87.20 (10/22)	104.50	21.35	5.79	18.05	27.12	5.60	5.36	96.72	57.70	18.05	35.45
103	104.50 (12/31)	85.00 (02/05)	94.78	22.14	5.56	17.05	25.11	5.60	5.91	100.72	56.68	18.05	31.36
104	113.00 (01/13)	95.00 (08/24)	103.88	21.88	5.76	18.03	26.33	5.60	5.39	97.22	58.17	18.05	36.47
平均						17.55	26.79	5.49	5.77	101.04			
.			是否符合SOP：○X			▲	○		▲	○	▲	○	○

最近 4 季（104 年 Q3 ～ 105 年 Q2）EPS=5.81 元

②複查買價=平均P/E×近4季EPS
　　　　　=15×5.81元=87.15元
※平均P/E≧15，取15計算

①基準買價=5.49元×15=82.35元
　買入P/E=基準買價÷近4季EPS
　　　　　=82.35元÷5.81元=14.17
※14.17＜15，OK

註：105/09/20 股價：113 元

表5-4 ▶ 統一超收租股買前檢查表

民國（年）	最高價（元）（月/日）	最低價（元）（月/日）	收盤均價（元）	淨值（元）	EPS（元）	本益比（P/E）	ROE（%）	現金息（元）	現金殖利率（%）	現金配息率（%）	負債比（%）	董監事持股（%）	外資持股（%）
100	195.00（09/01）	119.50（02/22）	156.49	19.91	6.11	25.61	30.69	4.80	3.07	78.56	60.42	46.25	44.38
101	172.00（01/11）	135.00（11/01）	157.11	22.04	6.53	24.06	29.63	4.85	3.09	74.27	59.51	46.25	39.87
102	229.00（07/22）	154.00（01/02）	192.50	22.84	7.73	24.90	33.84	6.00	3.12	77.62	67.07	45.84	42.77
103	253.00（02/04）	181.00（02/20）	222.25	25.51	8.74	25.43	34.26	7.00	3.15	80.09	65.50	45.86	42.65
104	259.00（02/04）	191.50（08/24）	221.87	26.08	7.92	28.01	30.37	7.20	3.25	90.91	65.22	45.87	43.04
平均						25.60	31.76	5.97	3.13	80.29			
是否符合SOP：○X						X	○		X	○	X	○	

最近 4 季（104 年 Q3 ～ 105 年 Q2）EPS=8.65 元

②複查買價=平均P/E×近4季EPS
　　　　　=15×8.65元=129.75元
※平均P/E≧15，取15計算

①基準買價=5.97元×15=89.55元
　買入P/E=基準買價÷近4季EPS
　　　　　=89.55元÷8.65元=10.35
※10.35＜15，OK

註：105/09/20 股價：249 元

5-3

如何在股價下跌時，養成逢低買進的心理素質？

　　即使是好存股，股價也會漲跌起伏。以**表5-1b**為例，台積電每年的股價至少有30%的價差，對股市理財專家來說，或許真能以技術分析來低買高賣，從中賺取20%的利潤，但也可能因為看走眼而虧損（股市理財專家的字典裡沒有「套牢」這樣的用語，但必定訂立停損點、停利點，短線進出，輸少贏多就是賺）。存股理財的小資族，不宜依樣畫葫蘆，否則後果恐怕不樂觀。

　　如果在2005年1月以46.2元（**表5-1a**）買進台積電，然後長抱10年，賣在2015年3月的155元，那麼，扣除每年的配息和配股，還原權值後，確實能獲利10倍以上。事實上，這種長抱10年、獲利10倍的股票，如果不限起始年份，至少有300檔以上。

　　羨慕歸羨慕，怨嘆歸怨嘆，回歸現實面時，要如何找尋「持股3～5年，獲利100%」的股票？

　　通常，高ROE的股票都伴隨著高股價。台灣50成分股（**表6-4a**、**表6-4b**，158～161頁）中，ROE為20%以上的

有台積電、大立光、台灣大、可成、統一超、和泰車、研華及儒鴻，這8檔都是100元以上的高價股。然而，它們的現金殖利率均在2.4%（儒鴻）與5.39%（台灣大）之間，遠低於6.67%。因此，不必受到高ROE的誘惑，反而應恐懼價高必跌的苦果。

貪婪必定追高，恐懼難免殺低，這是投資理財時的正常人性。想不追高殺低，確實是知易行難，必須給自己心理建設，加上耐心和毅力，才能達到「他人恐懼我貪婪，逢低加碼早解套」的境界。

其實，好存股只要買在近5年的最低價，幾乎都有「持股5年，獲利100%」的機會，只是沒有人知道何時是最低價。

回到那句老話：「他人恐懼我貪婪」，人們往往在高股價時，期待股災來臨，但等股災真的到來，例如2008年的金融海嘯，卻又不敢逢低買進。

2014年7月高雄凱旋路氣爆後，榮化（1704）的股價曾經跌到12元，卻沒什麼人敢進場撿便宜。然而2016年7月，榮化股價漲到40元以上，2年漲3.3倍。很多人在錯失獲利良機後，才大為感嘆。千金難買早知道，後悔不能重頭來呀！

NOTE

147

Chapter 6

上市、上櫃股票中，該從哪裡選出收租股？

6-1

「台灣50」裡潛藏危險的「類收租股」，該如何避開？

　　前面提過，在2008年，股素人以存股理財的方式重返股市，當時買股的3大條件之一，就是台灣50或中型100成分股，主要是因為保本優先，害怕買到類收租股而成為雞蛋水餃股（見前書76頁的錸德）。

　　但在2015年初時，不僅台灣50成分股中找不到收租股，就連中型100成分股中，也很難找到完全符合收租股買前檢查表的股票。

　　旅居美國的讀者蔡博義先生在2015年4月初，依據「買股的3個15準則」與「3個先決條件」，篩選台灣50和中型100的150檔股票（前書20～41頁），發現僅有中型100的聚陽（1477）完全符合標準，而台灣50中的台灣大僅算是勉強符合而已（因為P/E15.57＞15，負債比57.7%＞55%）。

　　蔡博義先生將ROE≧15%下修為≧12%，並將現金殖利率≧6.67%下修為≧5%之後，總算在台灣50成分股中找到4檔收租股（**表6-1**），並在中型100成分股中找到11

檔收租股（**表6-2**）。要特別注意的是，**買進前務必再以最近4季的EPS**，計算適當買價。

　　表6-1和**表6-2**中的15檔股票，在2014年以前，都曾是財經雜誌、節目中推薦的收租股。以2010至2014年的財報數據分析，當年推薦這15檔股票的股市專家都沒有錯，其中有些股票在3年內已倍漲獲利，但有些股票卻是持股3年仍然套牢。

　　同樣是買進當年的收租股，在不到3年的時間，有人倍漲獲利，有人虧損套牢，差別就在於，是買在「微笑曲線反轉點」的低價位區，或是「悲情曲線反轉點」的高價位區。買在高價位區的投資者，得面臨虧損或套牢的局面。

　　無巧不成書，在這15檔股票當中，目前（2016年9月13日）僅有5檔的市值仍低於2014年的收盤均價，而其中股價腰斬的台橡和裕民，正好是我們在2013年6月買進且仍套牢的股票。真是「天有不測風雲，股有不測漲價」，也印證了燦坤條款：沒有零風險的存股理財法。

　　2016年1月11日晚上的東森財經台節目，曾經介紹拙作，並依據「買股的3個15準則」的條款：①P/E≦15、②ROE≧15%，以及③買入價≦現金息×15（現金配息率≧6.67%），找到3檔完全符合「買股的3個15準則」和「3個先決條件」的股票（**表6-3**）。但是，中宇、新巨和超豐，均非台灣50和中型100成分股（第7章中有此3檔股票

4檔台灣50中的類收租股

公司 （代號）	收盤 均價 （元）	EPS （元）	淨值 （元）	本益比 （P/E）	ROE （%）	現金 股利 （元）	現金 殖利 率 （%）	現金 配息 率 （%）	負債比 （%）	105年 09/13 股價 （元）
和泰車 （2207）	151.7	10.94	49.68	13.09	21.58	7.92	5.84	71.17	71.65	350.5
台灣大 （3045）	79.52	4.92	17.66	15.57	27.28	5.09	6.71	101.0	57.70	111.5
遠傳 （4904）	52.35	3.03	22.17	17.02	13.66	3.11	6.15	102.3	38.25	73.8
研華 （2395）	93.28	5.90	29.29	15.57	19.99	4.53	5.28	80.08	29.47	266.0

註：表中數值是以 103 年度的財報數據為依據。

11檔中型100中的類收租股

公司 （代號）	收盤 均價 （元）	EPS （元）	淨值 （元）	本益比 （P/E）	ROE （%）	現金 股利 （元）	現金 殖利 率 （%）	現金 配息 率 （%）	負債比 （%）	105年 09/13 股價 （元）
仁寶 （2324）	30.22	2.97	24.14	16.18	12.05	1.70	5.47	79.62	70.26	18.65
聯詠 （3034）	93.93	7.16	37.71	13.06	19.00	5.40	5.87	75.32	36.87	108.5
中鼎 （9933）	41.27	2.86	19.71	14.83	14.66	2.48	6.45	86.70	61.21	43.00
聚陽 （1477）	82.44	6.76	26.80	11.90	25.20	5.92	7.78	87.08	47.20	144.5
創見 （2451）	86.03	6.93	43.59	14.13	15.82	5.54	6.51	82.81	18.25	90.00
銘異 （3060）	67.96	3.91	24.98	23.70	15.38	3.32	5.52	108.8	31.49	39.10
台橡 （2103）	56.62	4.84	20.22	15.74	20.77	3.13	5.84	74.47	47.40	28.80
中保 （9917）	57.38	4.02	21.80	14.24	18.41	3.26	5.74	81.46	43.75	91.40
中碳 （1723）	119.7	8.38	26.55	14.07	31.37	7.30	6.39	88.10	13.58	103.0
裕民 （2606）	54.07	4.30	30.92	16.51	13.58	3.50	6.31	92.54	50.40	21.85
美律 （2439）	49.40	3.58	28.22	14.49	12.56	2.84	5.83	80.67	43.20	109.5

註：表中數值是以 103 年度的財報數據為依據。

表6-3　3檔完全符合收租股買前檢查表的股票（105/01）

	買股的3個15準則			3個先決條件		
	ROE≧15%	P/E≦15	現金殖利率	現金配息率	董監持股	負債比
中宇（1535）	16.9%	13.8%	7.9%	73.2%	68.44%	48.72%
新巨（2420）	24.9%	9.6%	8.6%	82.42%	27.91%	51.53%
超豐（2441）	15.1%	9.4%	8.3%	70.67%	45.82%	12.7%

的4張表）。請各位在買進前，務必再以最近4季的EPS計算適當買價。

　　收租股操作SOP中的條件確實很嚴謹，因此本書對收租股買前檢查表的條款採取分級制，共分為**O（O.K）**、**◆（尚可）**和**▲（勉強）**3級（見第7章）。即使如此，「台灣50」和「中型100」的150檔成分股，仍難以列入第7章的前50檔**收租潛力股**。所以，最後決定將這150檔成分股單獨歸類，整理出10檔**「權重型」收租潛力股**，如第7章的「（C）權重股」所示。

6-2

從「中型100」下手，聚焦現金殖利率6%就對了！

　　台灣50和中型100是台灣股市權重比最高的前150檔上市股票，上櫃公司的股票均未列入。

　　2013年以前，我們僅在台灣50或中型100中找尋收租股（**表3-6**、**表3-7**，92～93頁），其現金殖利率多低於6%。自2013年6月起，我們開始嘗試從上櫃公司、台灣50和中型100以外的中小型股，找尋符合收租股買前檢查表標準的股票，因此最近3年，我們持股的平均現金殖利率，均穩定地超過6%。

　　我們在買進收租股時，最在乎的3條款是：近5年的①平均ROE≧15%、②平均現金配息率≧70%，以及③平均現金殖利率≧6.67%。

　　以2015年度的財報數據來看，**表6-4**的台灣50成分股當中，沒有任何一檔完全符合上述3條款，而**表6-5**的中型100成分股當中，只有微星（2377）、興富發（2543）和創見（2451）符合。不過，台灣50與中型100中仍有一些可選擇的收租股，只是目前的股價偏高。

　　表6-4和表6-5中的數據顯示，ROE≧12%、現金配息率≧70%及P/E≦15的股票約佔一半，唯獨現金殖利率≧6.67%的股票，約佔1/10。光是「現金殖利率6.67%」這項標準，就刷掉90%的台灣50和中型100成分股（統稱為權重股）。因此，現階段確實很難從中找到完全符合收租股買前檢查表的股票。

　　依據第7章收租股買前檢查表的◆尚可標準，也就是①「P/E≦16.5」、②「ROE≧12%」、③「現金配息率≧63%」，以及④「現金殖利率≧6%」，表6-4的台灣50成分股當中，只有中信金（2891）和矽品符合（表6-4中★者），而表6-5的中型100成分股當中，則有聯詠、微星、興富發、長興、創見和豐興符合（表6-5中★者）。

表6-4a ▶ **台灣50成分股（1/2）**

項次	公司（代號）	權重（%）	①104年均價（元）	②104年淨值（元/股）	③104年EPS（元）	④104年現金息（元/股）	⑤104年ROE（%）	⑥104年現金配息率（%）	⑦104年現金殖利率（%）	⑧104年本益比（P/E）
1	台積電（2330）	30.13	139.64	47.11	11.82	6.00	25.09	50.76	4.30	11.81
2	鴻海（2317）	8.22	89.58	64.43	9.39	5.00	14.57	53.25	5.58	9.54
3	中華電（2412）	2.77	97.73	47.53	5.52	5.49	11.61	99.46	5.62	17.70
4	台塑（1301）	2.71	73.97	45.15	4.85	3.60	10.74	74.23	4.87	15.25
5	台達電（2308）	2.70	172.69	47.88	7.20	5.00	15.04	69.44	2.90	23.98
6	大立光（3008）	2.63	2789.3	472.54	180.08	63.50	38.11	35.26	2.28	15.49
7	台化（1326）	2.60	71.87	48.25	4.71	3.50	9.76	74.31	4.87	15.26
8	聯發科（2454）	2.51	340.42	152.98	16.52	11.00	10.80	66.59	3.23	20.61
9	南亞（1303）	2.19	65.87	40.89	4.50	3.30	11.01	73.33	5.01	14.64
★ 10	中信金（2891）	2.15	20.33	15.37	1.96	1.61	12.75	82.14	7.92	10.37
11	富邦金（2881）	2.15	56.08	35.92	6.21	2.00	17.29	32.21	3.57	9.03
12	國泰金（2882）	2.12	48.86	36.22	4.58	2.00	12.64	43.67	4.09	10.67
13	統一（1216）	2.01	54.17	16.95	2.48	2.00	14.63	80.65	3.69	21.84
14	中鋼（2002）	1.86	22.07	18.66	0.48	0.50	2.57	104.17	2.27	45.98

項次	公司（代號）	權重（%）	①104年均價（元）	②104年淨值（元/股）	③104年EPS（元）	④104年現金息（元/股）	⑤104年ROE（%）	⑥104年現金配息率（%）	⑦104年現金殖利率（%）	⑧104年本益比（P/E）
15	兆豐金（2886）	1.66	24.99	21.57	2.16	1.50	10.01	69.44	6.00	11.57
16	日月光（2311）	1.36	39.22	19.82	2.46	1.60	12.41	65.04	4.08	15.94
17	台灣大（3045）	1.33	103.85	17.41	4.59	5.60	26.36	122.00	5.39	22.63
18	華碩（2357）	1.17	302.09	225.31	23.02	15.00	10.22	65.16	4.97	13.12
19	廣達（2382）	1.15	67.16	34.37	4.62	3.80	13.44	82.25	5.66	14.54
20	可成（2474）	1.11	328.18	150.26	32.61	10.00	21.70	30.67	3.05	10.06
21	第一金（2892）	1.10	17.14	16.37	1.40	1.40	8.55	100.00	8.17	12.24
22	和碩（4938）	1.07	84.87	57.77	9.15	5.00	15.84	54.64	5.89	9.28
23	玉山金（2884）	1.03	19.80	15.21	1.61	1.43	10.59	88.82	7.22	12.30
24	統一超（2912）	1.01	222.68	26.08	7.92	7.20	30.37	90.91	3.23	28.12
25	和泰車（2207）	1.01	415.60	72.07	17.90	12.00	24.84	67.04	2.89	23.22

註1：項次為權重 % 的排序，此為 105 年 6 月資料，每一季均可能有變動。

註2：⑤ ROE= ③ ÷ ②。⑥ 現金配息率 = ④ ÷ ③。⑦ 現金殖利率 = ④ ÷ ①。⑧ P/E= ① ÷ ③。

註3：符合第 7 章◆尚可標準的股票以★標註。第 7 章中的權重型收租潛力股，以紅框標註。

表6-4b ▶ 台灣50成分股（2/2）

項次	公司（代號）	權重（%）	①104年均價（元）	②104年淨值（元/股）	③104年EPS（元）	④104年現金息（元/股）	⑤104年ROE（%）	⑥104年現金配息率（%）	⑦104年現金殖利率（%）	⑧104年本益比（P/E）
26	台塑化（6505）	1.01	74.62	28.00	4.97	4.00	17.75	80.48	5.36	15.01
27	聯電（2303）	1.00	13.44	17.78	1.05	0.55	5.91	52.38	4.09	12.80
28	元大金（2885）	0.96	15.45	17.00	1.01	0.36	5.94	35.64	2.33	15.30
29	華南金（2880）	0.94	16.97	15.45	1.42	1.25	9.19	88.03	7.37	11.95
★ 30	正新（2105）	0.89	63.92	27.51	3.94	3.00	14.32	76.14	4.69	16.22
31	寶成（9904）	0.86	45.49	23.51	3.23	1.50	13.74	46.44	3.30	14.08
32	合庫金（5880）	0.86	15.35	16.85	1.18	1.00	7.00	84.75	6.51	13.01
33	遠傳（4904）	0.85	72.24	22.07	3.52	3.75	15.95	106.53	5.19	20.52
34	開發金（2883）	0.82	10.64	10.93	0.56	0.50	5.12	89.29	4.70	19.00
35	台新金（2887）	0.79	12.68	13.02	1.38	0.48	10.60	35.78	3.78	9.19
36	台泥（1101）	0.78	37.80	29.26	1.56	1.33	5.33	85.26	3.52	24.23
37	友達（2409）	0.77	13.40	18.91	0.51	0.35	2.70	68.63	2.61	26.27
★ 38	矽品（2325）	0.76	45.43	22.65	2.81	3.80	12.41	135.23	8.36	16.17
39	光寶科（2301）	0.75	36.44	32.54	3.09	2.24	9.50	72.49	6.15	11.79
40	群創（3481）	0.70	13.95	23.34	1.09	0.20	4.67	18.35	1.43	12.80

項次	公司（代號）	權重（%）	①104年均價（元）	②104年淨值（元/股）	③104年EPS（元）	④104年現金息（元/股）	⑤104年ROE（%）	⑥104年現金配息率（%）	⑦104年現金殖利率（%）	⑧104年本益比（P/E）
41	遠東新（1402）	0.69	30.43	36.85	1.50	1.00	4.07	66.67	3.29	20.29
42	永豐金（2890）	0.66	12.26	12.95	1.07	0.93	8.26	86.92	7.59	11.46
43	彰銀（2801）	0.66	17.31	15.31	1.38	0.95	9.01	68.84	5.49	12.54
44	鴻準（2354）	0.65	91.56	65.15	8.74	3.10	13.42	35.47	3.39	10.48
45	研華（2395）	0.62	229.71	36.89	8.08	6.00	21.90	74.26	2.61	28.43
46	仁寶（2324）	0.60	22.88	23.21	1.94	1.20	8.36	61.86	5.24	11.79
47	儒鴻（1476）	0.56	436.86	45.11	15.99	10.50	35.45	65.67	2.40	27.32
48	亞泥（1102）	0.49	35.24	40.43	1.45	1.10	3.59	75.86	3.12	24.30
49	華亞科（3474）	0.44	27.50	20.53	2.74	0.00	13.35	0.00	0.00	10.04
50	南科（2408）	0.11	172.69	47.88	7.20	5.00	15.04	69.44	2.90	23.98

註1：項次為權重%的排序，此為105年6月資料，每一季均可能有變動。

註2：⑤ ROE= ③ ÷ ②。⑥ 現金配息率 = ④ ÷ ③。⑦ 現金殖利率 = ④ ÷ ①。⑧ P/E= ① ÷ ③。

註3：符合第7章◆尚可標準的股票以★標註。第7章中的權重型收租潛力股，以紅框標註。

表6-5a ▶ 中型100成分股（1/4）

項次	公司（代號）	權重（%）	①104年均價（元）	②104年淨值（元/股）	③104年EPS（元）	④104年現金息（元/股）	⑤104年ROE（%）	⑥104年現金配息率（%）	⑦104年現金殖利率（%）	⑧104年本益比（P/E）
1	中壽（2823）	3.31	28.66	24.72	2.75	1.00	11.12	36.36	3.49	10.42
2	英業達（2356）	2.54	20.73	15.74	1.55	1.40	9.85	90.32	6.75	13.37
3	宏達電（2498）	2.53	85.80	77.89	-18.67	0.00	-23.97	0.00	0.00	-4.60
★ 4	聯詠（3034）	2.17	142.55	46.86	10.52	9.00	22.45	85.55	6.31	13.55
5	巨大（9921）	2.14	260.67	54.28	10.25	6.20	18.88	60.49	2.38	25.43
6	緯創（3231）	2.13	21.81	26.89	0.52	1.50	1.93	288.46	6.88	41.94
7	瑞昱（2379）	2.08	75.06	44.12	4.81	4.00	10.90	83.16	5.33	15.60
8	中租-KY（5871）	2.01	66.61	33.26	6.02	3.10	18.10	51.50	4.65	11.06
9	力成（6239）	1.99	61.45	43.42	5.15	3.50	11.86	67.96	5.70	11.93
10	大聯大（3702）	1.98	36.15	28.85	3.27	2.40	11.33	73.39	6.64	11.06
11	東元（1504）	1.80	27.41	23.70	1.59	0.80	6.71	50.31	2.92	17.24
12	新光金（2888）	1.79	8.79	10.59	0.57	0.00	5.38	0.00	0.00	15.42
13	豐泰（9910）	1.75	170.29	21.96	7.11	6.20	32.38	87.20	3.64	23.95
14	聯強（2347）	1.66	39.25	26.95	2.01	2.00	7.46	99.50	5.10	19.53

項次	公司（代號）	權重（%）	①104年均價（元）	②104年淨值（元/股）	③104年EPS（元）	④104年現金息（元/股）	⑤104年ROE（%）	⑥104年現金配息率（%）	⑦104年現金殖利率（%）	⑧104年本益比（P/E）
15	微星（2377）	1.62	36.45	30.47	4.39	3.50	14.41	9.60	79.73	8.30
16	億豐（8464）	1.58	214.00	37.12	9.01	8.08	24.27	89.68	3.78	23.75
17	群光（2385）	1.57	82.16	31.78	5.47	4.35	17.21	79.52	5.29	15.02
★ 18	興富發（2542）	1.53	57.80	30.08	6.96	6.00	23.14	86.21	10.38	8.30
19	宏碁（2353）	1.43	15.93	21.34	0.20	0.50	0.94	250.00	3.14	79.65
20	潤泰新（9945）	1.42	44.03	20.65	5.74	0.00	27.80	0.00	0.00	7.67
21	上銀（2049）	1.38	204.89	50.68	6.10	2.30	12.04	37.70	1.12	33.59
22	潤泰全（2915）	1.26	65.34	21.36	8.08	1.60	37.83	19.80	2.45	8.09
23	建大（2106）	1.19	53.86	25.30	4.04	2.40	15.97	59.41	4.46	13.33
24	美利達（9914）	1.17	204.61	42.96	10.17	5.50	23.67	54.08	2.69	20.12
25	亞德客-KY（1590）	1.16	190.79	57.30	7.64	4.00	13.33	52.36	2.10	24.97

註1：項次為權重 % 的排序，此為 105 年 6 月資料，每一季均可能有變動。

註2：⑤ ROE= ③ ÷ ②。⑥ 現金配息率 = ④ ÷ ③。⑦ 現金殖利率 = ④ ÷ ①。⑧ P/E= ① ÷ ③。

註3：符合第 7 章◆尚可標準的股票以★標註。第 7 章中的權重型收租潛力股，以紅框標註。

表6-5b ▶ 中型100成分股（2/4）

項次	公司（代號）	權重（%）	①104年均價（元）	②104年淨值（元/股）	③104年EPS	④104年現金息（元/股）	⑤104年ROE（%）	⑥104年現金配息率（%）	⑦104年現金殖利率（%）	⑧104年本益比（P/E）
26	華新（1605）	1.16	8.09	17.25	0.45	0.20	2.61	44.44	2.47	17.98
27	佳格（1227）	1.16	80.65	16.79	3.44	2.70	20.49	78.49	3.35	23.44
28	臺企銀（2834）	1.14	9.16	11.90	0.90	0.60	7.56	66.67	6.55	10.18
29	健鼎（3044）	1.14	58.38	56.64	5.39	3.25	9.52	60.30	5.57	10.83
30	國巨（2327）	1.12	54.97	38.66	5.57	2.00	14.41	35.91	3.64	9.87
31	台肥（1722）	1.11	47.94	54.05	2.48	2.10	4.59	84.68	4.38	19.33
32	中鼎（9933）	1.10	42.19	22.36	2.68	2.40	11.99	89.55	5.69	15.74
33	長榮航（2618）	1.07	21.21	12.66	1.67	0.80	13.19	47.90	3.77	12.70
34	京元電（2449）	1.07	24.82	19.23	1.96	1.20	10.19	61.22	4.83	12.66
35	福懋（1434）	1.06	32.25	31.28	1.68	1.20	5.37	71.43	3.72	19.20
36	長興（1717）	1.06	32.11	21.39	2.81	1.50	13.14	4.67	53.38	11.43
37	和大（1536）	1.04	91.60	16.25	4.62	3.20	28.43	69.26	3.49	19.83
38	臻鼎-KY（4958）	1.03	98.48	52.50	9.61	4.50	18.30	46.83	4.57	10.25
39	致茂（2360）	1.03	68.37	24.82	3.26	2.40	13.13	73.62	3.51	20.97

項次	公司（代號）	權重（%）	①104年均價（元）	②104年淨值（元/股）	③104年EPS（元/股）	④104年現金息（元）	⑤104年現金息（元/股）	⑤104年ROE（%）	⑥104年現金配息率（%）	⑦104年現金殖利率（%）	⑧104年本益比（P/E）
40	東陽（1319）	0.99	35.78	30.64	2.87	1.40	9.37	48.78	3.91	12.47
★ 41	創見（2451）	0.96	101.45	47.59	7.48	6.80	15.72	90.91	6.70	13.56
42	榮化（1704）	0.95	25.43	28.75	11.69	1.50	40.66	12.83	5.90	2.18
43	華邦電（2344）	0.94	8.95	10.87	0.92	0.10	8.46	10.87	1.12	9.73
44	中保（9917）	0.94	91.22	23.64	4.57	4.00	19.33	87.53	4.39	19.96
45	京城銀（2809）	0.93	28.02	23.69	3.07	0.50	12.96	16.29	1.78	9.13
46	聚陽（1477）	0.90	237.45	45.56	10.86	9.87	23.84	90.88	4.16	21.86
47	華航（2610）	0.86	13.82	10.65	1.05	0.46	9.86	43.81	3.33	13.16
48	敬鵬（2355）	0.86	50.17	38.47	4.97	2.60	12.92	52.31	5.18	10.09
49	裕隆（2201）	0.85	35.58	45.44	2.13	0.90	4.69	42.25	2.53	16.70
50	川湖（2059）	0.84	434.21	84.67	20.18	10.10	23.83	50.05	2.33	21.52

註1：項次為權重%的排序，此為105年6月資料，每一季均可能有變動。

註2：⑤ ROE= ③ ÷ ②。⑥現金配息率 = ④ ÷ ③。⑦現金殖利率 = ④ ÷ ①。⑧ P/E= ① ÷ ③。

註3：符合第7章◆尚可標準的股票以★標註。第7章中的權重型收租潛力股，以紅框標註。

表6-5c ▶ 中型100成分股（3/4）

項次	公司（代號）	權重（%）	①104年均價（元）	②104年淨值（元/股）	③104年EPS（元）	④104年現金息（元/股）	⑤104年ROE（%）	⑥104年現金配息率（%）	⑦104年現金殖利率（%）	⑧104年本益比（P/E）
51	亞太電（3682）	0.81	12.16	9.31	-0.37	0.00	-3.97	0.00	0.00	-32.86
52	矽力-KY（6415）	0.81	303.32	58.91	15.36	2.00	26.07	13.02	0.66	19.75
★ 53	瑞儀（6176）	0.80	97.34	52.27	6.61	4.50	12.65	68.08	4.62	14.73
54	旭隼（6409）	0.79	381.15	54.71	19.05	15.50	34.82	81.36	4.07	20.01
55	百和（9938）	0.78	72.26	24.44	3.83	2.00	15.67	52.22	2.77	18.87
56	台郡（6269）	0.78	100.59	54.68	9.92	5.00	18.14	50.40	4.97	10.14
57	葡萄王（1707）	0.77	179.55	26.69	8.07	5.60	30.24	69.39	3.12	22.25
58	啟碁（6285）	0.77	78.86	36.96	5.88	4.00	15.91	68.03	5.07	13.41
59	晶電（2448）	0.75	34.77	48.44	-2.74	0.00	-5.66	0.00	0.00	-12.69
60	長榮（2603）	0.74	18.97	16.51	-1.26	0.00	-7.63	0.00	0.00	-15.06
61	台中銀（2812）	0.74	10.32	12.55	1.09	0.67	8.69	61.47	6.49	9.47
62	台玻（1802）	0.74	14.20	17.49	-1.87	0.00	-10.69	0.00	0.00	-7.59
63	台橡（2103）	0.73	29.23	19.67	0.64	1.06	3.25	165.63	3.63	45.67
64	技嘉（2376）	0.72	33.79	35.83	3.05	2.50	8.51	81.97	7.40	11.08

項次	公司（代號）	權重（％）	①104年均價（元）	②104年淨值（元/股）	③104年EPS（元）	④104年現金息（元）	⑤104年現金息（元/股）	⑤104年ROE（％）	⑥104年現金配息率（％）	⑦104年現金殖利率（％）	⑧104年本益比（P/E）
65	南港（2101）	0.72	29.59	14.29	0.97	0.20		6.79	20.62	0.68	30.51
66	為升（2231）	0.70	366.79	30.03	13.43	10.00		44.72	74.46	2.73	27.31
★67	豐興（2015）	0.69	38.56	28.01	3.45	2.50		12.32	72.46	6.48	11.18
68	樺漢（6414）	0.68	318.28	45.42	12.42	9.00		27.34	72.46	2.83	25.63
69	遠百（2903）	0.67	20.69	20.64	1.21	1.00		5.86	82.64	4.83	17.10
70	美食-KY（2723）	0.64	169.03	54.10	8.07	3.00		14.92	37.17	1.77	20.95
71	藍天（2362）	0.64	38.19	71.04	1.51	1.10		2.13	72.85	2.88	25.29
72	遠東銀（2845）	0.64	10.57	12.85	1.29	0.60		10.04	46.51	5.68	8.19
73	萬海（2615）	0.64	25.45	16.11	1.78	1.20		11.05	67.42	4.72	14.30
74	景碩（3189）	0.63	76.63	63.66	6.51	3.50		10.23	53.76	4.57	11.77
75	群益證（6005）	0.62	10.13	13.06	0.67	0.49		5.13	73.13	4.84	15.12

註1：項次為權重％的排序，此為105年6月資料，每一季均可能有變動。

註2：⑤ ROE= ③ ÷ ②。⑥現金配息率 = ④ ÷ ③。⑦現金殖利率 = ④ ÷ ①。
　　⑧ P/E= ① ÷ ③。

註3：符合第7章◆尚可標準的股票以★標註。第7章中的權重型收租潛力股，以紅框標註。

表6-5d ▶ 中型100成分股（4/4）

項次	公司（代號）	權重（%）	①104年均價（元）	②104年淨值（元/股）	③104年EPS（元）	④104年現金息（元/股）	⑤104年ROE（%）	⑥104年現金配息率（%）	⑦104年現金殖利率（%）	⑧104年本益比（P/E）
76	華通（2313）	0.61	20.70	17.44	2.41	1.00	13.82	41.49	4.83	8.59
77	欣興（3037）	0.60	16.78	28.45	0.19	0.30	0.67	157.89	1.79	88.32
78	佳世達（2352）	0.58	12.45	13.87	1.10	0.55	7.93	50.00	4.42	11.32
79	中華（2204）	0.58	23.36	35.78	2.29	1.50	6.40	65.50	6.42	10.20
80	TPK-KY（3673）	0.57	127.66	88.45	-56.90	0.00	-64.33	0.00	0.00	-2.24
81	三陽（2206）	0.55	24.57	18.96	3.51	1.00	18.51	28.49	4.07	7.00
82	永冠-KY（1589）	0.54	192.94	89.36	11.45	8.50	12.81	74.24	4.41	16.85
83	中碳（1723）	0.54	129.52	27.18	5.23	4.50	19.24	86.04	3.47	24.76
84	正崴（2392）	0.54	51.64	50.41	3.22	2.00	6.39	62.11	3.87	16.04
85	康友-KY（6452）	0.52	262.98	83.31	15.85	9.20	19.03	58.04	3.50	16.59
86	南紡（1440）	0.52	15.85	15.59	0.75	0.45	4.81	60.00	2.84	21.13
87	國建（2501）	0.46	16.57	15.25	1.40	0.00	9.18	0.00	0.00	11.84
88	三商壽（2867）	0.45	18.63	17.05	1.77	0.50	10.38	28.25	2.68	10.53
89	鎧勝-KY（5264）	0.44	172.01	91.26	16.59	8.00	18.18	48.22	4.65	10.37
90	GIS-KY（6456）	0.42	131.08	37.07	7.15	3.00	19.29	41.96	2.29	18.33

項次	公司（代號）	權重（%）	①104年均價（元）	②104年淨值（元/股）	③104年EPS	④104年現金息（元）	⑤104年現金息（元/股）	⑤104年ROE（%）	⑥104年現金配息率（%）	⑦104年現金殖利率（%）	⑧104年本益比（P/E）
91	安泰銀（2849）	0.42	16.14	18.15	1.96	0.60		10.80	30.61	3.72	8.23
92	遠雄（5522）	0.42	35.22	52.18	7.74	3.50		14.83	45.22	9.94	4.55
93	晶華（2707）	0.40	252.03	29.69	8.96	8.87		30.18	99.00	3.52	28.13
94	神隆（1789）	0.39	47.71	13.48	0.87	0.70		6.45	80.46	1.47	54.84
95	統一實（9907）	0.38	19.59	11.87	0.37	0.32		3.12	86.49	1.63	52.95
96	陽明（2609）	0.36	13.40	10.33	-2.57	0.00		-24.88	0.00	0.00	-5.21
97	富邦媒（8454）	0.35	260.96	39.71	7.47	7.00		18.81	93.71	2.68	34.93
98	裕民（2606）	0.33	34.38	32.15	0.96	1.00		2.99	104.17	2.91	35.81
99	綠悦-KY（1262）	0.25	133.90	68.01	10.51	5.00		15.45	47.57	3.73	12.74
100	南茂（8150）	0.24	40.81	21.32	2.49	2.00		11.68	80.32	4.90	16.39

註1：項次為權重％的排序，此為105年6月資料，每一季均可能有變動。
註2：⑤ ROE＝③÷②。⑥現金配息率＝④÷③。⑦現金殖利率＝④÷①。
　　⑧ P/E＝①÷③。
註3：符合第7章◆尚可標準的股票以★標註。第7章中的權重型收租潛力股，以紅框標註。

6-3

精選10檔「權重型」潛力股，選股條件是⋯⋯

　　若各位手中存股理財的閒錢在500萬以下，持股檔數宜≦10檔（**表1-4**，41頁），還可以從台灣50和中型100中找到收租股。但是，若各位手中的閒錢≧500萬元，或是願承擔較高風險，縮短存股獲利100%的時間時，就得在台灣50和中型100以外找尋好存股。

　　在台灣50和中型100的150檔權重股當中，大多數的股票因為現金殖利率偏低（≦6.67%），且股價已遠高於適當買價，在初選時無法列入第7章收租潛力股的前50名。然而，台灣50和中型100是存股理財初期的選股條件之一，因此我們特別選出10檔權重型收租潛力股，供偏好權重股的存股理財者參考。但建議等股價回跌，接近適當買價時再進場，以免賺不到高現金殖利率，又得長期住套房。

　　這10檔權重型收租潛力股的選股條件是：（a）ROE≧12%、（b）現金配息率≧70%、（c）現金殖利率≧5%，以及（d）2015年均價≦75元（以2015年度的數

據為參考依據）。

　　為了方便比較，將這10檔股票整理並放在表6-4和表6-5中（以紅框標記）。它們依序分別為中信金、廣達、正新、遠傳、矽品、大聯大、興富發、中鼎、瑞儀和豐興，而其4張表則列在第7章中。

　　好存股不一定得是台灣50和中型100成分股，重點在於，買進股票時的股價必須低於適當買價。

精選 60 檔「收租潛力股」，並精算出最佳買點

7-1

收租股買前檢查表有7 項目，如何應用有訣 竅！

導讀說明

● 每檔股票均有4張表，其中第4張表「收租股買前檢查表」，源自前3張表的公開資訊數據。關於公開資訊的搜尋方法，詳見前書第3、4章。

● 收租股買前檢查表的評判標準分為4級（**表7A**）

● 收租潛力股的取捨順序是由項次①到④。此外，股

表7A ▶ 收租股買前檢查表的評判等級

項次	評判項目	O（O.K）	◆（尚可）	▲（勉強）	X（不宜）
1	平均P/E	≦15	≦16.5	≦18	＞18
2	平均ROE	≧15%	≧12%	≧10%	＜10%
3	現金殖利率	≧6.67%	≧6.0%	≧5.3%	＜5.3%
4	現金配息率	≧70%	≧63%	≧56%	＜56%
5	近一年負債比	≦55%	≦57%	≦60%	＞60%
6	近一年董監持股	≧25%	≧20%	≧15%	＜15%
7	近一年（董監+外資）持股	≧35%	≧30%	≧25%	＜25%

註：⑥和⑦可以 2 選 1。

票若是「適當買價≦（目前市價×1.3）」（股價已偏高），以及「股價≧75元」（見前書133頁），均不予列入。

●本章中列舉的股票，並非每一項次都符合收租股買前檢查表的標準。將它們當作收租股首次買進時，項次①～⑤宜以O或◆為基準，項次⑥～⑦則可選擇▲或更佳。（**買進前，請務必再以最近4季EPS，計算基準買價與複查買價，來取得適當買價。**）

●適當買價是基準買價與複查買價之間的較低值。**保守理財者宜以適當買價作為首次買入價的基準**，或者依據自己承擔風險的能力，自訂適當的買入價格。

●基準買價是以年度為基準的判斷價格，複查買價則是以最近4季EPS為基準的判斷價格。當最近4季EPS下滑時（此為衰退警訊），會反映在複查買價上，使它低於基準買價，而此時的適當買價就是複查買價。若目前的股價高於適當買價，此時不宜買進該檔股票。（以㉜旭軟的收租檢查表為例，**表7-32d**）

本章資料來源

①基本資料：Yahoo！奇摩股市
（https://tw.stock.yahoo.com/）、各公司官網
②近4季每股盈餘與近5年EPS：Yahoo！奇摩股市
③年度成交資訊：TWSE台灣證券交易所
（www.tse.com.tw/ch/index.php）
④股利政策：Yahoo！奇摩股市
⑤股價月線圖：Yahoo！奇摩股市
⑥其他：公開資訊觀測站、《股市總覽》（財金文化
出版）

誠 摯 叮 嚀

2位作者並未持有本章所有的股票，而且持股也不全在這些股票
裡。我們盡力降低虧損套牢的風險，但投資必有風險，讀者需自
負盈虧之責。

7-2

用4張表看透收租潛力股

　　本章原先只分為（A）上市股票和（B）上櫃股票，但後來發現台灣50和中型100的150檔成分股（統稱為權重股）當中，居然沒有符合收租股買前檢查表◆尚可標準的股票，所以將權重股單獨歸類。

　　權重股的現金殖利率大多偏低，或是股價偏高，所以本章僅篩選10檔（C）權重型收租潛力股。各位購入前請務必再以最近4季EPS計算，看看欲買入價是否接近適當買價，再決定是否買進。（本單元中的潛力股，每年將更新一次。）

（A）上市股票（30檔）

① 大統益 （1232）	② 大億 （1521）	③ 中宇 （1535）	④ 中砂 （1560）	⑤ 信錦 （1582）
⑥ 五鼎 （1733）	⑦ 勝一 （1773）	⑧ 橋椿 （2062）	⑨ 鑫永銓 （2114）	⑩ 新巨 （2420）
⑪ 互盛 （2433）	⑫ 超豐 （2441）	⑬ 神腦 （2450）	⑭ 匯僑 （2904）	⑮ 德律 （3030）
⑯ 融程電 （3416）	⑰ 晶睿 （3454）	⑱ 瑞智 （4532）	⑲ 訊連 （5203）	⑳ 達興 （5234）
㉑ 松翰 （5471）	㉒ 鳳凰 （5706）	㉓ 鎰勝 （6115）	㉔ 上福 （6128）	㉕ 豐藝 （6189）
㉖ 盛群 （6202）	㉗ 居易 （6216）	㉘ 聚鼎 （6224）	㉙ 泰銘 （9927）	㉚ 中聯資 （9930）

（B）上櫃股票（20檔）

㉛ 崇越電 （3388）	㉜ 旭軟 （3390）	㉝ 聚積 （3527）	㉞ 安馳 （3528）	㉟ 大塚 （3570）
㊱ 閎康 （3587）	㊲ 世坤 （4305）	㊳ 堃霖 （4527）	㊴ 亞泰 （4974）	㊵ 新鼎 （5209）
㊶ 天鉞電 （5251）	㊷ 先豐 （5349）	㊸ 彩富 （5489）	㊹ 詩肯 （6195）	㊺ 海韻電 （6203）
㊻ 慶生 （6210）	㊼ 普萊德 （6263）	㊽ 迅德 （6292）	㊾ 廣積 （8050）	㊿ 鉅邁 （8435）

（C）權重股票（10檔）

(51)豐興（2015）	(52)正新（2105）	(53)矽品（2325）	(54)廣達（2382）	(55)興富發（2542）
(56)中信金（2891）	(57)大聯大（3702）	(58)遠傳（4904）	(59)瑞儀（6176）	(60)中鼎（9933）

① 大統益（1232）

成立：1982/05/24	上市：1996/02/09	產業別：食品
地址：台南市官田區二鎮里工業西路32號	電話：06-6984500	發言人：陳昭良（總經理）
主要業務：油脂產品62.37%、其他35.62%、加工收入2%（2015年）。黃豆油、沙拉油等製造大廠（產業龍頭）。		
105年Q3：資本額：16億元，總資產：46.28億元，累計EPS：3.96元，累計ROE：18.11%		

表7-1a ▶ 大統益股利政策

民國（年）	現金股利	盈餘配股	公積配股	股票股利	合計
104	5.00	0.00	0.00	0.00	5.00
103	5.00	0.00	0.00	0.00	5.00
102	3.80	0.00	0.00	0.00	3.80
101	2.80	0.00	0.00	0.00	2.80
100	3.00	0.00	0.00	0.00	3.00
99	3.50	0.00	0.00	0.00	3.50
98	3.00	0.00	0.00	0.00	3.00
97	2.40	0.00	0.00	0.00	2.40
96	2.60	0.00	0.00	0.00	2.60
95	2.00	0.00	0.00	0.00	2.00

表7-1b ▶ 大統益年度成交資訊

民國（年）	張數	金額（仟元）	筆數（仟）	最高價	日期	最低價	日期	收盤均價
104	24,867	1,846,482	16	81.00	03/23	66.50	08/25	74.14
103	37,734	2,728,513	26	83.50	05/09	60.30	02/13	71.01
102	58,501	3,396,761	26	69.00	10/31	51.10	01/11	56.79
101	18,593	936,306	13	52.80	10/05	46.20	01/16	50.41
100	42,416	2,203,729	25	56.10	02/10	45.80	10/04	50.71
99	71,664	3,125,080	39	55.70	11/12	35.10	02/06	41.75
98	91,624	3,091,158	44	40.40	10/26	23.80	02/02	33.34
97	152,936	5,444,359	68	48.35	05/23	20.00	10/28	32.58
96	108,159	3,027,379	40	34.00	10/01	20.20	01/11	26.49
95	14,243	260,825	5	21.00	12/29	15.95	01/19	17.82

表7-1c ▶ 大統益近4季與近5年的EPS

獲利能力（105年第3季）		最新4季每股盈餘		最新5年每股盈餘	
營業毛利率	9.31%	105年第3季	1.19元	104年	5.70元
營業利益率	5.80%	105年第2季	1.69元	103年	6.17元
稅前淨利率	5.13%	105年第1季	1.09元	102年	4.42元
資產報酬率	3.97%	104年第4季	1.37元	101年	2.77元
股東權益報酬率	5.59%	每股淨值	21.87元	100年	3.67元

近4季EPS總和為5.34元

表7-1d ▶ 大統益收租股買前檢查表

民國（年）	最高價（元）（月/日）	最低價（元）（月/日）	收盤均價（元）	淨值（元）	EPS（元）	本益比（P/E）	ROE（%）	現金息（元）	現金殖利率（%）	現金配息率（%）	負債比（%）	董監事持股（%）	外資持股（%）
100	56.10（02/10）	45.80（10/04）	50.71	18.45	3.67	13.82	19.89	3.00	5.92	81.74	16.99	78.18	9.33
101	52.80（10/05）	46.20（01/16）	50.41	18.57	2.77	18.20	14.92	2.80	5.55	101.08	27.84	78.18	9.45
102	69.00（10/31）	51.10（01/11）	56.79	19.69	4.42	12.85	22.45	3.80	6.69	85.97	24.34	70.45	9.35
103	83.50（05/09）	60.30（02/13）	71.01	22.11	6.17	11.51	27.91	5.00	7.04	81.04	26.95	66.45	1.00
104	81.00（03/23）	66.50（08/25）	74.14	22.90	5.70	13.01	24.89	5.00	6.74	87.72	23.69	66.45	1.67
平均						13.88	22.01	3.92	6.39	87.51			
			是否符合SOP：○X			○	○		♦	○	○	○	○

②複查買價＝平均P/E×近4季EPS
　　　　　　＝13.88×5.34元＝74.12元

①基準買價＝3.92元×15＝58.8元
買入P/E＝基準買價÷近4季EPS
　　　　＝58.8元÷5.34元＝11.01
※11.01＜15，OK

註1：近5年配股記錄：無
註2：105年Q3股價淨值比（P/B）=3.87
註3：最近4季（104年Q4～105年Q3）
　　　EPS=5.34元
註4：105/10/31股價：84.6元
註5：105/10/31適當買價：58.8元

註6：買前最近4季EPS（自填）：
註7：買前基準買價（自填）：
註8：買前複查買價（自填）：
註9：買前適當買價（自填）：
註10：本次買入價（自填）：

② 大億（1521）

成立：1976/01/28	上市：1997/10/06	產業別：電機機械
地址：台南市安平工業區新 信路11號	電話：06-2615151	發言人：王宏基 （協理）
主要業務：汽車車燈81.54%、模具及冶具10.38%、其他8.09%（2015年）。 車燈製造廠（產業龍頭），汽機車五金零件等加工製造、進出口 業務。		
105年Q3：資本額：7.62億元，總資產：34.8億元，累計EPS：4.58元， 累計ROE：20.17%		

表7-2a ▶ 大億股利政策

民國（年）	現金股利	盈餘配股	公積配股	股票股利	合計
104	5.00	0.00	0.00	0.00	5.00
103	4.30	0.00	0.00	0.00	4.30
102	3.70	0.00	0.00	0.00	3.70
101	3.50	0.00	0.00	0.00	3.50
100	4.00	0.00	0.00	0.00	4.00
99	4.00	0.00	0.00	0.00	4.00
98	3.00	0.00	0.00	0.00	3.00
97	1.00	0.00	0.00	0.00	1.00
96	1.50	0.00	0.00	0.00	1.50
95	1.30	0.00	0.00	0.00	1.30

表7-2b ▶ 大億年度成交資訊

民國 （年）	張數	金額（仟元）	筆數（仟）	最高價	日期	最低價	日期	收盤均價
104	113,939	10,145,288	84	108.00	06/03	65.10	08/25	83.31
103	75,324	5,631,606	51	93.10	05/05	56.60	01/14	73.30
102	70,946	3,955,640	44	71.50	12/10	42.60	07/26	51.02
101	42,653	2,318,551	29	67.20	02/09	37.90	11/20	52.78
100	148,189	9,884,144	85	85.00	07/07	44.30	12/20	64.67
99	151,255	8,919,606	81	77.50	10/05	36.60	02/03	56.69
98	147,267	4,671,128	60	51.50	12/11	9.21	02/12	23.21
97	16,500	295,766	6	24.40	03/25	9.62	10/28	17.53
96	67,596	1,831,090	26	31.80	07/24	21.55	12/21	26.01
95	52,966	1,362,827	21	32.50	01/09	20.20	09/15	26.37

表7-2c ▶ 大億近4季與近5年的EPS

獲利能力（105年第3季）		最新4季每股盈餘		最新5年每股盈餘	
營業毛利率	15.85%	105年第3季	1.03元	104年	5.90元
營業利益率	5.43%	105年第2季	1.50元	103年	4.88元
稅前淨利率	7.15%	105年第1季	2.05元	102年	4.02元
資產報酬率	2.17%	104年第4季	1.01元	101年	3.66元
股東權益報酬率	4.62%	每股淨值	22.71元	100年	4.27元

近4季EPS總和為5.59元

表7-2d ▶ 大億收租股買前檢查表

民國（年）	最高價（元）（月/日）	最低價（元）（月/日）	收盤均價（元）	淨值（元）	EPS（元）	本益比（P/E）	ROE（%）	現金息（元）	現金殖利率（%）	現金配息率（%）	負債比（%）	董監事持股（%）	外資持股（%）
100	85.00（07/07）	44.30（12/20）	64.67	22.03	4.27	15.15	19.38	4.00	6.19	93.68	42.37	36.27	33.35
101	67.20（02/09）	37.90（11/20）	52.78	21.54	3.66	14.42	16.99	3.50	6.63	95.63	42.03	65.32	34.31
102	71.50（12/10）	42.60（07/26）	51.02	23.45	4.02	12.69	17.14	3.70	7.25	92.04	51.11	65.32	35.20
103	93.10（05/05）	56.60（01/14）	73.30	22.18	4.88	15.02	22.00	4.30	5.87	88.11	50.44	64.77	37.71
104	108.00（06/03）	65.10（08/25）	83.31	23.45	5.90	14.12	25.16	5.00	6.00	84.85	51.11	64.77	34.96
平均						14.28	20.14	4.10	6.39	90.84			
是否符合SOP：○X				○	○			◆	○	○	○	○	

②複查買價=平均P/E×近4季EPS
=14.28×5.59元=79.83元

①基準買價=4.1元×15=61.5元
入P/E=基準買價÷近4季EPS
=61.5元÷5.59元=11
※11＜15，OK

註1：近5年配股記錄：無
註2：105年 Q3 股價淨值比 (P/B)=3.48
註3：最近4季（104年 Q4～105年 Q3）
　　　EPS=5.59 元
註4：105/10/31 股價：79 元
註5：105/10/31 適當買價：61.5 元

註6：買前最近4季 EPS（自填）：
註7：買前基準買價（自填）：
註8：買前複查買價（自填）：
註9：買前適當買價（自填）：
註10：本次買入價（自填）：

③ 中宇（1535）

成立：1993/03/15	上市：2001/09/19	產業別：電機機械
地址：高雄市前鎮區民權二路8號8F	電話：07-3306138	發言人：李俊生（副總）
主要業務：機電工程61.09%、代營運及機電維護22.09%、環保工程12.91%、其他3.91%（2015年）。中鋼集團旗下的環保工程公司，為水務工程龍頭廠商。		
105年Q3：資本額：12.37億元，總資產：76.45億元，累計EPS：1.6元，累計ROE：6.14%		

表7-3a ▶ 中宇股利政策

民國（年）	現金股利	盈餘配股	公積配股	股票股利	合計
104	3.00	0.00	0.00	0.00	3.00
103	4.50	0.00	0.00	0.00	4.50
102	3.50	0.00	0.00	0.00	3.50
101	3.89	0.00	0.00	0.00	3.89
100	3.50	0.00	0.00	0.00	3.50
99	3.20	0.00	0.00	0.00	3.20
98	2.70	0.00	0.00	0.00	2.70
97	2.00	0.00	0.00	0.00	2.00
96	1.80	0.00	0.00	0.00	1.80
95	1.60	0.00	0.00	0.00	1.60

表7-3b ▶ 中宇年度成交資訊

民國（年）	張數	金額（仟元）	筆數（仟）	最高價	日期	最低價	日期	收盤均價
104	19,867	1,371,443	16	78.50	04/07	52.00	08/25	66.14
103	24,982	1,821,689	19	79.90	01/02	57.90	10/16	71.84
102	86,443	6,983,858	60	93.70	03/07	66.10	01/02	78.36
101	33,013	2,092,818	21	69.80	07/06	53.30	01/02	63.17
100	74,867	4,468,381	46	73.50	05/10	48.00	01/04	57.16
99	97,611	4,719,189	48	53.50	04/29	40.80	02/06	48.05
98	228,803	9,620,918	113	52.50	06/08	28.40	01/09	39.62
97	110,039	4,749,449	53	55.00	06/11	26.65	12/25	39.98
96	383,838	14,854,349	154	52.30	07/26	22.00	03/06	36.14
95	229,206	4,434,712	73	25.00	11/01	11.05	02/22	16.49

表7-3c 中宇近4季與近5年的EPS

獲利能力（105年第3季）		最新4季每股盈餘		最新5年每股盈餘	
營業毛利率	11.64%	105年第3季	0.49元	104年	4.11元
營業利益率	6.14%	105年第2季	0.53元	103年	5.50元
稅前淨利率	4.31%	105年第1季	0.58元	102年	5.06元
資產報酬率	0.00%	104年第4季	1.03元	101年	5.51元
股東權益報酬率	1.88%	每股淨值	26.05元	100年	4.90元

近4季EPS總合為2.63元

表7-3d 中宇收租股買前檢查表

民國（年）	最高價（元）（月/日）	最低價（元）（月/日）	收盤均價（元）	淨值（元）	EPS（元）	本益比（P/E）	ROE（%）	現金息（元）	現金殖利率（%）	現金配息率（%）	負債比（%）	董監事持股（%）	外資持股（%）
100	73.50（05/10）	48.00（01/04）	57.16	20.96	4.90	11.67	23.38	3.50	6.12	71.43	51.79	74.16	1.30
101	69.80（07/06）	53.30（01/02）	63.17	23.86	5.51	11.46	23.09	3.89	6.16	70.60	52.14	74.14	1.21
102	93.70（03/07）	66.10（01/02）	78.36	26.46	5.06	15.49	19.12	3.50	4.47	69.17	57.79	68.81	1.24
103	79.90（01/02）	57.90（10/16）	71.84	29.41	5.50	13.06	18.70	4.50	6.26	81.82	50.82	68.32	1.40
104	78.50（04/07）	52.00（08/25）	66.14	28.24	4.11	16.09	14.55	3.00	4.54	72.99	48.72	68.44	1.01
平均						13.55	19.77	3.68	5.51	73.20			
是否符合SOP：○X						○	○		▲	○	○	○	○

②複查買價＝平均P/E×近4季EPS
＝13.55×2.63元＝35.64元

①基準買價＝3.68元×15＝55.2元
買入P/E＝基準買價÷近4季EPS
＝55.2元÷2.63元＝20.99
※20.99＞15，不宜

註1：近5年配股記錄：無
註2：105年Q3股價淨值比（P/B）＝1.73
註3：最近4季（104年Q4～105年Q3）
　　　EPS＝2.63
註4：105/10/31股價：45元
註5：105/10/31適當買價：35.64元

註6：買前最近4季EPS（自填）：
註7：買前基準買價（自填）：
註8：買前複查買價（自填）：
註9：買前適當買價（自填）：
註10：本次買入價（自填）：

④ 中砂（1560）

成立：1964/07/08	上市：2005/01/31	產業別：電機機械
地址：台北市中正區延平南路 10號	電話：02-23711131	發言人：李偉彰（副總）

主要業務：再生晶圓40.71%、傳統產品27.45%、鑽石碟24.53%、其他7.31%（2015年）。砂輪研磨機及冶金加工龍頭廠，客戶包含傳統產業及半導體產業等。

105年Q3：資本額：14.1億元，總資產：51.67億元，累計EPS：2.51元，累計ROE：9.74%

表7-4a 中砂股利政策

民國（年）	現金股利	盈餘配股	公積配股	股票股利	合計
104	3.70	0.00	0.00	0.00	3.70
103	4.10	0.00	0.00	0.00	4.10
102	3.30	0.00	0.00	0.00	3.30
101	2.70	0.00	0.00	0.00	2.70
100	2.70	0.00	0.00	0.00	2.70
99	1.50	0.00	0.00	0.00	1.50
98	0.50	0.00	0.00	0.00	0.50
97	1.20	0.00	0.00	0.00	1.20
96	2.10	0.50	0.00	0.50	2.60
95	2.50	1.50	0.00	1.50	4.00

表7-4b 中砂年度成交資訊

民國（年）	張數	金額（仟元）	筆數（仟）	最高價	日期	最低價	日期	收盤均價
104	121,285	7,443,713	87	70.60	02/26	40.50	08/25	57.90
103	314,419	25,918,745	207	103.00	03/06	57.50	10/28	78.49
102	396,600	23,898,750	229	82.40	12/09	41.25	01/02	57.15
101	235,548	10,441,550	129	52.30	03/26	32.00	01/02	42.14
100	411,671	24,040,952	210	78.90	04/07	30.45	12/20	53.32
99	480,711	23,008,588	215	64.80	12/22	31.30	05/26	44.18
98	298,246	10,292,627	134	43.45	08/04	17.30	01/21	30.19
97	128,719	6,150,349	72	68.80	01/03	15.50	11/21	42.04
96	263,133	33,008,810	159	174.00	01/05	51.00	12/21	113.09
95	444,975	65,416,600	233	192.50	07/26	81.80	02/24	137.67

表7-4c 中砂近4季與近5年的EPS

獲利能力（105年第3季）		最新4季每股盈餘		最新5年每股盈餘	
營業毛利率	28.85%	105年第3季	0.92元	104年	4.14元
營業利益率	15.37%	105年第2季	0.91元	103年	4.63元
稅前淨利率	14.86%	105年第1季	0.69元	102年	3.73元
資產報酬率	2.53%	104年第4季	0.83元	101年	3.15元
股東權益報酬率	3.62%	每股淨值	25.77元	100年	3.11元

近4季EPS總合為3.35元

表7-4d 中砂收租股買前檢查表

民國（年）	最高價（元）（月/日）	最低價（元）（月/日）	收盤均價（元）	淨值（元）	EPS（元）	本益比（P/E）	ROE（%）	現金息（元）	現金殖利率（%）	現金配息率（%）	負債比（%）	董監事持股（%）	外資持股（%）
100	78.90（04/07）	30.45（12/20）	53.32	25.73	3.11	17.14	12.09	2.70	5.06	86.82	23.47	15.06	3.45
101	52.30（03/26）	32.00（01/02）	42.14	25.90	3.15	13.38	12.16	2.70	6.41	85.71	20.94	12.96	3.28
102	82.40（12/09）	41.05（01/02）	57.15	25.94	3.73	15.32	14.38	3.30	5.77	88.47	31.01	15.06	11.24
103	103.00（03/06）	57.50（10/28）	78.49	27.18	4.63	16.95	17.03	4.10	5.22	88.55	27.43	17.33	13.13
104	70.60（02/26）	40.50（08/25）	57.90	26.95	4.14	13.99	15.36	3.70	6.39	89.37	25.90	13.93	8.11
平均						15.36	14.20	3.30	5.77	87.79			
是否符合SOP：○X						◆	◆		▲	○	○	X	X

②複查買價＝平均P/E×近4季EPS
＝15×3.35元＝50.25元
※平均P/E≧15，取15計算

①基準買價＝3.3元×15＝49.5元
買入P/E＝基準買價÷近4季EPS
＝49.5元÷3.35元＝14.77
※14.77＜15，OK

註1：近5年配股記錄：無
註2：105年Q3股價淨值比(P/B)=2.03
註3：最近4季（104年Q4～105年Q3）
　　　EPS=3.35元
註4：105/10/31股價：52.2元
註5：105/10/31適當買價：49.5元

註6：買前最近4季EPS（自填）：
註7：買前基準買價（自填）：
註8：買前複查買價（自填）：
註9：買前適當買價（自填）：
註10：本次買入價（自填）：

⑤ 信錦（1582）

成立：1979/07/07	上市：2009/12/17	產業別：電子零組件
地址：新北市中和區建康路 168號9F	電話：02-66215888	發言人：許淑芬 （副總）

主要業務：底座產品100%（2015年）。樞鈕（HINGE）大廠，以AID、TV及顯示器為主，也提供模具加工製造等。

105年Q3： 資本額：14.99億元，總資產：89.86億元，累計EPS：4.38元，累計ROE：12.68%

表7-5a ▶ 信錦股利政策

民國（年）	現金股利	盈餘配股	公積配股	股票股利	合計
104	4.50	0.00	0.00	0.00	4.50
103	4.50	0.00	0.00	0.00	4.50
102	3.50	0.00	0.00	0.00	3.50
101	3.94	0.00	0.00	0.00	3.94
100	3.00	0.00	0.00	0.00	3.00
99	3.48	0.00	0.00	0.00	3.48
98	4.50	0.00	0.00	0.00	4.50
97	3.00	0.00	0.00	0.00	3.00
96	5.93	0.49	0.00	0.49	6.42
95	6.00	1.50	0.00	1.50	7.50

表7-5b ▶ 信錦年度成交資訊

民國 （年）	張數	金額（仟元）	筆數（仟）	最高價	日期	最低價	日期	收盤均價
104	142,404	8,422,317	98	72.20	03/23	38.80	08/24	56.45
103	275,938	17,359,952	163	75.30	07/09	49.70	01/02	60.22
102	199,045	10,536,454	114	57.60	04/11	47.45	08/28	51.63
101	253,974	11,899,184	138	57.20	10/05	32.00	01/02	45.27
100	126,599	5,840,656	69	57.40	03/01	30.15	09/29	43.04
99	253,495	17,706,793	139	84.50	01/04	46.80	11/08	65.52
98	21,091	1,733,104	10	85.50	12/17	79.10	12/24	81.43

表7-5c 信錦近4季與近5年的EPS

獲利能力（105年第3季）		最新4季每股盈餘		最新5年每股盈餘	
營業毛利率	24.37%	105年第3季	2.00元	104年	5.28元
營業利益率	16.08%	105年第2季	1.36元	103年	5.71元
稅前淨利率	17.31%	105年第1季	1.02元	102年	4.43元
資產報酬率	0.00%	104年第4季	1.22元	101年	5.27元
股東權益報酬率	5.84%	每股淨值	34.53元	100年	3.71元

近4季EPS總合為5.6元

表7-5d 信錦收租股買前檢查表

民國（年）	最高價（元）（月/日）	最低價（元）（月/日）	收盤均價（元）	淨值（元）	EPS（元）	本益比（P/E）	ROE（％）	現金息（元）	現金殖利率（％）	現金配息率（％）	負債比（％）	董監事持股（％）	外資持股（％）
100	57.40（03/01）	30.15（09/29）	43.04	28.87	3.71	11.60	12.85	3.00	6.97	80.86	34.27	14.32	4.86
101	57.20（10/05）	32.00（01/02）	45.27	31.15	5.27	8.59	16.92	3.94	8.70	74.76	25.38	14.14	5.99
102	57.60（04/11）	47.45（08/28）	51.63	32.84	4.43	11.65	13.49	3.50	6.78	79.01	40.16	15.02	14.89
103	75.30（07/09）	49.70（01/02）	60.22	37.13	5.71	10.55	15.38	4.50	7.47	78.81	43.64	14.72	16.28
104	72.20（03/23）	38.80（08/24）	56.45	37.41	5.28	10.69	14.11	4.50	7.97	85.23	40.03	13.58	22.40
平均						10.62	14.55	3.89	7.58	79.73			
是否符合SOP：○X						○	◆		○	○	○	○	○

②複查買價＝平均P/E×近4季EPS
＝10.62×5.6元＝59.47元

①基準買價＝3.89元×15＝58.35元
買入P/E＝基準買價÷近4季EPS
＝58.35元÷5.6元＝10.42
※10.42＜15，OK

註1：近5年配股記錄：無
註2：105年Q3股價淨值比(P/B)=1.53
註3：最近4季（104年Q4～105年Q3）
　　　EPS=5.6元
註4：105/10/31股價：52.8元
註5：105/10/31適當買價：58.35元

註6：買前最近4季EPS（自填）：
註7：買前基準買價（自填）：
註8：買前複查買價（自填）：
註9：買前適當買價（自填）：
註10：本次買入價（自填）：

⑥ 五鼎（1733）

成立：1997/12/02	上市：2001/09/19	產業別：生技醫療
地址：新竹科學工業園區新竹市力行五路7號	電話：03-5641952	發言人：吳純慧（管理部協理）

主要業務：測試片46.96%、電極檢測片34.68%、測試儀15.02%、其他3.34%（2015年）。血糖機等健檢測試產品，以歐美市場為主，中國及亞洲市場也逐漸成長。

105年Q3：資本額：9.97億元，總資產：28.59億元，累計EPS：1.34元，累計ROE：7.18%

表7-6a 五鼎股利政策

民國（年）	現金股利	盈餘配股	公積配股	股票股利	合計
104	2.24	0.00	0.00	0.00	2.24
103	2.50	0.00	0.00	0.00	2.50
102	3.30	0.00	0.00	0.00	3.30
101	4.50	0.00	0.00	0.00	4.50
100	4.99	0.00	0.00	0.00	4.99
99	4.20	0.00	0.00	0.00	4.20
98	3.10	0.00	0.00	0.00	3.10
97	1.50	1.50	0.00	1.50	3.00
96	4.00	0.00	0.00	0.00	4.00
95	2.34	1.00	0.00	1.00	3.34

表7-6b 五鼎年度成交資訊

民國（年）	張數	金額（仟元）	筆數（仟）	最高價	日期	最低價	日期	收盤均價
104	38,931	1,891,037	30	58.40	01/05	31.50	08/25	47.36
103	60,999	3,674,975	46	70.70	02/17	44.70	11/25	59.85
102	119,690	9,152,738	83	84.50	04/25	66.10	12/20	75.67
101	210,536	15,953,833	130	86.90	05/08	59.70	01/02	75.16
100	158,029	10,544,513	93	75.80	06/08	56.00	10/04	64.94
99	325,227	22,096,838	172	79.10	10/05	53.60	02/06	65.90
98	444,741	26,503,135	224	68.00	11/26	43.30	01/13	57.01
97	212,019	12,337,220	112	79.00	04/18	38.80	10/28	56.43
96	312,766	23,788,271	146	115.50	07/18	43.40	01/02	70.44
95	182,793	6,271,697	64	47.20	11/07	24.80	01/02	31.66

表7-6c 五鼎近4季與近5年的EPS

獲利能力（105年第3季）		最新4季每股盈餘		最新5年每股盈餘	
營業毛利率	22.57%	105年第3季	0.01元	104年	2.66元
營業利益率	8.84%	105年第2季	0.65元	103年	2.77元
稅前淨利率	0.40%	105年第1季	0.68元	102年	3.77元
資產報酬率	0.11%	104年第4季	0.76元	101年	5.40元
股東權益報酬率	0.07%	每股淨值	18.66元	100年	5.51元

近4季EPS總合為：2.1元

表7-6d 五鼎收租股買前檢查表

民國（年）	最高價（元）（月/日）	最低價（元）（月/日）	收盤均價（元）	淨值（元）	EPS（元）	本益比（P/E）	ROE（%）	現金息（元）	現金殖利率（%）	現金配息率（%）	負債比（%）	董監事持股（%）	外資持股（%）
100	75.80（06/08）	56.00（10/04）	64.94	18.32	5.51	11.79	30.08	4.99	7.68	90.56	18.17	12.36	7.39
101	86.90（05/08）	59.70（01/02）	75.16	20.42	5.40	13.92	26.44	4.50	5.99	83.33	26.75	11.55	8.70
102	84.50（04/25）	66.10（12/20）	75.67	19.48	3.77	20.07	19.35	3.30	4.36	87.53	29.50	11.37	11.31
103	70.70（02/17）	44.70（11/25）	59.85	18.96	2.77	21.61	14.61	2.50	4.18	90.25	29.43	11.19	7.40
104	58.40（01/05）	31.50（08/25）	47.36	19.43	2.66	17.80	13.69	2.24	4.73	84.21	28.38	10.94	4.17
平均						17.04	20.83	3.51	5.39	87.18			
		是否符合SOP：○X	▲	○			▲	○	○	X	X		

②複查買價=平均P/E×近4季EPS
=15×2.1元=31.5元
※平均P/E≧15，取15計算

①基準買價=3.51元×15=52.65元
買入P/E=基準買價÷近4季EPS
=52.65元÷2.1元=25.07
※25.07＞15，不宜

註1：近5年配股記錄：無
註2：105年Q3股價淨值比(P/B)=2.23
註3：最近4季（104年Q4～105年Q3）
　　　EPS=2.1元
註4：105/10/31股價：41.65元
註5：105/10/31適當買價：31.5元

註6：買前最近4季EPS（自填）：
註7：買前基準買價（自填）：
註8：買前複查買價（自填）：
註9：買前適當買價（自填）：
註10：本次買入價（自填）：

⑦ 勝一（1773）

成立：1979/01/24	上市：2009/02/27	產業別：化工
地址：高雄市永安區永工一路 5號	電話：07-8619171	發言人：李歡益 （總經理特助）
主要業務：酯類溶劑64.39%、原料28.29%、其他7.33%（2015年）。 溶劑大廠，客戶群以傳產、電子、半導體業為主，外加太陽能產業的應用。		
105年Q3：資本額：15億元，總資產：51.55億元，累計EPS：3.8元， 累計ROE：13.96%		

表7-7a 勝一股利政策

民國（年）	現金股利	盈餘配股	公積配股	股票股利	合計
104	3.00	0.00	0.00	0.00	3.00
103	2.60	0.00	0.00	0.00	2.60
102	2.00	1.24	0.00	1.24	3.24
101	3.00	0.00	0.00	0.00	3.00
100	2.60	0.00	0.00	0.00	2.60
99	4.00	0.00	0.00	0.00	4.00
98	2.50	0.00	0.00	0.00	2.50
97	1.50	0.00	0.00	0.00	1.50
96	3.00	0.00	0.00	0.00	3.00
95	1.00	1.00	0.00	1.00	2.00

表7-7b 勝一年度成交資訊

民國（年）	張數	金額（仟元）	筆數（仟）	最高價	日期	最低價	日期	收盤均價
104	20,570	878,669	15	47.00	04/29	37.00	08/25	42.22
103	31,064	1,587,637	21	57.90	03/31	43.00	10/27	49.86
102	33,524	1,528,387	19	52.90	10/31	41.00	01/02	45.47
101	24,115	926,857	13	42.10	12/28	32.40	01/16	38.40
100	87,878	4,123,202	45	52.60	04/15	32.20	12/09	42.90
99	247,807	10,792,641	109	51.80	10/21	31.00	02/06	40.56
98	143,003	3,508,701	54	37.80	09/22	14.90	03/03	25.21

表7-7c ▶ 勝一近4季與近5年的EPS

獲利能力（105年第3季）		最新4季每股盈餘		最新5年每股盈餘	
營業毛利率	27.06%	105年第3季	1.33元	104年	4.08元
營業利益率	14.77%	105年第2季	1.35元	103年	3.50元
稅前淨利率	15.42%	105年第1季	1.12元	102年	4.05元
資產報酬率	3.88%	104年第4季	1.08元	101年	4.06元
股東權益報酬率	4.99%	每股淨值	27.22元	100年	3.63元

近4季EPS總合為4.88元

表7-7d ▶ 勝一收租股買前檢查表

民國（年）	最高價（元）（月/日）	最低價（元）（月/日）	收盤均價（元）	淨值（元）	EPS（元）	本益比（P/E）	ROE（%）	現金息（元）	現金殖利率（%）	現金配息率（%）	負債比（%）	董監事持股（%）	外資持股（%）
100	52.60（04/15）	32.20（12/09）	42.90	23.97	3.63	11.82	15.14	2.60	6.06	71.63	24.50	55.97	2.41
101	42.10（12/28）	32.40（01/16）	38.40	25.35	4.06	9.46	16.02	3.00	7.81	73.89	22.89	50.32	1.91
102	52.90（10/31）	41.00（01/02）	45.47	26.45	4.05	11.23	15.31	2.60	4.40	49.38	28.90	57.67	2.26
103	57.90（03/31）	43.00（10/27）	49.86	25.37	3.50	14.25	13.80	2.60	5.21	74.29	23.73	58.25	2.05
104	47.00（04/29）	37.00（08/25）	42.22	26.76	4.08	10.35	15.25	3.00	7.11	73.53	20.53	57.85	1.49
平均						11.42	15.10	2.64	6.12	68.54			
			是否符合SOP：○X			○	○		◆	◆	○	○	

②複查買價＝平均P/E×近4季EPS
　　　　　＝11.42×4.88元＝55.73元

①基準買價＝2.64元×15＝39.6元
　買入P/E＝基準買價÷近4季EPS
　　　　　＝39.6元÷4.88元＝8.11
　※8.11＜15，OK

註1：近5年配股記錄：102年配股1.24元
註2：105年Q3股價淨值比(P/B)=1.91
註3：最近4季（104年Q4～105年Q3）EPS=4.88元
註4：105/10/31股價：51.9元
註5：105/10/31適當買價：39.6元

註6：買前最近4季EPS（自填）：
註7：買前基準買價（自填）：
註8：買前複查買價（自填）：
註9：買前適當買價（自填）：
註10：本次買入價（自填）：

⑧ 橋椿（2062）

成立：1984/07/09	上市：2007/11/16	產業別：其他
地址：台中市西屯區市政路 386號22、23F	電話：04-22582062	發言人：楊淑絹 （資深特助）

主要業務：鋅產品62.05%、銅產品21.52%、其他16.43%（2015年）。
全球水龍頭等廚浴五金配件大廠，業績與全球建築業景氣相關。

105年Q3：資本額：16.36億元，總資產：109.22億元，累計EPS：3.3元，
累計ROE：10.24%

表7-8a ▶ 橋椿股利政策

民國（年）	現金股利	盈餘配股	公積配股	股票股利	合計
104	1.00	0.00	0.00	0.00	1.00
103	2.68	0.00	0.00	0.00	2.68
102	4.50	0.00	0.00	0.00	4.50
101	2.00	0.00	0.00	0.00	2.00
100	2.20	0.00	0.00	0.00	2.20
99	3.50	0.00	0.00	0.00	3.50
98	2.33	0.00	0.00	0.00	2.33
97	1.10	0.00	0.00	0.00	1.10
96	2.00	0.00	0.00	0.00	2.00
95	2.12	0.00	0.00	0.00	2.12

表7-8b ▶ 橋椿年度成交資訊

民國 （年）	張數	金額（仟元）	筆數（仟）	最高價	日期	最低價	日期	收盤均價
104	306,030	15,580,174	199	68.60	03/25	30.50	08/25	49.93
103	417,464	26,221,433	244	94.60	03/20	43.55	09/30	61.50
102	397,716	27,532,218	236	91.50	10/07	29.40	03/05	59.63
101	14,321	427,244	8	35.15	03/22	26.60	11/19	29.99
100	32,532	1,229,457	17	46.20	04/25	27.00	08/22	34.31
99	41,606	1,624,017	20	44.00	04/13	28.00	02/08	37.49
98	10,406	274,622	5	35.20	12/28	18.60	03/02	24.51
97	19,470	671,756	9	47.10	01/03	19.20	12/31	33.18
96	13,527	652,354	5	56.00	11/16	41.00	11/28	46.93

表7-8c ▶ 橋椿近4季與近5年的EPS

獲利能力（105年第3季）		最新4季每股盈餘		最新5年每股盈餘	
營業毛利率	24.78%	105年第3季	1.27元	104年	3.83元
營業利益率	13.11%	105年第2季	0.71元	103年	3.82元
稅前淨利率	16.39%	105年第1季	1.32元	102年	5.55元
資產報酬率	1.96%	104年第4季	1.32元	101年	2.00元
股東權益報酬率	3.95%	每股淨值	32.23元	100年	2.53元

近4季EPS總合為4.62元

表7-8d ▶ 橋椿收租股買前檢查表

民國（年）	最高價（元）（月/日）	最低價（元）（月/日）	收盤均價（元）	淨值（元）	EPS（元）	本益比（P/E）	ROE（%）	現金息（元）	現金殖利率（%）	現金配息率（%）	負債比（%）	董監事持股（%）	外資持股（%）
100	46.20（04/25）	27.00（08/22）	34.31	26.57	2.53	13.56	9.52	2.20	6.41	86.96	30.22	32.80	16.34
101	35.15（03/22）	26.60（11/19）	29.99	25.53	2.00	15.00	7.83	2.00	6.67	100.00	29.62	33.14	16.66
102	91.50（10/07）	29.40（03/05）	59.63	29.99	5.55	10.74	18.51	4.50	7.55	81.08	37.69	33.13	16.10
103	94.60（03/20）	43.55（09/30）	61.50	30.57	3.82	16.10	12.50	2.68	4.36	70.16	40.25	26.44	25.09
104	68.60（03/25）	30.50（08/25）	49.93	31.44	3.83	13.04	12.18	1.00	2.00	26.11	47.21	27.27	19.52
平均						13.69	12.11	2.48	5.40	72.86			
是否符合SOP：○X						○	◆		▲	○	○	○	○

②複查買價＝平均P/E×近4季EPS
　　　　　＝13.69×4.62元＝63.25元

①基準買價＝2.48元×15＝37.2元
　買入P/E＝基準買價÷近4季EPS
　　　　　＝37.2元÷4.62元＝8.05
　※8.05＜15，OK

註1：近5年配股記錄：無
註2：105年Q3股價淨值比(P/B)=1.28
註3：最近4季（104年Q4～105年Q3）
　　　EPS=4.62元
註4：105/10/31股價：41.25元
註5：105/10/31適當買價：37.2元

註6：買前最近4季EPS（自填）：
註7：買前基準買價（自填）：
註8：買前複查買價（自填）：
註9：買前適當買價（自填）：
註10：本次買入價（自填）：

⑨ 鑫永銓（2114）

成立：1969/08/22	上市：2010/12/29	產業別：橡膠
地址：南投市南崗工業區南崗三路294號	電話：049-2263888	發言人：胡美惠（特助）
主要業務：輕型輸送帶49.95%、重型輸送帶36.04%、其他14.01%（2015年）。全球橡膠輸送帶大廠。		
105年Q3：資本額：6.75億元，總資產：27.44億元，累計EPS：3.58元，累計ROE：11.36%		

表7-9a 鑫永銓股利政策

民國（年）	現金股利	盈餘配股	公積配股	股票股利	合計
104	5.00	0.00	0.00	0.00	5.00
103	5.00	0.00	0.00	0.00	5.00
102	5.00	1.00	0.00	1.00	6.00
101	5.00	0.00	0.00	0.00	5.00
100	4.00	0.00	0.00	0.00	4.00
99	2.99	0.00	0.00	0.00	2.99
98	1.50	1.00	0.00	1.00	2.50
97	1.00	0.50	0.00	0.50	1.50
96	3.00	0.50	0.00	0.50	3.50
95	2.06	0.50	0.00	0.50	2.56

表7-9b 鑫永銓年度成交資訊

民國（年）	張數	金額（仟元）	筆數（仟）	最高價	日期	最低價	日期	收盤均價
104	29,336	2,849,476	23	131.00	03/16	61.00	08/25	91.30
103	40,653	4,322,116	31	129.50	08/04	79.70	01/07	104.79
102	31,150	2,623,836	22	92.10	04/03	75.80	08/28	82.73
101	65,764	4,599,718	43	90.90	12/10	52.40	01/04	66.80
100	164,205	9,062,529	86	75.80	07/15	32.00	01/27	51.74
99	891	30,969	0	35.90	12/29	33.10	12/31	34.32

表7-9c ▶ 鑫永銓近4季與近5年的EPS

獲利能力（105年第3季）		最新4季每股盈餘		最新5年每股盈餘	
營業毛利率	37.65%	105年第3季	1.00元	104年	6.20元
營業利益率	29.19%	105年第2季	1.41元	103年	7.34元
稅前淨利率	20.30%	105年第1季	1.17元	102年	7.11元
資產報酬率	2.49%	104年第4季	1.39元	101年	7.46元
股東權益報酬率	3.21%	每股淨值	31.51元	100年	6.06元

> 近4季EPS總合為4.97元

表7-9d ▶ 鑫永銓收租股買前檢查表

民國（年）	最高價（元）（月/日）	最低價（元）（月/日）	收盤均價（元）	淨值（元）	EPS（元）	本益比（P/E）	ROE（%）	現金息（元）	現金殖利率（%）	現金配息率（%）	負債比（%）	董監事持股（%）	外資持股（%）
100	75.80（07/15）	32.00（01/27）	51.74	26.12	6.06	8.54	23.20	4.00	7.73	66.01	25.59	36.00	2.84
101	90.90（12/10）	52.40（01/04）	66.80	29.58	7.46	8.95	25.22	5.00	7.49	67.02	24.95	36.00	1.92
102	92.10（04/03）	75.80（08/28）	82.73	31.69	7.11	11.64	22.44	5.00	6.04	70.32	21.93	36.05	1.78
103	129.50（08/04）	79.70（01/07）	104.79	31.59	7.34	14.28	23.24	5.00	4.77	68.12	19.91	36.07	1.12
104	131.00（03/16）	61.00（08/25）	91.30	32.93	6.20	14.73	18.83	5.00	5.48	80.65	12.91	36.67	0.89
平均						11.63	22.58	4.80	6.30	70.42			
是否符合SOP：○Ｘ						○	○		◆	○	○	○	○

> ②複查買價＝平均P/E×近4季EPS
> ＝11.63×4.97元＝57.8元

> ①基準買價＝4.8元×15＝72元
> 買入P/E＝基準買價÷近4季EPS
> ＝72元÷4.97元＝14.49
> ※14.49＜15，OK

註1：近5年配股記錄：102年配股1元
註2：105年Q3股價淨值比 (P/B)=2.5
註3：最近4季（104年Q4～105年Q3）
　　　EPS=4.97元
註4：105/10/31 股價：78.8元
註5：105/10/31 適當買價：57.8元

註6：買前最近4季 EPS（自填）：
註7：買前基準買價（自填）：
註8：買前複查買價（自填）：
註9：買前適當買價（自填）：
註10：本次買入價（自填）：

⑩ 新巨（2420）

成立：1983/04/25	上市：2000/09/11	產業別：電子零組件
地址：新北市新店區民權路50 號10F	電話：02-29188512	發言人：高銘傳 （副總）
主要業務：電源供應器75.27%、微動開關23.4%、其他1.33%（2015年）。 電源供應器與微動開關是兩大主力產品，雲端及車用市場業務逐漸 成長。		
105年Q3：資本額：15.26億元，總資產：66.01億元，累計EPS：2.39元， 累計ROE：13.15%		

表7-10a ▶ 新巨股利政策

民國（年）	現金股利	盈餘配股	公積配股	股票股利	合計
104	2.50	0.00	0.00	0.00	2.50
103	3.50	0.00	0.00	0.00	3.50
102	2.80	0.00	0.00	0.00	2.80
101	2.00	0.00	0.00	0.00	2.00
100	2.00	0.00	0.00	0.00	2.00
99	1.80	0.00	0.00	0.00	1.80
98	1.00	0.00	0.00	0.00	1.00
97	0.80	0.00	0.00	0.00	0.80
96	1.50	0.44	0.06	0.50	2.00
95	1.50	1.00	0.00	1.00	2.50

表7-10b ▶ 新巨年度成交資訊

民國 （年）	張數	金額（仟元）	筆數（仟）	最高價	日期	最低價	日期	收盤均價
104	168,325	7,461,524	102	53.20	04/09	29.45	08/25	42.57
103	407,404	18,697,942	217	60.60	04/21	29.65	10/17	44.25
102	297,576	8,688,014	127	38.45	12/26	20.90	01/17	28.01
101	135,894	3,177,203	59	26.10	03/22	19.60	10/30	22.39
100	218,156	5,397,320	89	29.85	06/08	17.70	08/09	23.44
99	452,080	11,862,192	165	30.50	03/23	21.55	02/06	25.28
98	260,799	4,377,725	84	25.65	12/31	8.48	01/21	13.99
97	78,038	1,340,001	32	23.70	01/02	8.03	11/21	16.28
96	503,450	20,793,018	195	51.50	01/23	19.90	12/18	35.57
95	356,757	10,220,101	113	38.75	12/20	20.35	01/23	25.61

表7-10c 新巨近4季與近5年的EPS

獲利能力（105年第3季）		最新4季每股盈餘		最新5年每股盈餘	
營業毛利率	38.25%	105年第3季	0.68元	104年	4.26元
營業利益率	20.95%	105年第2季	0.84元	103年	3.84元
稅前淨利率	16.17%	105年第1季	0.87元	102年	3.27元
資產報酬率	1.70%	104年第4季	1.15元	101年	2.16元
股東權益報酬率	3.75%	每股淨值	18.18元	100年	2.38元

近4季EPS總合為3.54元

表7-10d 新巨收租股買前檢查表

民國（年）	最高價（元）（月/日）	最低價（元）（月/日）	收盤均價（元）	淨值（元）	EPS（元）	本益比（P/E）	ROE（%）	現金息（元）	現金殖利率（%）	現金配息率（%）	負債比（%）	董監事持股（%）	外資持股（%）
100	29.85（06/08）	17.70（08/09）	23.44	15.19	2.38	9.85	15.67	2.00	8.53	84.03	31.93	27.29	0.79
101	26.10（03/22）	19.60（10/30）	22.39	15.46	2.16	10.37	13.97	2.00	8.93	92.59	30.79	27.93	1.33
102	38.45（12/26）	20.60（01/17）	28.01	16.59	3.27	8.57	19.71	2.80	10.00	85.63	55.45	28.01	1.94
103	60.60（04/21）	29.65（10/17）	44.25	17.65	3.84	11.52	21.76	3.50	7.91	91.15	54.67	27.91	3.73
104	53.20（04/09）	29.45（08/25）	42.57	18.45	4.26	9.99	23.09	2.50	5.87	58.69	51.53	27.91	3.91
平均						10.06	18.84	2.56	8.25	82.42			
是否符合SOP：○X						○	○		○	○	○	○	○

②複查買價=平均P/E×近4季EPS
　　　　　=10.06×3.54元=35.61元

①基準買價=2.56元×15=38.4元
買入P/E=基準買價÷近4季EPS
　　　　=38.4元÷3.54元=10.85
※10.85<15，OK

註1：近5年配股記錄：無
註2：105年Q3股價淨值比 (P/B)=1.83
註3：最近4季（104年Q4～105年Q3）
　　　EPS=3.54元
註4：105/10/31股價：33.35元
註5：105/10/31適當買價：35.61元

註6：買前最近4季 EPS（自填）：
註7：買前基準買價（自填）：
註8：買前複查買價（自填）：
註9：買前適當買價（自填）：
註10：本次買入價（自填）：

⑪ 互盛（2433）

成立：1984/08/30	上市：2000/09/11	產業別：其他電子
地址：台北市松山區健康路 156號3F	電話：02-27476789	發言人：游玉婷 （經理）

主要業務：租賃收入61.28%、供應品及服務33.4%、辦公室自動化商品5.33%
（2015年）。震旦行（2773）子公司，以代理震旦及理光的OA機器
為主，大陸市場業務逐漸成長。

105年Q3：資本額：14.45億元，總資產：71.37億元，累計EPS：2.49元，
累計ROE：11.02%

表7-11a 互盛股利政策

民國（年）	現金股利	盈餘配股	公積配股	股票股利	合計
104	3.30	0.00	0.00	0.00	3.30
103	3.20	0.00	0.00	0.00	3.20
102	4.00	0.00	0.00	0.00	4.00
101	2.50	0.00	0.00	0.00	2.50
100	4.35	0.00	0.00	0.00	4.35
99	2.18	0.00	0.00	0.00	2.18
98	1.44	0.00	0.00	0.00	1.44
97	2.25	0.00	0.00	0.00	2.25
96	2.59	0.01	0.00	0.01	2.60
95	0.55	0.00	0.00	0.00	0.55

表7-11b 互盛年度成交資訊

民國（年）	張數	金額（仟元）	筆數（仟）	最高價	日期	最低價	日期	收盤均價
104	18,429	825,926	11	47.20	05/06	40.05	08/25	44.69
103	62,608	2,939,359	36	53.50	02/20	38.00	08/18	45.41
102	78,568	3,240,702	44	53.70	12/10	28.25	01/17	38.31
101	47,321	1,681,724	30	45.50	03/27	24.00	10/30	33.12
100	35,041	1,131,094	17	39.00	11/03	27.95	07/14	32.02
99	84,371	2,162,999	37	34.90	12/23	18.70	02/06	24.92
98	61,635	1,195,934	25	24.65	12/31	13.05	02/05	17.91
97	37,711	757,239	14	25.55	05/19	13.40	11/21	18.73
96	142,806	2,563,133	44	22.50	08/24	13.60	05/04	16.80
95	24,618	336,570	9	15.90	11/30	10.50	09/15	12.62

表7-11c 互盛近4季與近5年的EPS

獲利能力（105年第3季）		最新4季每股盈餘		最新5年每股盈餘	
營業毛利率	29.89%	105年第3季	1.43元	104年	3.67元
營業利益率	7.78%	105年第2季	0.50元	103年	3.40元
稅前淨利率	10.33%	105年第1季	0.57元	102年	5.55元
資產報酬率	1.03%	104年第4季	0.64元	101年	3.12元
股東權益報酬率	1.78%	每股淨值	22.59元	100年	4.79元

近4季EPS總合為3.14元

表7-11d 互盛收租股買前檢查表

民國（年）	最高價（元）〔月/日〕	最低價（元）〔月/日〕	收盤均價（元）	淨值（元）	EPS（元）	本益比（P/E）	ROE（%）	現金息（元）	現金殖利率（%）	現金配息率（%）	負債比（%）	董監事持股（%）	外資持股（%）
100	39.00（11/03）	27.95（07/14）	32.02	25.83	4.79	6.68	18.54	4.35	13.59	90.81	19.89	68.46	9.16
101	45.50（03/27）	24.00（10/30）	33.12	23.04	3.12	10.62	13.54	2.50	7.55	80.13	30.08	69.78	7.87
102	53.70（12/10）	28.25（01/17）	38.31	29.48	5.55	6.90	18.83	4.00	10.44	72.07	31.94	64.15	4.24
103	53.50（02/20）	38.00（08/18）	45.41	25.93	3.40	13.36	13.11	3.20	7.05	94.12	43.38	64.50	1.18
104	47.20（05/06）	40.05（08/25）	44.69	24.70	3.67	12.18	14.86	3.30	7.38	89.92	44.94	67.81	1.08
平均						9.95	15.78	3.47	9.20	85.41			
是否符合SOP：○X						○	○		○		○	○	○

②複查買價＝平均P/E×近4季EPS
＝9.95×3.14元＝31.24元

①基準買價＝3.47元×15＝52.05元
買入P/E＝基準買價÷近4季EPS
＝52.05元÷3.14元＝16.6
※16.6＞15，不宜

註1：近5年配股記錄：無
註2：105年Q3股價淨值比（P/B）=1.7
註3：最近4季（104年Q4～105年Q3）
　　　EPS=3.14元
註4：105/10/31股價：38.3元
註5：105/10/31適當買價：31.34元

註6：買前最近4季EPS（自填）：
註7：買前基準買價（自填）：
註8：買前複查買價（自填）：
註9：買前適當買價（自填）：
註10：本次買入價（自填）：

⑫ 超豐（2441）

成立：1983/03/07	上市：2000/10/26	產業別：半導體
地址：苗栗縣竹南鎮公義路 136號	電話：037-638568	發言人：陳笙 （管理處長）
主要業務：封裝86.13%、測試-PACKAGE13.87%（2015年）。 力成（6239）子公司，為消費性IC封裝測試廠。		
105年Q3：資本額：56.88億元，總資產：16.32億元，累計EPS：2.89元， 累計ROE：11.71%		

表7-12a ► 超豐股利政策

民國（年）	現金股利	盈餘配股	公積配股	股票股利	合計
104	2.40	0.00	0.00	0.00	2.40
103	2.80	0.00	0.00	0.00	2.80
102	2.00	0.00	0.00	0.00	2.00
101	1.60	0.00	0.00	0.00	1.60
100	1.20	0.00	0.00	0.00	1.20
99	2.00	0.00	0.00	0.00	2.00
98	1.80	0.20	0.00	0.20	2.00
97	1.60	0.40	0.00	0.40	2.00
96	3.00	0.60	0.00	0.60	3.60
95	2.80	0.80	0.00	0.80	3.60

表7-12b ► 超豐年度成交資訊

民國（年）	張數	金額（仟元）	筆數（仟）	最高價	日期	最低價	日期	收盤均價
104	313,939	11,299,921	185	43.25	05/28	24.05	08/26	35.38
103	468,507	17,459,242	241	44.20	07/07	27.45	01/02	36.72
102	103,264	2,616,995	50	27.60	12/31	22.90	01/28	24.92
101	131,577	3,112,901	58	26.50	02/04	20.70	11/22	23.25
100	370,570	9,207,350	141	30.80	01/20	18.10	12/09	24.36
99	695,166	22,294,461	235	36.75	04/23	27.95	11/10	31.33
98	1,024,282	28,488,576	351	34.30	07/28	16.70	01/15	27.95
97	611,322	19,598,276	217	43.65	04/21	16.10	12/05	32.61
96	1,000,397	50,573,448	361	63.00	07/09	34.50	12/18	49.65
95	1,220,418	48,225,709	350	45.30	12/07	33.10	07/17	38.63

表7-12c　超豐近4季與近5年的EPS

獲利能力（105年第3季）		最新4季每股盈餘		最新5年每股盈餘	
營業毛利率	28.35%	105年第3季	1.02元	104年	3.47元
營業利益率	24.22%	105年第2季	0.93元	103年	3.98元
稅前淨利率	23.80%	105年第1季	0.93元	102年	2.91元
資產報酬率	3.49%	104年第4季	0.84元	101年	2.24元
股東權益報酬率	4.23%	每股淨值	24.67元	100年	1.63元

近4季EPS總合為3.72元

表7-12d　超豐收租股買前檢查表

民國（年）	最高價（元）（月/日）	最低價（元）（月/日）	收盤均價（元）	淨值（元）	EPS（元）	本益比（P/E）	ROE（%）	現金息（元）	現金殖利率（%）	現金配息率（%）	負債比（%）	董監事持股（%）	外資持股（%）
100	30.80（01/20）	18.10（12/09）	24.36	19.45	1.63	14.94	8.38	1.20	4.93	73.62	11.63	7.30	13.21
101	26.50（02/04）	20.70（11/22）	23.25	20.49	2.24	10.38	10.93	1.60	6.88	71.43	11.45	49.10	1.94
102	27.60（12/31）	22.90（01/28）	24.92	21.58	2.91	8.56	13.48	2.00	8.03	68.73	14.12	49.10	3.40
103	44.20（07/07）	27.45（01/02）	36.72	23.55	3.98	9.23	16.90	2.80	7.63	70.35	13.94	48.00	8.66
104	43.25（05/28）	24.05（08/26）	35.38	24.18	3.47	10.20	14.35	2.40	6.78	69.16	13.03	48.00	15.52
平均						10.66	12.81	2.00	6.85	70.66			
	是否符合SOP：○X					○	◆		○	○	○	○	

②複查買價＝平均P/E×近4季EPS
　　　　　＝10.66×3.72元=39.66元

①基準買價＝2元×15=30元
　買入P/E=基準買價÷近4季EPS
　　　　　=30元÷3.72元=8.06
　※8.06＜15，OK

註1：近5年配股記錄：無
註2：105年Q3股價淨值比 (P/B)=1.62
註3：最近4季（104年Q4～105年Q3）
　　　EPS=3.72元
註4：105/10/31 股價：39.85元
註5：105/10/31 適當買價：30元

註6：買前最近4季 EPS（自填）：
註7：買前基準買價（自填）：
註8：買前複查買價（自填）：
註9：買前適當買價（自填）：
註10：本次買入價（自填）：

⑬ 神腦（2450）

成立：1979/05/18	上市：2001/05/24	產業別：通信網路
地址：新北市新店區中正路 531號2F	電話：02-22183588	發言人：游經緯 （協理）
主要業務：行動電話78.76%、其他14.89%等（2015年）。手機通訊產品及配件的代理買賣，以Apple產品為主，為國內最大手機通路業者。中華電是其大股東。		
105年Q3：資本額：25.83億元，總資產：106.45億元，累計EPS：3元，累計ROE：13.1%		

表7-13a 神腦股利政策

民國（年）	現金股利	盈餘配股	公積配股	股票股利	合計
104	3.00	0.00	0.00	0.00	3.00
103	1.56	0.00	0.00	0.00	1.56
102	4.00	0.00	0.00	0.00	4.00
101	3.99	0.00	0.00	0.00	3.99
100	4.49	0.00	0.00	0.00	4.49
99	3.97	0.00	0.00	0.00	3.97
98	3.46	0.00	0.00	0.00	3.46
97	3.95	0.00	0.00	0.00	3.95
96	2.95	0.10	0.00	0.10	3.05
95	0.90	0.10	0.00	0.10	1.00

表7-13b 神腦年度成交資訊

民國（年）	張數	金額（仟元）	筆數（仟）	最高價	日期	最低價	日期	收盤均價
104	74,575,168	3,505,069	50	52.40	02/04	37.55	08/25	45.81
103	141,088,859	9,226,193	98	94.40	01/08	49.20	08/19	69.08
102	114,740,022	11,155,373	82	108.00	06/14	88.50	11/21	96.09
101	557,539,703	64,213,552	366	148.00	03/28	88.80	01/02	109.71
100	717,522,175	82,322,498	434	190.00	07/29	57.50	01/06	104.43
99	150,407,379	7,636,785	75	62.50	12/16	44.10	02/06	50.39
98	243,820,034	10,827,280	116	59.00	06/02	30.50	01/21	41.73
97	98,558,110	4,208,180	42	53.80	04/02	28.40	10/27	40.84
96	321,669,073	14,515,652	107	63.50	08/03	28.00	01/05	45.68
95	163,106,892	3,299,854	43	28.45	12/27	13.90	06/09	18.19

表7-13c 神腦近4季與近5年的EPS

獲利能力（105年第3季）		最新4季每股盈餘		最新5年每股盈餘	
營業毛利率	13.18%	105年第3季	1.09元	104年	3.17元
營業利益率	2.73%	105年第2季	0.89元	103年	2.13元
稅前淨利率	3.46%	105年第1季	1.02元	102年	5.55元
資產報酬率	0.00%	104年第4季	1.30元	101年	5.81元
股東權益報酬率	4.83%	每股淨值	22.90元	100年	5.43元

近4季EPS總合為4.3元

表7-13d 神腦收租股買前檢查表

民國（年）	最高價（元）〔月/日〕	最低價（元）〔月/日〕	收盤均價（元）	淨值（元）	EPS（元）	本益比（P/E）	ROE（%）	現金息（元）	現金殖利率（%）	現金配息率（%）	負債比（%）	董監事持股（%）	外資持股（%）
100	190.00〔07/29〕	57.50〔01/06〕	104.43	20.43	5.43	19.23	26.58	4.49	4.30	82.69	44.08	47.36	7.10
101	148.00〔03/28〕	88.80〔01/02〕	109.71	21.34	5.81	18.88	27.23	3.99	3.64	68.67	48.19	46.47	5.59
102	108.00〔06/14〕	88.50〔11/21〕	96.09	23.75	5.55	17.31	23.37	4.00	4.16	72.07	41.79	46.41	6.59
103	94.40〔01/08〕	49.20〔08/19〕	69.08	22.33	2.13	32.43	9.54	1.56	2.26	73.24	44.78	44.56	8.22
104	52.40〔02/04〕	37.55〔08/25〕	45.81	23.05	3.17	14.45	13.75	3.00	6.55	94.64	43.68	43.98	9.03
平均						20.46	20.09	3.41	4.18	78.26			
是否符合SOP：○X						▲	○		X	○	○	○	○

②複查買價=平均P/E×近4季EPS
=15×4.3元=64.5元
※平均P/E≧15，取15計算

①基準買價=3.41元×15=51.15元
買入P/E=基準買價÷近4季EPS
=51.15元÷4.3元=11.9
※11.9＜15，OK

註1：近5年配股記錄：無
註2：105年Q3股價淨值比(P/B)=2.18
註3：最近4季（104年Q4～105年Q3）
　　　EPS=4.3元
註4：105/10/31股價：50元
註5：105/10/31適當買價：51.15元

註6：買前最近4季EPS（自填）：
註7：買前基準買價（自填）：
註8：買前複查買價（自填）：
註9：買前適當買價（自填）：
註10：本次買入價（自填）：

⑭ 匯僑（2904）

成立：1978/10/11	上市：2004/08/01	產業別：其他
地址：台北市中山區民生東路 三段131號5F	電話：02-27174347	發言人：陳重光 （財務部副總）

主要業務：槽租收入99.97%、其他0.03%（2015年）。港口碼頭油品輸儲及儲槽租賃大廠，也投入太陽能種電業務。

105年Q3：資本額：6.9億元，總資產：10.28億元，累計EPS：1.2元，累計ROE：9.35%

表7-14a ▶ 匯僑股利政策

民國（年）	現金股利	盈餘配股	公積配股	股票股利	合計
104	2.00	0.00	0.00	0.00	2.00
103	2.00	0.00	0.00	0.00	2.00
102	2.80	0.00	0.00	0.00	2.80
101	2.60	0.00	0.00	0.00	2.60
100	4.00	0.00	0.00	0.00	4.00
99	1.15	0.00	0.00	0.00	1.15
98	0.87	0.00	0.00	0.00	0.87
97	0.50	0.00	0.00	0.00	0.50
96	0.06	0.15	0.00	0.15	0.21
95	0.00	0.00	0.00	0.00	0.00

表7-14b ▶ 匯僑年度成交資訊

民國（年）	張數	金額（仟元）	筆數（仟）	最高價	日期	最低價	日期	收盤均價
104	19,925	538,160	14	29.00	04/17	23.60	08/24	26.69
103	39,898	1,090,872	23	30.30	06/20	25.40	07/21	26.61
102	53,415	1,424,278	29	30.40	07/19	23.80	08/23	26.05
101	139,722	3,843,105	66	32.60	07/04	18.15	01/02	26.76
100	196,166	3,625,507	71	22.60	08/02	13.05	03/15	17.53
99	158,705	2,299,193	48	17.45	01/19	11.80	02/06	13.77
98	74,874	868,504	24	15.30	10/12	4.65	02/19	9.17
97	13,368	108,443	5	10.95	05/16	3.97	11/25	7.18
96	23,280	81,911	3	9.96	08/23	1.87	03/05	4.86
95	35,303	64,306	1	2.93	12/12	1.26	04/20	1.92

表7-14c ▶ 匯僑近4季與近5年的EPS

獲利能力（105年第3季）		最新4季每股盈餘		最新5年每股盈餘	
營業毛利率	37.75%	105年第3季	0.30元	104年	2.24元
營業利益率	24.91%	105年第2季	0.36元	103年	2.22元
稅前淨利率	24.88%	105年第1季	0.54元	102年	2.20元
資產報酬率	2.21%	104年第4季	0.40元	101年	2.90元
股東權益報酬率	2.65%	每股淨值	12.84元	100年	4.47元

近4季EPS總合1.6元

表7-14d ▶ 匯僑收租股買前檢查表

民國（年）	最高價（元）〔月/日〕	最低價（元）〔月/日〕	收盤均價（元）	淨值（元）	EPS（元）	本益比（P/E）	ROE（%）	現金息（元）	現金殖利率（%）	現金配息率（%）	負債比（%）	董監事持股（%）	外資持股（%）
100	22.60〔08/02〕	13.05〔03/15〕	17.53	15.91	4.47	3.92	28.10	4.00	22.82	89.49	7.81	42.59	0.38
101	32.60〔07/04〕	18.15〔01/02〕	26.76	14.82	2.90	9.23	19.57	2.60	9.72	89.66	8.22	42.64	1.72
102	30.40〔07/19〕	23.80〔08/23〕	26.05	14.32	2.20	11.84	15.36	2.80	10.75	127.27	6.96	42.63	2.54
103	30.30〔06/20〕	25.40〔07/21〕	26.61	13.77	2.22	11.99	16.12	2.00	7.52	90.09	7.95	42.62	1.43
104	29.00〔04/17〕	23.60〔08/24〕	26.69	13.97	2.24	11.92	16.03	2.00	7.49	89.29	7.29	42.64	0.72
平均						9.78	19.04	2.68	11.66	97.16			
是否符合SOP：○X						○	○		○	○	○	○	

②複查買價=平均P/E×近4季EPS
　　　　　=9.78×1.6=15.65元

①基準買價=2.68元×15=40.2元
　買入P/E=基準買價÷近4季EPS
　　　　　=40.2元÷1.6元=25.13
　※25.13＞15，不宜

註1：近5年配股記錄：無
註2：105年Q3股價淨值比（P/B）=1.98
註3：最近4季（104年Q4～105年Q3）
　　　EPS=1.6元
註4：105/10/31股價：25.4元
註5：105/10/31適當買價：18.29元

註6：買前最近4季EPS（自填）：
註7：買前基準買價（自填）：
註8：買前複查買價（自填）：
註9：買前適當買價（自填）：
註10：本次買入價（自填）：

⑮ 德律（3030）

成立：1989/04/10	上市：2002/10/29	產業別：其他電子
地址：台北市士林區德行西路 45號7F	電話：02-28328918	發言人：林江淮 （營業部副總）

主要業務：電路板自動測試機98.17%、IC測試機1.83%（2015年）。
全球檢測設備大廠，與日本系統大廠Panasonic合作，搶攻全球市
場。

105年Q3：資本額：23.62億元，總資產：58.15億元，累計EPS：1.5元，
累計ROE：7%

表7-15a ▶ 德律股利政策

民國（年）	現金股利	盈餘配股	公積配股	股票股利	合計
104	4.00	0.00	0.00	0.00	4.00
103	4.30	0.00	0.00	0.00	4.30
102	3.30	0.00	0.00	0.00	3.30
101	3.70	0.60	0.00	0.60	4.30
100	2.70	0.30	0.00	0.30	3.00
99	2.30	0.70	0.00	0.70	3.00
98	0.50	0.50	0.00	0.50	1.00
97	1.00	0.20	0.00	0.20	1.20
96	1.20	1.80	0.00	1.80	3.00
95	1.20	1.80	0.00	1.80	3.00

表7-15b ▶ 德律年度成交資訊

民國（年）	張數	金額（仟元）	筆數（仟）	最高價	日期	最低價	日期	收盤均價
104	319,647	19,147,796	210	73.50	06/02	45.10	08/24	56.43
103	376,492	19,078,339	201	57.40	08/06	41.50	01/02	49.77
102	198,435	9,325,965	119	56.00	01/03	37.00	08/22	44.99
101	432,673	19,455,247	217	55.40	12/28	27.65	01/02	44.05
100	509,894	23,636,477	243	62.80	05/05	26.20	12/19	43.13
99	456,531	19,926,394	197	50.30	05/14	33.65	02/06	42.85
98	432,136	10,988,329	158	39.50	12/28	13.20	02/02	22.70
97	244,514	8,570,856	111	53.20	06/10	12.55	11/21	34.12
96	547,222	29,930,562	226	80.00	08/09	37.20	05/07	50.39
95	391,215	15,687,445	149	48.65	08/16	29.10	01/02	39.55

表7-15c 德律近4季與近5年的EPS

獲利能力（105年第3季）		最新4季每股盈餘		最新5年每股盈餘	
營業毛利率	53.82%	105年第3季	0.27元	104年	4.23元
營業利益率	14.58%	105年第2季	0.79元	103年	5.34元
稅前淨利率	10.56%	105年第1季	0.44元	102年	3.41元
資產報酬率	1.01%	104年第4季	0.14元	101年	6.43元
股東權益報酬率	1.28%	每股淨值	21.43元	100年	4.45元

近4季EPS總合1.64元

表7-15d 德律收租股買前檢查表

民國（年）	最高價（元）（月/日）	最低價（元）（月/日）	收盤均價（元）	淨值（元）	EPS（元）	本益比（P/E）	ROE（%）	現金息（元）	現金殖利率（%）	現金配息率（%）	負債比（%）	董監事持股（%）	外資持股（%）
100	62.80（05/05）	26.20（12/19）	43.13	20.43	4.45	9.69	21.78	2.70	6.26	60.67	13.40	19.74	9.10
101	55.40（12/28）	27.65（01/02）	44.05	23.55	6.43	6.85	27.30	3.70	8.40	57.54	19.92	19.39	6.47
102	56.00（01/03）	37.00（08/22）	44.99	22.10	3.41	13.19	15.43	3.30	7.33	96.77	15.90	19.39	16.83
103	57.40（08/06）	41.50（01/02）	49.77	24.21	5.34	9.32	22.06	4.30	8.64	80.52	15.96	19.24	19.33
104	73.50（06/02）	45.10（08/24）	56.43	24.07	4.23	13.34	17.57	4.00	7.09	94.56	14.50	19.17	24.28
平均						10.48	20.83	3.60	7.54	78.02			
是否符合SOP：○X			○		○			○	○	○	○	○	○

②複查買價=平均P/E×近4季EPS
=10.48×1.64元=17.19元

①基準買價=3.6元×15=54元
買入P/E=基準買價÷近4季EPS
=54元÷1.64元=32.93
※32.93＞15，不宜

註1：近5年配股記錄：100年0.3元，101年0.6元
註2：105年Q3股價淨值比(P/B)=1.87
註3：最近4季（104年Q4～10年5Q3）EPS=1.64元
註4：105/10/31股價：40元
註5：105/10/31適當買價：17.19元

註6：買前最近4季EPS（自填）：
註7：買前基準買價（自填）：
註8：買前複查買價（自填）：
註9：買前適當買價（自填）：
註10：本次買入價（自填）：

⑯ 融程電（3416）

成立：1996/01/23		上櫃：2015/01/23	產業別：電腦及周邊設備
地址：新北市三重區興德路 111-6號9F		電話：02-85110288	發言人：呂谷清 （總經理）
主要業務：嵌入式系統產品65.89%、液晶顯示模組23.24%、其他10.87% （2015年）。主攻工業用LCD、（防爆）強固型手持裝置及車用設備 等領域。			
105年Q3：資本額：6.02億元，總資產：18.34億元，累計EPS：2.37元， 累計ROE：9%			

表7-16a 融程電股利政策

民國（年）	現金股利	盈餘配股	公積配股	股票股利	合計
104	3.50	0.00	0.00	0.00	3.50
103	4.00	0.00	0.00	0.00	4.00
102	3.00	1.00	0.00	1.00	4.00
101	2.50	0.50	0.00	0.50	3.00
100	3.00	0.20	0.00	0.20	3.20
99	4.00	0.50	0.00	0.50	4.50
98	3.50	0.20	0.00	0.20	3.70
97	3.80	1.50	0.00	1.50	5.30
96	3.00	2.26	0.00	2.26	5.26
95	1.90	2.10	0.00	2.10	4.00

表7-16b 融程電年度成交資訊

民國（年）	張數	金額（仟元）	筆數（仟）	最高價	日期	最低價	日期	收盤均價
104	31,211,714	1,791,663	21	65.50	03/25	45.10	08/25	56.08
103	84,771	5,623,460	58	76.80	03/14	50.10	09/26	66.34
102	52,769	2,963,768	34	69.50	12/27	40.00	01/09	56.16
101	10,606	468,998	8	50.00	02/22	39.60	11/21	44.22
100	34,646	2,484,203	20	87.90	03/03	41.00	12/20	71.70
99	53,062	3,688,311	32	83.80	12/27	60.30	06/07	69.51
98	79,175	5,240,090	52	78.90	05/12	48.60	01/21	66.18
97	38,097	3,589,555	28	127.50	05/16	46.15	11/20	87.52
96	16,408	1,802,308	11	126.50	10/26	91.00	12/26	107.76

表7-16c 融程電近4季與近5年的EPS

獲利能力（105年第3季）		最新4季每股盈餘		最新5年每股盈餘	
營業毛利率	38.57%	105年第3季	0.64元	104年	3.52元
營業利益率	15.45%	105年第2季	0.92元	103年	4.12元
稅前淨利率	14.24%	105年第1季	0.81元	102年	4.60元
資產報酬率	2.00%	104年第4季	0.99元	101年	3.34元
股東權益報酬率	2.45%	每股淨值	26.34元	100年	3.76元

近4季EPS總合3.36元

表7-16d 融程電收租股買前檢查表

民國（年）	最高價（元）（月/日）	最低價（元）（月/日）	收盤均價（元）	淨值（元）	EPS（元）	本益比（P/E）	ROE（%）	現金息（元）	現金殖利率（%）	現金配息率（%）	負債比（%）	董監事持股（%）	外資持股（%）
100	87.90（03/03）	41.00（12/20）	71.70	24.58	3.76	19.07	15.30	3.00	4.18	79.79	28.56	26.24	0.35
101	50.00（02/22）	39.60（11/21）	44.22	24.49	3.34	13.24	13.64	2.50	5.65	74.85	22.15	23.75	0.10
102	69.50（12/27）	40.00（01/09）	56.16	26.58	4.60	12.21	17.31	3.00	5.34	65.22	16.39	23.72	0.22
103	76.80（03/14）	50.10（09/26）	66.34	27.73	4.12	16.10	14.86	4.00	6.03	97.09	14.52	19.69	0.82
104	65.00（01/22）	59.90（01/16）	62.06	27.31	3.52	17.63	12.89	3.50	5.64	99.43	13.83	27.63	0.28
平均						15.65	14.80	3.20	5.37	83.27			
是否符合SOP：○X					◆		◆			▲	○	○	○

②複查買價＝平均P/E×近4季EPS
＝15×3.36元＝50.4元
※平均P/E≧15，取15計算

①基準買價＝3.2元×15＝48元
買入P/E＝基準買價÷近4季EPS
＝48元÷3.36元＝14.29
※14.29＜15，OK

註1：近5年配股記錄：100～102年配股，見表**7-33b**
註2：105 年 Q3 股價淨值比 (P/B)=1.91
註3：最近 4 季（104 年 Q4～105 年 Q3）EPS=3.36 元
註4：105/10/31 股價：50.2 元
註5：105/10/31 適當買價：48 元

註6：買前最近 4 季 EPS（自填）：
註7：買前基準買價（自填）：
註8：買前複查買價（自填）：
註9：買前適當買價（自填）：
註10：本次買入價（自填）：

⑰ 晶睿（3454）

成立：2000/02/08	上市：2011/07/22	產業別：光電
地址：新北市中和區連城路 192號6F	電話：02-82455282	發言人：顧中威 （副總）

主要業務： 網路攝影機88.26%、網路影音伺服器3.17%、其他8.57%（2015年）。製造及銷售視訊安全監控設備、物聯網監控系統及資訊軟體等產品。

105年Q3： 資本額：7.99億元，總資產：36.89億元，累計EPS：4.56元，累計ROE：14.07%

表7-17a ▶ 晶睿股利政策

民國（年）	現金股利	盈餘配股	公積配股	股票股利	合計
104	4.50	0.10	0.25	0.35	4.85
103	4.00	0.00	0.35	0.35	4.35
102	6.90	0.10	0.25	0.35	7.25
101	6.00	0.10	0.25	0.35	6.35
100	4.99	0.10	0.25	0.35	5.34
99	2.38	0.10	0.25	0.35	2.73
98	0.96	0.10	0.34	0.44	1.40
97	1.20	0.10	0.25	0.35	1.55
96	2.44	0.10	0.25	0.35	2.79
95	4.00	0.10	0.50	0.60	4.60

表7-17b ▶ 晶睿年度成交資訊

民國（年）	張數	金額（仟元）	筆數（仟）	最高價	日期	最低價	日期	收盤均價
104	172,458	14,665,254	138	104.50	01/16	66.50	07/28	85.20
103	275,049	35,088,912	208	215.00	03/07	82.50	10/16	132.14
102	235,128	33,099,356	165	212.00	12/06	89.20	01/02	139.47
101	292,148	27,742,934	192	121.00	03/08	70.10	01/02	94.23
100	90,239	6,222,904	57	87.00	07/22	49.80	10/04	67.76

表7-17c　晶睿近4季與近5年的EPS

獲利能力（105年第3季）		最新4季每股盈餘		最新5年每股盈餘	
營業毛利率	44.58%	105年第3季	1.37元	104年	6.20元
營業利益率	12.80%	105年第2季	2.07元	103年	5.01元
稅前淨利率	10.63%	105年第1季	1.16元	102年	10.28元
資產報酬率	2.76%	104年第4季	1.04元	101年	8.49元
股東權益報酬率	3.96%	每股淨值	32.40元	100年	6.98元

近4季EPS總合5.64元

表7-17d　晶睿收租股買前檢查表

民國（年）	最高價（元）（月/日）	最低價（元）（月/日）	收盤均價（元）	淨值（元）	EPS（元）	本益比（P/E）	ROE（%）	現金息（元）	現金殖利率（%）	現金配息率（%）	負債比（%）	董監事持股（%）	外資持股（%）
100	87.00（07/22）	49.80（10/04）	67.76	25.13	6.98	9.71	27.78	4.99	7.36	71.49	26.60	27.84	0.22
101	121.00（03/08）	70.10（01/02）	94.23	28.24	8.49	11.10	30.06	6.00	6.37	70.67	29.71	27.51	1.47
102	212.00（12/06）	89.20（01/02）	139.47	31.69	10.28	13.57	32.44	6.90	4.95	67.12	28.50	28.02	4.83
103	215.00（03/07）	82.50（10/16）	132.14	31.87	5.01	26.38	15.72	4.00	3.03	79.84	23.56	25.00	13.87
104	104.50（01/16）	66.50（07/28）	85.20	33.19	6.20	13.74	18.68	4.50	5.28	72.58	26.13	24.67	10.09
平均						14.90	24.94	5.28	5.40	72.34			
是否符合SOP：○X						○	○		▲	○	○	◆	

②複查買價＝平均P/E×近4季EPS
　　　　　＝14.9×5.64元＝84.04元

①基準買價＝5.28元×15＝79.2元
　買入P/E＝基準買價÷近4季EPS
　　　　　＝79.2元÷5.64元＝14.04
※14.04＜15，OK

註1：近5年配股記錄：100～104年均配股0.35元
註2：105年Q3股價淨值比（P/B）＝2.41
註3：最近4季（104年Q4～105年Q3）EPS＝5.64元
註4：105/10/31股價：78元
註5：105/10/31適當買價：79.2元

註6：買前最近4季EPS（自填）：
註7：買前基準買價（自填）：
註8：買前複查買價（自填）：
註9：買前適當買價（自填）：
註10：本次買入價（自填）：

⑱ 瑞智（4532）

成立：1989/12/19	上市：2003/08/04	產業別：電機機械
地址：桃園市觀音區成功路二段943號	電話：03-4837201	發言人：柯志成（營運總部協理）
主要業務：冷媒壓縮機93.82%、其他零件6.18%（2015年）。聲寶（1604）轉投資公司，為小型變頻壓縮機製造大廠。		
105年Q3：資本額：46.84億元，總資產：207.88億元，累計EPS：2.33元，累計ROE：13.94%		

表7-18a ▶ 瑞智股利政策

民國（年）	現金股利	盈餘配股	公積配股	股票股利	合計
104	1.60	0.00	0.00	0.00	1.60
103	2.00	0.00	0.00	0.00	2.00
102	1.50	0.30	0.00	0.30	1.80
101	1.50	0.30	0.00	0.30	1.80
100	1.20	0.30	0.00	0.30	1.50
99	0.60	0.30	0.00	0.30	0.90
98	0.00	0.00	0.00	0.00	0.00
97	0.00	0.00	0.00	0.00	0.00
96	0.30	0.50	0.00	0.50	0.80
95	0.30	0.30	0.00	0.30	0.60

表7-18b ▶ 瑞智年度成交資訊

民國（年）	張數	金額（仟元）	筆數（仟）	最高價	日期	最低價	日期	收盤均價
104	163,686	4,714,503	89	33.90	01/05	18.70	08/25	27.40
103	472,241	15,340,531	232	36.80	03/05	28.20	10/16	31.99
102	608,281	17,032,089	239	32.40	12/31	24.10	03/18	27.17
101	539,013	14,139,939	208	31.80	03/16	19.85	10/29	25.19
100	1,220,290	26,660,953	370	27.95	08/16	16.50	03/15	21.56
99	1,520,752	22,656,812	333	18.80	12/27	9.25	02/06	14.27
98	911,463	8,794,312	179	12.50	12/10	4.15	01/16	8.25
97	148,572	1,583,823	39	15.40	04/15	3.77	11/24	10.16
96	407,180	6,749,585	100	19.85	07/27	13.25	08/17	15.78
95	220,396	4,021,805	58	26.50	01/05	12.70	09/11	18.55

表7-18c 瑞智近4季與近5年的EPS

獲利能力（105年第3季）		最新4季每股盈餘		最新5年每股盈餘	
營業毛利率	20.99%	105年第3季	0.58元	104年	1.86元
營業利益率	11.18%	105年第2季	1.10元	103年	2.30元
稅前淨利率	10.31%	105年第1季	0.65元	102年	2.02元
資產報酬率	0.00%	104年第4季	0.23元	101年	2.21元
股東權益報酬率	3.00%	每股淨值	16.72元	100年	2.03元

近4季EPS總合2.56元

表7-18d 瑞智收租股買前檢查表

民國（年）	最高價（元）（月/日）	最低價（元）（月/日）	收盤均價（元）	淨值（元）	EPS（元）	本益比（P/E）	ROE（％）	現金息（元）	現金殖利率（％）	現金配息率（％）	負債比（％）	董監事持股（％）	外資持股（％）
100	27.95（08/16）	16.50（03/15）	21.56	15.31	2.03	10.62	13.26	1.20	5.57	59.11	22.12	33.57	7.39
101	31.80（03/16）	19.85（10/29）	25.19	15.28	2.21	11.40	14.46	1.50	5.95	67.87	21.19	67.98	9.64
102	32.40（12/31）	24.10（03/18）	27.17	16.04	2.02	13.45	12.59	1.50	5.52	74.26	54.66	42.07	10.23
103	36.80（03/05）	28.20（10/16）	31.99	17.20	2.30	13.91	13.37	0	6.25	86.96	51.80	42.07	11.65
104	33.90（01/05）	18.70（08/25）	27.40	16.56	1.86	14.73	11.23	1.60	5.84	86.02	53.48	42.14	11.84
平均						12.82	12.98	1.56	5.83	74.84			
是否符合SOP：○X			○		▲			▲	○		○	○	○

②複查買價＝平均P/E×近4季EPS
　　　　　　＝12.82×2.56元＝32.82元

①基準買價＝1.56元×15＝23.4元
買入P/E＝基準買價÷近4季EPS
　　　　＝23.4元÷2.56元＝9.14
※9.14＜15，OK

註1：近5年配股記錄：100年～103年均
　　　配股0.3元
註2：105年Q3股價淨值比(P/B)=2.15
註3：最近4季（104年Q4～105年Q3）
　　　EPS=2.56元
註4：105/10/31股價：36元
註5：105/10/31適當買價：23.4元

註6：買前最近4季EPS（自填）：
註7：買前基準買價（自填）：
註8：買前複查買價（自填）：
註9：買前適當買價（自填）：
註10：本次買入價（自填）：

⑲ 訊連（5203）

成立：1990/08/08	上市：2004/09/27	產業別：資訊服務
地址：新北市新店區民權路 100號15F	電話：02-86671298	發言人：蔡明鋒 （特助）
主要業務：數位創作及其他58.41%、影音娛樂41.59%（2015年）。多媒體影音 軟體研發大廠，搭配硬體並跨入全球VR市場。		
105年Q3：資本額：9.69億元，總資產：56.96億元，累計EPS：1.91元， 累計ROE：4.22%		

表7-19a▶ 訊連股利政策

民國（年）	現金股利	盈餘配股	公積配股	股票股利	合計
104	4.00	0.00	0.00	0.00	4.00
103	6.98	0.00	0.00	0.00	6.98
102	7.00	0.00	0.00	0.00	7.00
101	7.00	0.00	0.60	0.60	7.60
100	7.00	0.00	0.00	0.00	7.00
99	6.99	0.00	0.00	0.00	6.99
98	6.40	0.08	0.00	0.08	6.48
97	7.49	0.10	0.00	0.10	7.59
96	7.49	0.10	0.00	0.10	7.59
95	6.48	0.10	0.00	0.10	6.58

表7-19b▶ 訊連年度成交資訊

民國 （年）	張數	金額（仟元）	筆數（仟）	最高價	日期	最低價	日期	收盤均價
104	40,763	3,203,181	33	94.80	04/15	50.80	08/25	79.15
103	73,780	6,827,998	57	102.00	06/06	83.00	10/16	91.56
102	73,459	6,789,817	55	105.00	05/20	80.80	08/28	91.12
101	111,577	10,640,381	80	112.00	10/16	62.00	01/02	91.96
100	150,016	12,562,444	107	112.00	01/05	56.80	10/03	80.72
99	212,306	29,909,714	139	168.50	01/19	107.50	11/16	132.35
98	323,849	43,873,346	200	170.00	05/26	109.50	02/02	130.76
97	92,578	12,643,897	65	162.50	05/07	93.00	11/21	133.54
96	291,583	42,862,070	171	187.50	08/29	106.50	12/18	140.43
95	469,151	54,271,644	246	157.00	12/25	80.50	01/23	110.29

表7-19c　訊連近4季與近5年的EPS

獲利能力（105年第3季）		最新4季每股盈餘		最新5年每股盈餘	
營業毛利率	87.39%	105年第3季	0.33元	104年	5.60元
營業利益率	38.65%	105年第2季	0.65元	103年	7.06元
稅前淨利率	15.10%	105年第1季	0.93元	102年	7.07元
資產報酬率	0.54%	104年第4季	1.59元	101年	6.90元
股東權益報酬率	0.73%	每股淨值	45.25元	100年	6.11元

近4季EPS總合3.5元

表7-19d　訊連收租股買前檢查表

民國（年）	最高價（元）（月/日）	最低價（元）（月/日）	收盤均價（元）	淨值（元）	EPS（元）	本益比（P/E）	ROE（%）	現金息（元）	現金殖利率（%）	現金配息率（%）	負債比（%）	董監事持股（%）	外資持股（%）
100	112.00（01/05）	56.80（10/03）	80.72	51.30	6.11	13.21	11.91	7.00	6.96	73.89	18.22	NA	NA
101	112.00（10/16）	62.00（01/02）	91.96	50.81	6.90	13.33	13.58	7.00	7.61	101.44	16.64	13.62	21.81
102	105.00（05/20）	80.80（08/28）	91.12	48.09	7.07	12.89	14.70	7.00	6.62	89.11	24.23	15.70	15.84
103	102.00（06/06）	83.00（10/16）	91.56	48.30	7.06	12.97	14.62	6.98	6.25	86.96	24.35	15.74	16.04
104	94.80（04/15）	50.80（08/25）	79.15	47.02	5.60	14.13	11.91	4.00	5.84	86.02	25.10	17.39	20.10
平均						13.31	13.34	6.40	7.33	97.06			
是否符合SOP：○X						○	◆		◆	○	○	○	○

②複查買價＝平均P/E×近4季EPS
　　　　＝13.31×3.5元＝46.59元

①基準買價＝6.4元×15＝96元
買入P/E＝基準買價÷近4季EPS
　　　　＝96元÷3.5元＝27.43
※27.43＞15，不宜

註1：近5年配股記錄：101年配股0.6元
註2：105年Q3股價淨值比(P/B)＝1.39
註3：最近4季（104年Q4～105年Q3）
　　　EPS=3.5元
註4：105/10/31股價：62.9元
註5：105/10/31適當買價：46.59元

註6：買前最近4季EPS（自填）：
註7：買前基準買價（自填）：
註8：買前複查買價（自填）：
註9：買前適當買價（自填）：
註10：本次買入價（自填）：
註11：NA表示無公告

⑳ 達興（5234）

成立： 2006/07/12	上市：2012/07/16	產業別：光電
地址：台南市官田區二鎮里工業西路32號	電話：04-24608889	發言人：郭宗鑫（總經理）

主要業務：顯示器產業相關材料98.22%、綠能產業相關材料1.78%（2015年）。友達和長興合資的光電產業用材料廠，有蝕刻液、光學膠、切削液等產品。

105年Q3：資本額：9.34億元，總資產：31.71億元，累計EPS：2.55元，累計ROE：11.85%

表7-20a 達興股利政策

民國（年）	現金股利	盈餘配股	公積配股	股票股利	合計
104	2.00	0.00	0.00	0.00	2.00
103	2.20	0.00	0.00	0.00	2.20
102	3.00	0.50	0.00	0.50	3.50
101	3.00	0.00	0.00	0.00	3.00
100	2.00	0.00	0.00	0.00	2.00

表7-20b 達興年度成交資訊

民國（年）	張數	金額（仟元）	筆數（仟）	最高價	日期	最低價	日期	收盤均價
104	26,687,689	1,073,575	18	48.70	03/19	27.50	08/25	37.63
103	86,814,446	5,110,799	54	72.80	01/10	35.20	10/28	52.08
102	208,187,480	12,908,658	128	75.80	04/11	48.10	08/08	61.13
101	98,555,243	4,511,343	55	57.50	09/12	31.55	07/17	47.12

表7-20c 達興近4季與近5年的EPS

獲利能力（105年第3季）		最新4季每股盈餘		最新5年每股盈餘	
營業毛利率	27.17%	105年第3季	1.14元	104年	2.86元
營業利益率	12.74%	105年第2季	0.82元	103年	3.25元
稅前淨利率	12.53%	105年第1季	0.59元	102年	4.62元
資產報酬率	3.38%	104年第4季	0.61元	101年	4.05元
股東權益報酬率	5.45%	每股淨值	21.51元	100年	2.75元

近4季EPS總合3.16元

表7-20d 達興收租股買前檢查表

民國（年）	最高價（元）（月/日）	最低價（元）（月/日）	收盤均價（元）	淨值（元）	EPS（元）	本益比（P/E）	ROE（%）	現金息（元）	現金殖利率（%）	現金配息率（%）	負債比（%）	董監事持股（%）	外資持股（%）
100	76.50 27.60		53.74	16.00	2.75	19.54	17.19	2.00	3.72	72.73	45.35	NA	NA
101	57.50（09/12）	31.55（07/17）	47.12	19.38	4.05	11.63	20.90	3.00	6.37	74.07	40.53	53.30	0.67
102	75.80（04/11）	48.10（08/08）	61.13	20.91	4.62	13.23	22.09	3.00	4.91	64.93	38.08	45.25	2.26
103	72.80（01/10）	35.20（10/28）	52.08	20.30	3.25	16.02	16.01	2.20	4.22	67.69	41.61	45.19	1.77
104	48.70（03/19）	27.50（08/25）	37.63	20.96	2.86	13.16	13.65	2.00	5.31	69.93	39.21	47.37	0.92
平均						14.72	17.97	2.44	4.91	69.87			
是否符合SOP：○X						○	○			X	◆	○	○

②複查買價＝平均P/E×近4季EPS
＝14.72×3.16元＝46.52元

①基準買價＝2.44元×15＝36.6元
買入P/E＝基準買價÷近4季EPS
＝36.6元÷3.16元＝11.58
※11.58＜15，OK

註1：近5年配股記錄：102年配股0.5元
註2：105年Q3股價淨值比(P/B)=1.65
註3：最近4季（104年Q4～105年Q3）
　　　EPS=3.16元
註4：105/10/31股價：35.4元
註5：105/10/31適當買價：36.6元

註6：買前最近4季EPS（自填）：
註7：買前基準買價（自填）：
註8：買前複查買價（自填）：
註9：買前適當買價（自填）：
註10：本次買入價（自填）：
註11：NA表示無公告

㉑ 松翰（5471）

成立：1996/07/13	上市：2003/08/25	產業別：半導體
地址：新竹縣竹北市台元街36號10F-1	電話：03-5600888	發言人：潘銘鍠（業務處副總）

主要業務：消費性IC 64.56%、多媒體IC 34.98%、其他0.47%（2015年）。專攻IC設計、電玩語音控制等，主力產品為MCU、影像IC、消費性IC及OID等。

105年Q3：資本額：16.79億元，總資產：35.57億元，累計EPS：1.27元，累計ROE：7.25%

表7-21a 松翰股利政策

民國（年）	現金股利	盈餘配股	公積配股	股票股利	合計
104	2.20	0.00	0.00	0.00	2.20
103	3.20	0.00	0.00	0.00	3.20
102	3.20	0.00	0.00	0.00	3.20
101	3.00	0.00	0.00	0.00	3.00
100	3.20	0.00	0.00	0.00	3.20
99	4.20	0.00	0.00	0.00	4.20
98	4.00	0.00	0.00	0.00	4.00
97	2.99	0.00	0.00	0.00	2.99
96	3.78	0.30	0.00	0.30	4.08
95	3.70	0.30	0.00	0.30	4.00

表7-21b 松翰年度成交資訊

民國（年）	張數	金額（仟元）	筆數（仟）	最高價	日期	最低價	日期	收盤均價
104	78,703	3,311,165	55	50.20	03/20	29.90	08/25	41.08
103	235,759	12,643,713	140	66.20	06/10	41.00	10/16	51.37
102	107,467	4,481,466	68	44.85	05/23	37.70	08/12	41.04
101	231,046	10,680,524	130	54.80	05/03	35.10	10/29	43.58
100	250,206	13,404,648	142	69.20	06/01	34.90	08/09	51.60
99	416,035	30,369,576	217	88.50	01/04	61.30	08/31	71.00
98	1,159,999	72,961,027	528	88.70	12/31	33.60	01/09	60.62
97	768,250	51,745,712	387	95.10	05/06	25.20	12/05	63.13
96	1,266,391	116,927,698	568	138.00	07/26	61.40	12/18	87.67
95	1,016,404	61,311,154	421	89.40	12/26	37.00	02/24	57.13

表7-21c 松翰近4季與近5年的EPS

獲利能力（105年第3季）		最新4季每股盈餘		最新5年每股盈餘	
營業毛利率	40.31%	105年第3季	0.43元	104年	2.32元
營業利益率	9.07%	105年第2季	0.68元	103年	3.12元
稅前淨利率	11.34%	105年第1季	0.16元	102年	3.07元
資產報酬率	1.93%	104年第4季	0.43元	101年	3.20元
股東權益報酬率	2.46%	每股淨值	17.51元	100年	3.32元

近4季EPS總合1.7元

表7-21d 松翰收租股買前檢查表

民國（年）	最高價（元）（月/日）	最低價（元）（月/日）	收盤均價（元）	淨值（元）	EPS（元）	本益比（P/E）	ROE（%）	現金息（元）	現金殖利率（%）	現金配息率（%）	負債比（%）	董監事持股（%）	外資持股（%）
100	69.20（06/01）	34.90（08/09）	51.60	19.47	3.32	15.54	17.05	3.20	6.20	96.39	13.01	9.39	6.09
101	54.80（05/03）	35.10（10/29）	43.58	19.45	3.20	13.62	16.45	3.00	6.88	93.75	15.41	9.39	8.94
102	44.85（05/23）	37.70（08/12）	41.04	19.48	3.07	13.37	15.76	3.20	7.80	104.23	16.36	9.38	10.02
103	66.20（06/10）	41.00（10/16）	51.37	19.51	3.12	16.46	15.99	3.20	6.23	102.56	16.39	10.89	13.64
104	50.20（03/20）	29.90（08/25）	41.08	18.54	2.32	17.71	12.51	2.20	5.36	94.83	16.49	10.84	15.06
平均						15.34	15.55	2.96	6.49	98.35			
		是否符合SOP：○X				◆	○		◆	○	○	▲	▲

②複查買價＝平均P/E×近4季EPS
　　　　　　＝15×1.7元＝25.5元
※平均P/E≧15，取15計算

①基準買價＝2.96元×15＝44.4元
買入P/E＝基準買價÷近4季EPS
　　　　＝44.4元÷1.7元＝26.12
※26.12＞15，不宜

註1：近5年配股記錄：無
註2：105年Q3股價淨值比(P/B)=1.84
註3：最近4季（104年Q4～105年Q3）
　　　EPS=1.7元
註4：105/10/31股價：32.3元
註5：105/10/31適當買價：25.5元

註6：買前最近4季EPS（自填）：
註7：買前基準買價（自填）：
註8：買前複查買價（自填）：
註9：買前適當買價（自填）：
註10：本次買入價（自填）：

㉒ 鳳凰（5706）

成立：1957/04/30	上市：2011/10/21	產業別：觀光
地址：台北市中山區長安東路 　　　一段25號4F	電話：02-25370000	發言人：卞傑民 　　　　（總經理）

主要業務：歐洲線39.24%、東北亞線10.46%、大陸線10.2%、郵輪線6.56%等
（2015年）。承辦國內外旅遊，以及代理國外郵輪旅遊業務。

105年Q3：資本額：6.4億元，總資產：15.8億元，累計EPS：2.26元，
　　　　　累計ROE：13.93%

表7-22a ▶ 鳳凰股利政策

民國（年）	現金股利	盈餘配股	公積配股	股票股利	合計
104	2.82	0.00	0.00	0.00	2.82
103	1.50	0.50	0.00	0.50	2.00
102	3.00	0.00	0.00	0.00	3.00
101	3.00	0.00	0.00	0.00	3.00
100	3.00	0.00	0.00	0.00	3.00
99	0.50	4.50	1.00	5.50	6.00
98	2.28	0.00	0.00	0.00	2.28
97	1.15	0.00	0.50	0.50	1.65
96	1.50	0.25	0.25	0.50	2.00
95	0.86	1.00	0.00	1.00	1.86

表7-22b ▶ 鳳凰年度成交資訊

民國 （年）	張數	金額（仟元）	筆數（仟）	最高價	日期	最低價	日期	收盤均價
104	55,567	2,507,572	39	51.90	05/20	33.10	08/27	42.68
103	40,335	2,042,335	28	57.70	01/02	40.05	10/27	49.10
102	81,463	4,884,624	56	68.00	08/06	51.50	11/14	59.26
101	125,164	8,037,269	83	76.70	03/03	51.00	07/25	61.51
100	37,023	2,449,185	24	73.00	11/14	56.50	12/19	63.79

表7-22c ▶ 鳳凰近4季與近5年的EPS

獲利能力（105年第3季）		最新4季每股盈餘		最新5年每股盈餘	
營業毛利率	13.27%	105年第3季	1.15元	104年	3.20元
營業利益率	6.93%	105年第2季	0.52元	103年	2.07元
稅前淨利率	8.56%	105年第1季	0.59元	102年	3.03元
資產報酬率	4.01%	104年第4季	0.15元	101年	3.76元
股東權益報酬率	6.95%	每股淨值	16.22元	100年	2.99元

> 近4季EPS總合2.41元

表7-22d ▶ 鳳凰收租股買前檢查表

民國（年）	最高價（元）（月/日）	最低價（元）（月/日）	收盤均價（元）	淨值（元）	EPS（元）	本益比（P/E）	ROE（%）	現金息（元）	現金殖利率（%）	現金配息率（%）	負債比（%）	董監事持股（%）	外資持股（%）
100	73.00（11/14）	56.50（12/19）	63.79	19.23	2.99	21.33	15.55	3.00	4.70	100.33	30.41	25.37	0.23
101	76.70（03/03）	51.00（07/25）	61.51	19.93	3.83	16.06	19.22	3.00	4.88	78.33	29.33	26.01	1.08
102	68.00（08/06）	51.50（11/14）	59.26	19.69	3.03	19.56	15.39	3.00	5.06	99.01	29.03	21.52	7.07
103	57.70（01/02）	40.05（10/27）	49.10	18.68	2.07	23.72	11.08	1.50	3.05	72.46	30.28	21.17	1.73
104	51.90（05/20）	33.10（08/27）	42.68	18.34	3.20	13.34	17.45	2.82	6.61	88.13	30.27	20.41	1.42
平均						18.80	15.74	2.66	4.86	87.65			
是否符合SOP：○X						X	○		X	○	○	♦	

②複查買價=平均P/E×近4季EPS
=15×2.41元=36.15元
※平均P/E≧15，取15計算

①基準買價=2.66元×15=39.9元
買入P/E=基準買價÷近4季EPS
=39.9元÷2.41元=16.56
※16.56＞15，不宜

註1：近5年配股記錄：103年配股 0.5 元
註2：105 年 Q3 股價淨值比 (P/B)=2.18
註3：最近4季（104 年 Q4～105 年 Q3）
　　　EPS=2.41 元
註4：105/10/31 股價：35.35 元
註5：105/10/31 適當買價：36.15 元

註6：買前最近 4 季 EPS（自填）：
註7：買前基準買價（自填）：
註8：買前複查買價（自填）：
註9：買前適當買價（自填）：
註10：本次買入價（自填）：

㉓ 鎰勝（6115）

成立：1986/11/25	上市：2004/07/19	產業別：電子零組件
地址：桃園市龜山區大崗村頂 湖路50、52號	電話：03-3282391	發言人：高事榮 （經理）

主要業務：電源線連接器97.04%、塑膠加工材料2.96%（2015年）。
生產電源線、網路線及VR線等，應用於顯示器、遊戲機及PC等產品。

105年Q3：資本額：17.97億元，總資產：81.81億元，累計EPS：2.83元，
累計ROE：10.22%

表7-23a ▶ 鎰勝股利政策

民國（年）	現金股利	盈餘配股	公積配股	股票股利	合計
104	3.49	0.00	0.00	0.00	3.49
103	3.49	0.00	0.00	0.00	3.49
102	3.44	0.00	0.00	0.00	3.44
101	3.14	0.00	0.00	0.00	3.14
100	3.50	0.00	0.00	0.00	3.50
99	3.50	0.00	0.00	0.00	3.50
98	4.50	0.00	0.00	0.00	4.50
97	2.46	0.49	0.00	0.49	2.95
96	3.00	1.00	0.00	1.00	4.00
95	2.47	0.99	0.00	0.99	3.46

表7-23b ▶ 鎰勝年度成交資訊

民國（年）	張數	金額（仟元）	筆數（仟）	最高價	日期	最低價	日期	收盤均價
104	29,842	1,153,117	18	46.50	03/26	26.00	08/25	38.06
103	48,395	2,168,052	29	48.50	03/31	40.60	10/20	43.65
102	39,024	1,688,559	21	46.30	07/17	40.00	11/14	42.97
101	46,920	2,043,182	23	49.80	03/23	35.10	01/16	41.71
100	41,647	1,692,136	25	49.90	01/05	28.75	08/09	39.94
99	176,241	10,172,911	97	64.50	01/20	46.00	09/01	54.87
98	465,644	26,142,777	206	68.50	09/04	21.40	01/20	44.96
97	59,354	2,177,894	27	47.00	05/20	20.50	11/21	35.95
96	267,763	14,690,809	117	66.50	07/26	40.80	12/24	52.10
95	348,986	13,738,443	133	52.50	11/24	28.10	01/24	36.82
94	251,068	8,146,462	97	38.40	03/08	22.90	01/25	29.73
93	32,404	837,867	11	33.00	07/19	22.10	11/02	24.61

表7-23c ▶ 鎰勝近4季與近5年的EPS

獲利能力（105年第3季）		最新4季每股盈餘		最新5年每股盈餘	
營業毛利率	28.88%	105年第3季	1.11元	104年	3.39元
營業利益率	19.23%	105年第2季	1.25元	103年	3.50元
稅前淨利率	16.25%	105年第1季	0.48元	102年	3.84元
資產報酬率	2.46%	104年第4季	0.83元	101年	4.12元
股東權益報酬率	4.04%	每股淨值	27.70元	100年	4.50元

近4季EPS總合3.67元

表7-23d ▶ 鎰勝收租股買前檢查表

民國（年）	最高價（元）〔月/日〕	最低價（元）〔月/日〕	收盤均價（元）	淨值（元）	EPS（元）	本益比（P/E）	ROE（%）	現金息（元）	現金殖利率（%）	現金配息率（%）	負債比（%）	董監事持股（%）	外資持股（%）
100	49.90〔01/05〕	28.75〔08/09〕	39.94	27.11	4.50	8.88	16.60	3.50	8.76	77.78	43.94	12.74	13.29
101	49.80〔03/23〕	35.10〔01/16〕	41.71	26.98	4.12	10.12	15.27	3.14	7.53	76.21	40.21	12.38	15.06
102	46.30〔07/17〕	40.00〔11/14〕	42.97	29.06	3.84	11.19	13.21	3.44	8.01	89.58	37.86	13.29	14.94
103	48.50〔03/31〕	40.60〔10/20〕	43.65	29.83	3.50	12.47	11.73	3.49	8.00	99.71	35.00	12.78	16.12
104	46.50〔03/26〕	26.00〔08/25〕	38.06	29.22	3.39	11.23	11.60	3.49	9.17	102.95	35.68	12.31	15.88
平均						10.78	13.68	3.41	8.29	89.25			
	是否符合SOP：○Ｘ					○	◆		○	○	○	▲	▲

②複查買價＝平均P/E×近4季EPS
　　　　　＝10.78×3.67=39.56元

①基準買價＝3.41元×15=51.15元
　買入P/E=基準買價÷近4季EPS
　　　　　=51.15元÷3.67元=13.94
※13.94＜15，OK

註1：近5年配股記錄：無
註2：105年Q3股價淨值比(P/B)=1.59
註3：最近4季（104年Q4～105年Q3）
　　　EPS=3.67元
註4：105/10/31股價：44.05元
註5：105/10/31適當買價：39.56元

註6：買前最近4季EPS（自填）：
註7：買前基準買價（自填）：
註8：買前複查買價（自填）：
註9：買前適當買價（自填）：
註10：本次買入價（自填）：

㉔ 上福（6128）

成立：1978/07/12	上市：2003/06/16	產業別：電腦及周邊設備
地址：台中市梧棲區自強路50號	電話：04-26393103	發言人：黃懷德（執行副總）
主要業務：影印機卡匣57.93%、印表機卡匣27.57%、有機感光鼓5.57%（2015年）。製造及銷售事務機等耗材，並全資投入台中港酒店營運。		
105年Q3：資本額：9.11億元，總資產：35.01億元，累計EPS：3.13元，累計ROE：16.26%		

表7-24a 上福股利政策

民國（年）	現金股利	盈餘配股	公積配股	股票股利	合計
104	3.00	0.00	0.00	0.00	3.00
103	2.80	0.00	0.00	0.00	2.80
102	2.25	0.00	0.00	0.00	2.25
101	1.70	0.00	0.00	0.00	1.70
100	2.50	0.00	0.00	0.00	2.50
99	2.75	0.35	0.00	0.35	3.10
98	3.20	0.40	0.00	0.40	3.60
97	1.70	0.20	0.00	0.20	1.90
96	1.25	0.20	0.00	0.20	1.45
95	2.30	0.31	0.00	0.31	2.61

表7-24b 上福年度成交資訊

民國（年）	張數	金額（仟元）	筆數（仟）	最高價	日期	最低價	日期	收盤均價
104	14,075	484,728	9	38.35	06/01	29.45	08/25	34.26
103	32,153	1,126,393	18	40.70	06/27	31.20	01/03	34.68
102	53,269	1,632,147	31	36.95	06/21	25.00	01/17	29.81
101	23,229	669,587	12	33.05	03/12	23.60	08/03	26.83
100	26,331	872,449	13	38.40	03/04	23.30	08/09	31.13
99	83,486	3,687,529	42	56.00	01/04	32.05	11/16	42.23
98	161,376	6,706,447	68	56.80	12/31	12.65	01/07	32.14
97	36,890	691,079	15	23.25	04/10	10.35	11/21	16.89
96	156,235	5,077,722	62	37.80	07/19	18.60	12/18	29.74
95	166,104	4,980,366	62	38.50	05/22	14.80	01/03	26.91

表7-24c 上福近4季與近5年的EPS

獲利能力（105年第3季）		最新4季每股盈餘		最新5年每股盈餘	
營業毛利率	49.09%	105年第3季	0.89元	104年	3.70元
營業利益率	24.71%	105年第2季	1.18元	103年	3.08元
稅前淨利率	20.88%	105年第1季	1.04元	102年	2.41元
資產報酬率	2.34%	104年第4季	1.26元	101年	2.13元
股東權益報酬率	4.63%	每股淨值	19.25元	100年	2.71元

近4季EPS總合4.37元

表7-24d 上福收租股買前檢查表

民國（年）	最高價（元）（月/日）	最低價（元）（月/日）	收盤均價（元）	淨值（元）	EPS（元）	本益比（P/E）	ROE（%）	現金息（元）	現金殖利率（%）	現金配息率（%）	負債比（%）	董監事持股（%）	外資持股（%）
100	38.40（03/04）	23.30（08/09）	31.13	18.02	2.71	11.49	15.04	2.50	8.03	92.25	21.85	31.06	0.57
101	33.05（03/12）	23.60（08/03）	26.83	17.46	2.13	12.60	12.20	1.70	6.34	79.81	26.55	30.78	0.95
102	36.95（06/21）	25.00（01/17）	29.81	18.16	2.41	12.37	13.27	2.25	7.55	93.36	37.87	33.95	1.37
103	40.70（06/27）	31.20（01/03）	34.68	19.38	3.08	11.26	15.89	2.80	8.07	90.91	52.07	34.43	1.39
104	38.35（06/01）	29.45（08/25）	34.26	20.41	3.70	9.26	18.13	3.00	8.76	81.08	48.97	34.93	1.19
平均						11.39	14.91	2.45	7.75	87.48			
是否符合SOP：○X						○	◆				○	○	○	○

②複查買價＝平均P/E×近4季EPS
＝11.39×4.37元＝49.77元

①基準買價＝2.45元×15＝36.75元
買入P/E＝基準買價÷近4季EPS
＝36.75元÷4.37元＝8.41
※8.41＜15，OK

註1：近5年配股記錄：無
註2：105年Q3股價淨值比(P/B)=2.33
註3：最近4季（104年Q4～105年Q3）
　　　EPS=4.37元
註4：105/10/31股價：42.8元
註5：105/10/31適當買價：36.75元

註6：買前最近4季EPS（自填）：
註7：買前基準買價（自填）：
註8：買前複查買價（自填）：
註9：買前適當買價（自填）：
註10：本次買入價（自填）：

㉕ 豐藝（6189）

成立：1986/05/26	上市：2004/05/24	產業別：電子通路
地址：台北市內湖區環山路一段32號4F	電話：02-26590303	發言人：杜懷琪（營運長）

主要業務：液晶顯示器模組44.9%、線性IC 34.92%、特定應用晶片10.22%等（2015年）。代理及銷售IC零組件，從事面板模組研發，子公司勁豐穩定成長，獲利可期。

105年Q3：資本額：17.9億元，總資產：80.4億元，累計EPS：1.67元，累計ROE：9.46%

表7-25a 豐藝股利政策

民國（年）	現金股利	盈餘配股	公積配股	股票股利	合計
104	3.00	0.00	0.00	0.00	3.00
103	3.20	0.00	0.00	0.00	3.20
102	3.00	0.00	0.00	0.00	3.00
101	2.20	0.00	0.00	0.00	2.20
100	2.20	0.00	0.00	0.00	2.20
99	2.00	0.00	0.00	0.00	2.00
98	2.00	0.00	0.00	0.00	2.00
97	1.60	0.00	0.00	0.00	1.60
96	2.50	0.40	0.10	0.50	3.00
95	1.40	0.96	0.91	1.87	3.27

表7-25b 豐藝年度成交資訊

民國（年）	張數	金額（仟元）	筆數（仟）	最高價	日期	最低價	日期	收盤均價
104	61,961	2,085,739	39	39.60	03/25	23.45	08/24	33.04
103	104,796	3,766,250	58	41.00	06/17	32.00	02/10	35.86
102	102,637	2,915,357	47	33.10	12/27	24.00	01/07	28.29
101	104,525	2,437,247	41	25.40	03/27	18.00	01/09	23.19
100	50,584	1,052,412	22	23.90	02/08	16.00	08/09	20.33
99	147,090	3,659,483	55	27.95	04/27	21.50	02/06	24.47
98	177,237	3,345,359	66	25.25	12/30	9.50	01/21	17.20
97	107,159	2,642,731	43	33.50	04/23	8.50	11/21	22.34
96	506,863	19,982,280	174	48.50	07/12	28.60	12/18	37.29
95	118,619	4,251,715	49	43.40	01/11	25.50	09/15	33.68

表7-25c ▶ 豐藝近4季與近5年的EPS

獲利能力（105年第3季）		最新4季每股盈餘		最新5年每股盈餘	
營業毛利率	7.53%	105年第3季	0.50元	104年	3.22元
營業利益率	3.32%	105年第2季	0.52元	103年	3.48元
稅前淨利率	2.38%	105年第1季	0.65元	102年	3.23元
資產報酬率	1.26%	104年第4季	0.73元	101年	2.57元
股東權益報酬率	2.87%	每股淨值	18.12元	100年	2.54元

近4季EPS總合2.4元

表7-25d ▶ 豐藝收租股買前檢查表

民國（年）	最高價（元）（月/日）	最低價（元）（月/日）	收盤均價（元）	淨值（元）	EPS（元）	本益比（P/E）	ROE（%）	現金息（元）	現金殖利率（%）	現金配息率（%）	負債比（%）	董監事持股（%）	外資持股（%）
100	23.90（02/08）	16.00（08/09）	20.33	17.54	2.54	8.00	14.48	2.20	10.82	86.61	53.33	9.89	9.24
101	25.40（03/27）	18.00（01/09）	23.19	17.82	2.57	9.02	14.42	2.20	9.49	85.60	52.63	10.78	10.96
102	33.10（12/27）	24.00（01/07）	28.29	18.77	3.23	8.76	17.21	3.00	10.60	92.88	55.73	11.50	12.16
103	41.00（06/17）	32.00（02/10）	35.86	19.28	3.48	10.30	18.05	3.20	8.92	91.95	57.23	11.89	11.57
104	39.60（03/25）	23.45（08/24）	33.04	19.24	3.22	10.26	16.74	3.00	9.08	93.17	53.42	11.97	11.70
平均						9.27	16.18	2.72	9.78	90.04			
是否符合SOP：○X						○	○		○	○	○	X	X

②複查買價＝平均P/E×近4季EPS
＝9.27×2.4元＝22.25元

①基準買價＝2.72元×15＝40.8元
買入P/E＝基準買價÷近4季EPS
＝40.8元÷2.4元＝17
※17＞15，不宜

註1：近5年配股記錄：無
註2：105年Q3股價淨值比（P/B）=1.76
註3：最近4季（104年Q4～105年Q3）
　　　EPS=2.4元
註4：105/10/31股價：31.9元
註5：105/10/31適當買價：22.25元

註6：買前最近4季EPS（自填）：
註7：買前基準買價（自填）：
註8：買前複查買價（自填）：
註9：買前適當買價（自填）：
註10：本次買入價（自填）：

㉖ 盛群（6202）

成立：1998/10/01	上市：2004/09/27	產業別：半導體
地址：新竹市科學園區研新二路3號	電話：03-5631999	發言人：李佩縈 （資管中心副總）
主要業務：微控制器IC 70.35%、電腦周邊IC 28.83%、設計收入0.82%（2015年）。IC設計研發製造廠，成品有煙霧感測器及體脂計等，應用在居家安全及工業控制上。		
105年Q3：資本額：22.62億元，總資產：47.46億元，累計EPS：2.55元，累計ROE：15.34%		

表7-26a ▶ 盛群股利政策

民國（年）	現金股利	盈餘配股	公積配股	股票股利	合計
104	3.57	0.00	0.00	0.00	3.57
103	3.50	0.00	0.00	0.00	3.50
102	3.30	0.00	0.00	0.00	3.30
101	2.50	0.00	0.00	0.00	2.50
100	2.30	0.00	0.00	0.00	2.30
99	3.16	0.00	0.00	0.00	3.16
98	2.50	0.00	0.00	0.00	2.50
97	2.41	0.04	0.00	0.04	2.45
96	3.00	0.04	0.00	0.04	3.04
95	3.69	0.10	0.00	0.10	3.79

表7-26b ▶ 盛群年度成交資訊

民國（年）	張數	金額（仟元）	筆數（仟）	最高價	日期	最低價	日期	收盤均價
104	218,425	11,821,175	145	61.90	01/27	35.50	08/24	51.42
103	613,300	36,312,307	353	71.60	02/21	44.70	10/16	57.15
102	195,867	8,029,380	114	49.90	12/27	29.60	01/02	37.61
101	135,103	4,382,423	69	37.05	03/26	26.10	01/02	31.52
100	152,345	5,783,267	82	45.95	05/19	25.00	12/20	36.61
99	603,650	27,995,037	278	53.10	04/26	36.90	02/06	45.09
98	913,519	33,012,704	389	46.80	12/31	20.50	01/21	34.47
97	510,252	20,022,422	244	57.50	05/07	18.80	11/18	37.07
96	856,014	61,185,631	357	115.00	07/27	39.50	12/18	65.02
95	203,206	11,958,508	93	69.60	10/27	45.70	01/02	58.76

表7-26c 盛群近4季與近5年的EPS

獲利能力（105年第3季）		最新4季每股盈餘		最新5年每股盈餘	
營業毛利率	48.00%	105年第3季	0.92元	104年	3.57元
營業利益率	20.56%	105年第2季	0.89元	103年	3.50元
稅前淨利率	22.45%	105年第1季	0.74元	102年	3.32元
資產報酬率	4.10%	104年第4季	0.91元	101年	2.51元
股東權益報酬率	5.67%	每股淨值	16.62元	100年	2.36元

近4季EPS總合3.46元

表7-26d 盛群收租股買前檢查表

民國（年）	最高價（元）（月/日）	最低價（元）（月/日）	收盤均價（元）	淨值（元）	EPS（元）	本益比（P/E）	ROE（%）	現金息（元）	現金殖利率（%）	現金配息率（%）	負債比（%）	董監事持股（%）	外資持股（%）
100	45.95（05/19）	25.00（12/20）	36.61	16.22	2.36	15.51	14.55	2.30	6.28	97.46	18.39	28.46	8.51
101	37.05（03/26）	26.10（01/02）	31.52	16.36	2.51	12.56	15.34	2.50	7.93	99.60	19.40	26.36	10.39
102	49.90（12/27）	29.60（01/02）	37.61	17.52	3.32	11.33	18.95	3.30	8.77	99.40	19.38	25.92	8.21
103	71.60（02/21）	44.70（10/16）	57.15	17.86	3.50	16.33	19.60	3.50	6.12	100.00	19.80	24.17	17.67
104	61.90（01/27）	35.50（08/24）	51.42	17.81	3.57	14.40	20.04	3.57	6.94	100.00	20.10	24.13	16.99
平均						14.03	17.70	3.03	7.21	99.29			
是否符合SOP：○X				○		○		○	○	○	○	○	○

②複查買價＝平均P/E×近4季EPS
＝14.03×3.46元＝48.54元

①基準買價＝3.03元×15＝45.45元
買入P/E＝基準買價÷近4季EPS
＝45.45元÷3.46元＝13.14
※13.14＜15，OK

註1：近5年配股記錄：無
註2：105年Q3股價淨值比(P/B)=3
註3：最近4季（104年Q4～105年Q3）
　　　EPS=3.46元
註4：105/10/31股價：49.9元
註5：105/10/31適當買價：45.45元

註6：買前最近4季EPS（自填）：
註7：買前基準買價（自填）：
註8：買前複查買價（自填）：
註9：買前適當買價（自填）：
註10：本次買入價（自填）：

㉗ 居易（6216）

成立：1997/10/14	上市：2004/09/27	產業別：通信網路
地址：新竹縣沛口鄉新竹工業區復興路26號	電話：03-5972727	發言人：鄭明德（執行副總）

主要業務：寬頻路由器80.6%、無線基地台10.79%、其他8.61%（2015年）。網路相關產品製造商，自有品牌（Dray Tek）路由器是主力產品，銷售至全球各地。

105年Q3：資本額：7.99億元，總資產：16.15億元，累計EPS：2.37元，累計ROE：14.03%

表7-27a 居易股利政策

民國（年）	現金股利	盈餘配股	公積配股	股票股利	合計
104	2.62	0.00	0.00	0.00	2.62
103	2.12	0.00	0.00	0.00	2.12
102	1.62	0.00	0.00	0.00	1.62
101	1.36	0.00	0.00	0.00	1.36
100	2.24	0.00	0.00	0.00	2.24
99	1.18	0.00	0.00	0.00	1.18
98	1.55	0.00	0.00	0.00	1.55
97	1.60	0.00	0.00	0.00	1.60
96	3.35	0.00	0.00	0.00	3.35
95	0.99	0.43	0.06	0.49	1.48

表7-27b 居易年度成交資訊

民國（年）	張數	金額（仟元）	筆數（仟）	最高價	日期	最低價	日期	收盤均價
104	88,275	2,528,189	48	33.60	05/05	23.25	08/24	27.35
103	142,991	4,077,467	71	33.65	04/08	23.60	01/06	28.17
102	73,668	1,580,726	35	25.50	12/25	17.20	01/17	19.77
101	93,239	2,037,436	43	26.35	04/02	15.00	01/13	19.43
100	19,742	369,558	11	22.50	01/06	13.80	08/09	18.31
99	88,673	2,253,661	39	29.60	01/14	21.05	11/24	23.73
98	163,436	3,513,287	67	28.10	12/24	11.85	02/02	19.13
97	80,138	1,993,662	39	32.90	05/19	9.70	11/21	21.52
96	389,276	14,868,525	156	53.70	07/27	22.50	12/21	35.17
95	127,968	3,286,394	54	33.70	01/09	16.20	09/15	23.55

表7-27c 居易近4季與近5年的EPS

獲利能力（105年第3季）		最新4季每股盈餘		最新5年每股盈餘	
營業毛利率	48.05%	105年第3季	0.72元	104年	2.99元
營業利益率	23.44%	105年第2季	0.97元	103年	2.43元
稅前淨利率	26.48%	105年第1季	0.68元	102年	2.00元
資產報酬率	0.00%	104年第4季	0.57元	101年	1.51元
股東權益報酬率	4.27%	每股淨值	16.89元	100年	1.73元

近4季EPS總合2.94元

表7-27d 居易收租股買前檢查表

民國（年）	最高價（元）（月/日）	最低價（元）（月/日）	收盤均價（元）	淨值（元）	EPS（元）	本益比（P/E）	ROE（%）	現金息（元）	現金殖利率（%）	現金配息率（%）	負債比（%）	董監事持股（%）	外資持股（%）
100	22.50（01/06）	13.80（08/09）	18.31	15.27	1.73	10.58	11.33	2.24	12.23	129.48	13.12	21.89	0.10
101	26.35（04/02）	15.00（01/13）	19.43	14.58	1.51	12.87	10.36	1.36	7.00	90.07	12.69	21.88	0.15
102	25.50（12/25）	17.20（01/17）	19.77	15.45	2.00	9.89	12.95	1.62	8.19	81.00	14.43	22.11	0.06
103	33.65（04/08）	23.60（01/06）	28.17	16.51	2.43	11.59	14.72	2.12	7.53	87.24	15.42	21.61	3.56
104	33.60（05/05）	23.25（08/24）	27.35	17.45	2.99	9.15	17.13	2.62	9.58	87.63	16.39	21.19	3.46
平均						10.82	13.30	1.99	8.91	95.08			
是否符合SOP：○X						○	◆		○	○	○		◆

②複查買價＝平均P/E×近4季EPS
　　　　　＝10.82×2.94元＝30.22元

①基準買價＝1.99元×15＝29.85元
買入P/E＝基準買價÷近4季EPS
　　　　＝29.85元÷2.94元＝10.15
※10.15＜15，OK

註1：近5年配股記錄：無
註2：105年Q3股價淨值比(P/B)=1.76
註3：最近4季（104年Q4～105年Q3）
　　　EPS=2.94元
註4：105/10/31股價：29.65元
註5：105/10/31適當買價：29.85元

註6：買前最近4季EPS（自填）：
註7：買前基準買價（自填）：
註8：買前複查買價（自填）：
註9：買前適當買價（自填）：
註10：本次買入價（自填）：

㉘ 聚鼎（6224）

成立：1997/12/18	上市：2009/09/17	產業別：電子零組件
地址：新竹科學園區工業東四路24-1號	電話：03-5643931	發言人：侯全興（副總）

主要業務：應用於通訊市場的PPTC 47.84%、應用於PC市場的PPTC 36.91%等（2015年）。主力產品為可變式熱敏電阻，主要應用於手機、行動裝置等產品。

105年Q3：資本額：8億元，總資產：24.75億元，累計EPS：3.92元，累計ROE：15.71%

表7-28a 聚鼎股利政策

民國（年）	現金股利	盈餘配股	公積配股	股票股利	合計
104	4.30	0.00	0.00	0.00	4.30
103	4.20	0.00	0.00	0.00	4.20
102	4.10	0.00	0.00	0.00	4.10
101	4.10	0.00	0.00	0.00	4.10
100	3.91	0.00	0.00	0.00	3.91
99	3.48	0.00	0.00	0.00	3.48
98	2.49	0.00	0.00	0.00	2.49
97	2.05	0.00	0.00	0.00	2.05
96	2.16	0.25	0.00	0.25	2.41
95	1.68	0.50	0.00	0.50	2.18

表7-28b 聚鼎年度成交資訊

民國（年）	張數	金額（仟元）	筆數（仟）	最高價	日期	最低價	日期	收盤均價
104	44,957	3,142,600	31	81.40	06/03	58.00	08/24	67.62
103	92,269	6,946,796	54	88.00	06/10	61.80	10/16	72.17
102	61,045	3,578,152	39	65.50	12/16	52.30	01/02	57.40
101	116,102	6,547,228	66	64.40	05/04	43.90	01/09	54.50
100	152,456	9,623,792	85	74.90	04/13	40.80	12/13	57.62
99	239,395	15,861,913	127	78.20	05/17	49.65	02/06	64.19
98	105,059	5,462,703	51	65.50	12/31	42.60	11/02	50.22

表7-28c ► 聚鼎近4季與近5年的EPS

獲利能力（105年第3季）		最新4季每股盈餘		最新5年每股盈餘	
營業毛利率	51.44%	105年第3季	1.36元	104年	5.83元
營業利益率	29.02%	105年第2季	1.52元	103年	5.01元
稅前淨利率	28.41%	105年第1季	1.04元	102年	4.72元
資產報酬率	4.07%	104年第4季	1.32元	101年	4.94元
股東權益報酬率	5.36%	每股淨值	24.96元	100年	4.74元

近4季EPS總合5.24元

表7-28d ► 聚鼎收租股買前檢查表

民國（年）	最高價（元）（月/日）	最低價（元）（月/日）	收盤均價（元）	淨值（元）	EPS（元）	本益比（P/E）	ROE（%）	現金息（元）	現金殖利率（%）	現金配息率（%）	負債比（%）	董監事持股（%）	外資持股（%）
100	74.90（04/13）	40.80（12/13）	57.62	21.00	4.74	12.16	22.57	3.91	6.79	82.49	21.47	22.40	7.97
101	64.40（05/04）	43.90（01/09）	54.50	22.53	4.94	11.03	21.93	4.10	7.52	83.00	25.78	25.24	9.14
102	65.50（12/16）	52.30（01/02）	57.40	23.19	4.72	12.16	20.35	4.10	7.14	86.86	21.45	30.13	12.75
103	88.00（06/10）	61.80（10/16）	72.17	24.32	5.01	14.41	20.60	4.20	5.82	83.83	19.85	30.89	17.92
104	81.40（06/03）	58.00（08/24）	67.62	25.89	5.83	11.60	22.52	4.30	6.36	73.76	17.66	30.04	20.41
平均						12.27	21.59	4.12	6.73	81.99			
是否符合SOP：○X						○	○		○	○	○	○	

②複查買價＝平均P/E×近4季EPS
＝12.27×5.24元＝64.29元

①基準買價＝4.12元×15＝61.8元
買入P/E＝基準買價÷近4季EPS
＝61.8元÷.5.24元＝11.79
※11.79＜15，OK

註1：近5年配股記錄：無
註2：105年Q3股價淨值比 (P/B)=2.4
註3：最近4季（104年Q4～105年Q3）
　　　EPS=5.24元
註4：105/10/31股價：60元
註5：105/10/31適當買價：61.8元

註6：買前最近4季 EPS（自填）：
註7：買前基準買價（自填）：
註8：買前複查買價（自填）：
註9：買前適當買價（自填）：
註10：本次買入價（自填）：

㉙ 泰銘（9927）

成立：1983/02/19		上市：1999/03/12	產業別：其他
地址：高雄市大寮區大發工業 　　　區莒光三街6號		電話：07-7872278	發言人：李茂生 （總經理）
主要業務：鉛合金錠92.96%、黃丹及紅丹5.58%、其他1.46%（2015年）。 　　　　　鉛合金提煉大廠，產品主要用於汽機車的鉛酸蓄電池，兼營廢鉛蓄 　　　　　電池處理業務。			
105年Q3：資本額：20.91億元，總資產：66.33億元，累計EPS：2.44元， 　　　　　累計ROE：11.07%			

表7-29a 泰銘股利政策

民國（年）	現金股利	盈餘配股	公積配股	股票股利	合計
104	2.00	0.00	0.00	0.00	2.00
103	2.50	0.00	0.00	0.00	2.50
102	2.00	0.00	0.00	0.00	2.00
101	2.20	0.25	0.00	0.25	2.45
100	1.60	0.00	0.00	0.00	1.60
99	2.30	0.00	0.00	0.00	2.30
98	3.50	0.50	0.00	0.50	4.00
97	0.00	0.00	0.00	0.00	0.00
96	6.60	0.47	0.00	0.47	7.07
95	2.50	0.00	0.00	0.00	2.50

表7-29b 泰銘年度成交資訊

民國 （年）	張數	金額（仟元）	筆數（仟）	最高價	日期	最低價	日期	收盤均價
104	67,961	2,382,354	39	42.00	05/04	26.40	08/25	33.93
103	91,354	3,370,024	48	42.10	08/01	32.80	10/16	35.44
102	89,294	3,095,767	47	39.65	07/26	30.10	03/20	33.65
101	43,047	1,239,913	24	32.60	09/18	24.75	06/15	28.24
100	178,507	6,855,225	107	43.70	04/11	26.75	12/20	35.84
99	277,900	11,841,375	131	50.90	01/07	33.00	09/02	40.30
98	428,631	15,665,632	168	50.00	10/19	13.20	01/16	32.36
97	358,413	17,224,735	172	67.50	01/10	11.90	11/21	40.33
96	718,114	38,420,989	248	85.00	10/05	26.50	02/06	48.07
95	593,444	15,560,835	157	29.75	05/15	21.15	01/02	25.28

表7-29c 泰銘近4季與近5年的EPS

獲利能力（105年第3季）		最新4季每股盈餘		最新5年每股盈餘	
營業毛利率	12.70%	105年第3季	1.01元	104年	2.40元
營業利益率	10.41%	105年第2季	0.79元	103年	3.56元
稅前淨利率	10.55%	105年第1季	0.65元	102年	3.40元
資產報酬率	3.17%	104年第4季	0.79元	101年	2.74元
股東權益報酬率	4.63%	每股淨值	22.04元	100年	1.85元

近4季EPS總合3.24元

表7-29d 泰銘收租股買前檢查表

民國（年）	最高價（元）〔月/日〕	最低價（元）〔月/日〕	收盤均價（元）	淨值（元）	EPS（元）	本益比（P/E）	ROE（%）	現金息（元）	現金殖利率（%）	現金配息率（%）	負債比（%）	董監事持股（%）	外資持股（%）
100	43.70（04/11）	26.75（12/20）	35.84	18.46	1.85	19.37	10.02	1.60	4.46	86.49	32.61	13.28	17.53
101	32.60（09/18）	24.75（06/15）	28.24	19.59	2.74	10.31	13.99	2.20	7.79	80.29	35.56	24.55	18.39
102	39.65（07/26）	30.10（03/20）	33.65	20.22	3.40	9.90	16.82	2.00	5.94	58.82	36.45	24.92	17.76
103	42.10（08/01）	32.80（10/16）	35.44	22.13	3.56	9.96	16.09	2.50	7.05	70.22	30.60	25.01	17.52
104	42.00（05/04）	26.40（08/25）	33.93	22.02	2.40	14.14	10.90	2.00	5.89	83.33	30.32	26.22	18.60
平均						12.73	13.56	2.06	6.23	75.83			
是否符合SOP：○X						○	◆		◆		○	○	○

②複查買價＝平均P/E×近4季EPS
　　　　　＝12.73×3.24元＝41.25元

①基準買價＝2.06元×15＝30.9元
買入P/E＝基準買價÷近4季EPS
　　　　＝30.9元÷3.24元＝9.54
※9.54＜15，OK

註1：近5年配股記錄：101年配股0.25元
註2：105年Q3股價淨值比(P/B)=1.4
註3：最近4季（104年Q4～105年Q3）
　　　EPS=3.24
註4：105/10/31股價：30.85元
註5：105/10/31適當買價：30.9元

註6：買前最近4季EPS（自填）：
註7：買前基準買價（自填）：
註8：買前複查買價（自填）：
註9：買前適當買價（自填）：
註10：本次買入價（自填）：

㉚ 中聯資（9930）

成立：1991/05/25	上市：1999/11/22	產業別：其他
地址：高雄市前鎮區成功二路 88號22F	電話：07-3368377	發言人：金崇仁 （副總）

主要業務：高爐石粉45.31%、資源再生處理業務33.44%、其他6.33%等（2015
年）。屬中鋼集團，是爐石粉及高爐水泥生產的龍頭，也從事回收廢
棄物及資源再生業務。

105年Q3：資本額：22.59億元，總資產：67.74億元，累計EPS：2.01元，
累計ROE：11.21%

表7-30a ▶ 中聯資股利政策

民國（年）	現金股利	盈餘配股	公積配股	股票股利	合計
104	3.50	0.00	0.00	0.00	3.50
103	4.20	0.00	0.00	0.00	4.20
102	3.30	0.00	0.00	0.00	3.30
101	2.80	0.00	0.00	0.00	2.80
100	3.00	0.00	0.00	0.00	3.00
99	2.50	0.00	0.00	0.00	2.50
98	2.80	0.00	0.00	0.00	2.80
97	2.70	0.00	0.00	0.00	2.70
96	2.40	0.30	0.00	0.30	2.70
95	2.47	0.30	0.00	0.30	2.77

表7-30b ▶ 中聯資年度成交資訊

民國（年）	張數	金額（仟元）	筆數（仟）	最高價	日期	最低價	日期	收盤均價
104	22,692,368	1,582,270	18	83.90	05/05	50.70	08/24	69.15
103	25,784,576	1,790,445	20	75.00	07/09	60.70	01/02	70.13
102	34,458,574	1,893,111	25	62.90	11/11	48.70	01/08	54.88
101	41,986,636	1,896,323	27	49.60	07/02	39.30	01/18	45.62
100	55,786,179	2,273,783	31	45.30	05/11	35.65	01/03	40.15
99	43,248,963	1,657,262	25	42.45	01/05	33.15	11/30	37.89
98	101,416,139	4,054,172	50	44.10	06/08	30.55	01/05	39.98
97	146,360,835	6,142,563	75	56.20	06/10	24.95	10/28	38.50
96	151,087,968	5,681,534	63	45.25	04/26	28.70	01/03	34.25
95	66,261,524	1,786,937	22	29.50	08/07	24.50	03/23	26.76

表7-30c 中聯資近4季與近5年的EPS

獲利能力（105年第3季）		最新4季每股盈餘		最新5年每股盈餘	
營業毛利率	15.85%	105年第3季	0.56元	104年	3.99元
營業利益率	9.49%	105年第2季	0.81元	103年	4.57元
稅前淨利率	9.81%	105年第1季	0.65元	102年	3.92元
資產報酬率	0.00%	104年第4季	1.06元	101年	2.96元
股東權益報酬率	3.09%	每股淨值	17.93元	100年	3.22元

近4季EPS總合3.08元

表7-30d 中聯資收租股買前檢查表

民國（年）	最高價（元）（月/日）	最低價（元）（月/日）	收盤均價（元）	淨值（元）	EPS（元）	本益比（P/E）	ROE（%）	現金息（元）	現金殖利率（%）	現金配息率（%）	負債比（%）	董監事持股（%）	外資持股（%）
100	45.30（05/11）	35.65（01/03）	40.15	19.91	3.22	12.47	16.17	3.00	7.47	93.17	69.54	70.63	1.67
101	49.60（07/02）	39.30（01/18）	45.62	20.84	2.96	15.41	14.20	2.80	6.14	94.59	67.06	70.44	1.81
102	62.90（11/11）	48.70（01/08）	54.88	22.08	3.92	14.00	17.75	3.30	6.01	84.18	61.21	70.41	1.96
103	75.00（07/09）	60.70（01/02）	70.13	22.66	4.57	15.35	20.17	4.20	5.99	91.90	65.33	70.43	1.72
104	83.90（05/05）	50.70（08/24）	69.15	22.40	3.99	17.33	17.81	3.50	5.06	87.72	67.25	70.56	2.12
平均						14.91	17.22	3.36	6.13	90.31			
是否符合SOP：○X						○	○		♦	○	X	○	

②複查買價＝平均P/E×近4季EPS
＝14.91×3.08元＝45.92元

①基準買價＝3.36元×15＝50.4元
買入P/E＝基準買價÷近4季EPS
＝50.4元÷3.08元＝16.36
※16.36＞15，不宜

註1：近5年配股記錄：無
註2：105Q3股價淨值比 (P/B)=2.99
註3：最近4季（104年 Q4～105年 Q3）
　　　EPS=3.08 元
註4：105/10/31 股價：53.7 元
註5：105/10/31 適當買價：45.92 元

註6：買前最近 4 季 EPS（自填）：
註7：買前基準買價（自填）：
註8：買前複查買價（自填）：
註9：買前適當買價（自填）：
註10：本次買入價（自填）：

㉛ 崇越電（3388）

成立：1994/02/05	上櫃：2006/02/22	產業別：電子零組件
地址：台北市大安區市民大道 　　　四段102號14F	電話：02-27517878	發言人：吳坤明 　　　　（財務長）

主要業務：矽利光商品100%（2015年）。日本信越公司Silicone（矽氧樹脂）代理商，也代理瑞士SIKA建築填縫劑及防水劑等，中國大陸是主要市場。

105年Q3：資本額：6.43億元，總資產：42.49億元，累計EPS：3.61元，累計ROE：7.97%

表7-31a 崇越電股利政策

民國（年）	現金股利	盈餘配股	公積配股	股票股利	合計
104	4.00	0.00	0.00	0.00	4.00
103	5.00	0.00	0.00	0.00	5.00
102	5.00	0.00	0.00	0.00	5.00
101	5.00	0.00	0.00	0.00	5.00
100	6.00	0.00	0.00	0.00	6.00
99	6.00	0.00	0.00	0.00	6.00
98	4.20	0.00	0.00	0.00	4.20
97	3.00	0.00	0.00	0.00	3.00
96	3.00	2.00	0.00	2.00	5.00
95	6.00	1.00	0.00	1.00	7.00

表7-31b 崇越電年度成交資訊

民國（年）	張數	金額（仟元）	筆數（仟）	最高價	日期	最低價	日期	收盤均價
104	10,724	721,030	8	72.50	04/17	55.80	08/24	67.24
103	18,843	1,402,041	14	81.60	03/07	66.00	10/16	74.41
102	19,530	1,327,038	14	74.50	10/16	60.30	01/25	67.95
101	30,918	2,153,152	23	80.00	03/21	58.10	11/05	69.64
100	66,689	5,582,212	46	99.90	03/07	57.00	12/20	83.71
99	54,984	4,129,225	35	87.00	04/22	61.60	02/06	75.10
98	86,415	4,803,251	54	74.70	10/20	32.85	01/21	55.58
97	63,115	6,907,310	46	154.50	03/04	35.00	12/25	102.19
96	162,574	28,258,633	103	244.00	08/10	116.00	01/03	166.55
95	62,255	7,436,863	41	162.00	02/22	101.00	07/17	113.27

表7-31c ▶ 崇越電近4季與近5年的EPS

獲利能力（105年第3季）		最新4季每股盈餘		最新5年每股盈餘	
營業毛利率	17.47%	105年第3季	1.55元	104年	4.68元
營業利益率	7.09%	105年第2季	1.22元	103年	5.14元
稅前淨利率	6.61%	105年第1季	0.85元	102年	5.42元
資產報酬率	2.33%	104年第4季	1.04元	101年	5.48元
股東權益報酬率	3.35%	每股淨值	45.29元	100年	6.58元

近4季EPS總合4.66元

表7-31d ▶ 崇越電收租股買前檢查表

民國（年）	最高價（元）（月/日）	最低價（元）（月/日）	收盤均價（元）	淨值（元）	EPS（元）	本益比（P/E）	ROE（%）	現金息（元）	現金殖利率（%）	現金配息率（%）	負債比（%）	董監事持股（%）	外資持股（%）
100	99.90（03/07）	57.00（12/20）	83.71	46.14	6.58	12.72	14.26	6.00	7.17	91.19	14.83	35.55	6.06
101	80.00（03/21）	58.10（11/05）	69.64	44.93	5.48	12.71	12.20	5.00	7.18	91.24	15.41	38.43	6.04
102	74.50（10/16）	60.30（01/25）	67.95	46.65	5.42	12.54	11.62	5.00	7.36	92.25	27.94	38.38	7.24
103	81.60（03/07）	66.00（10/16）	74.41	47.03	5.14	14.48	10.93	5.00	6.72	97.28	28.09	38.25	7.22
104	72.50（04/17）	55.80（08/24）	67.24	47.06	4.68	14.37	9.94	4.00	5.95	85.47	28.30	37.24	5.42
平均						13.36	11.79	5.00	6.87	91.48			
是否符合SOP：○X						○	▲		○	○	○	○	○

②複查買價=平均P/E×近4季EPS
=13.36×4.66元=62.26元

①基準買價=5元×15=75元
買入P/E=基準買價÷近4季EPS
=75元÷4.66元=16.09
※16.09＞15，不宜

註1：近5年配股記錄：無
註2：105年Q3股價淨值比(P/B)=1.29
註3：最近4季（104年Q4～105年Q3）
　　　EPS=4.66元
註4：105/10/31股價：58.3元
註5：105/10/31適當買價：62.26元

註6：買前最近4季EPS（自填）：
註7：買前基準買價（自填）：
註8：買前複查買價（自填）：
註9：買前適當買價（自填）：
註10：本次買入價（自填）：

㉜ 旭軟（3390）

成立：2000/10/12	上櫃：2006/02/22	產業別：電子零組件
地址：桃園市龜山區南上路 522號	電話：03-2220998	發言人：許燕福 （總經理）

主要業務：雙面板72.17%、單面板12.85%、其他14.98%（2015年）。
軟性印刷電路板為主要產品，客戶群並非蘋果陣營。（105年上半年
呈虧損狀態。）

105年Q3：資本額：6.58億元，總資產：14.74億元，累計EPS：-0.49元，
累計ROE：-2.53%

表7-32a▶ 旭軟股利政策

民國（年）	現金股利	盈餘配股	公積配股	股票股利	合計
104	0.80	0.00	0.00	0.00	0.80
103	2.00	0.00	0.00	0.00	2.00
102	3.40	0.00	0.00	0.00	3.40
101	3.97	0.00	0.00	0.00	3.97
100	3.50	0.00	0.00	0.00	3.50
99	1.20	1.00	0.00	1.00	2.20
98	0.80	0.80	0.00	0.80	1.60
97	0.20	0.60	0.00	0.60	0.80
96	0.30	1.00	0.00	1.00	1.30
95	0.50	1.00	0.00	1.00	1.50

表7-32b▶ 旭軟年度成交資訊

民國 （年）	張數	金額（仟元）	筆數（仟）	最高價	日期	最低價	日期	收盤均價
104	67,995	1,623,171	35	33.15	01/30	12.30	08/25	23.87
103	178,323	7,189,677	93	48.30	07/29	27.35	10/27	40.32
102	170,214	7,499,727	90	52.40	06/04	34.85	12/16	44.06
101	155,979	6,063,601	78	45.90	09/04	28.35	01/02	38.87
100	270,707	10,938,308	100	50.70	06/08	24.40	12/13	40.41
99	160,628	5,696,469	61	40.05	09/15	27.50	02/02	35.46
98	73,418	2,225,828	33	39.80	09/22	7.81	02/02	30.32
97	7,648	152,136	4	28.00	01/04	8.14	12/30	19.40
96	49,709	1,365,321	21	35.65	08/01	20.75	03/13	24.78
95	37,855	1,147,114	18	41.50	02/22	19.90	07/26	27.90

表7-32c 旭軟近4季與近5年的EPS

獲利能力（105年第3季）		最新4季每股盈餘		最新5年每股盈餘	
營業毛利率	14.24%	105年第3季	-0.23元	104年	0.94元
營業利益率	-1.50%	105年第2季	-0.10元	103年	2.62元
稅前淨利率	-10.90%	105年第1季	-0.15元	102年	3.91元
資產報酬率	-1.03%	104年第4季	0.14元	101年	5.15元
股東權益報酬率	-1.20%	每股淨值	19.4元	100年	4.33元

近4季EPS總合-0.34元

表7-32d 旭軟收租股買前檢查表

民國（年）	最高價（元）（月/日）	最低價（元）（月/日）	收盤均價（元）	淨值（元）	EPS（元）	本益比（P/E）	ROE（%）	現金息（元）	現金殖利率（%）	現金配息率（%）	負債比（%）	董監事持股（%）	外資持股（%）
100	50.70（06/08）	24.40（12/13）	40.41	18.00	4.33	9.33	24.06	3.50	8.66	80.83	25.87	27.82	0.20
101	45.90（09/04）	28.35（01/02）	38.87	21.73	5.15	7.55	23.70	3.97	10.21	77.09	28.99	27.39	0.34
102	52.40（06/04）	34.85（12/16）	44.06	22.04	3.91	11.27	17.74	3.40	7.72	86.96	16.71	22.66	0.85
103	48.30（07/29）	27.35（10/27）	40.32	21.53	2.62	15.39	12.17	2.00	4.96	76.34	20.12	22.14	0.45
104	33.15（01/30）	12.30（08/25）	23.87	20.55	0.94	25.39	4.57	0.80	3.35	85.11	13.96	24.55	1.02
平均						13.79	16.45	2.73	6.98	81.26			
	是否符合SOP：○X		○	○		○	○	○				▲	▲

②複查買價＝平均P/E×近4季EPS
　　　　　＝13.79×-0.34元＝-4.69元

①基準買價＝2.73元×15＝40.95元
　買入P/E＝基準買價÷近4季EPS
　　　　　＝40.95元÷-0.34元＝-120.44
　※-120.44＜15，OK

※此為警示案例，105年Q1～Q3之EPS均為負值（表7-32c），複查買價為-4.69元，可了解以最近4季EPS重新計算的重要性。

註1：近5年配股記錄：無
註2：105年Q3股價淨值比（P/B）=0.76
註3：最近4季（104年Q4～105年Q3）
　　　EPS= -0.34元
註4：105/10/31股價：14.65元
註5：105/10/31適當買價：-4.69元

註6：買前最近4季EPS（自填）：
註7：買前基準買價（自填）：
註8：買前複查買價（自填）：
註9：買前適當買價（自填）：
註10：本次買入價（自填）：

㉝ 聚積（3527）

成立：1999/06/25	上櫃：2007/10/29	產業別：半導體
地址：新竹市東區埔頂路18號 　　　3F-5、6	電話：03-5790068	發言人：楊立昌 　　　　（董事長）

主要業務：發光二極體驅動積體電路98.99%、其他1.01%（2015年）。
　　　　　LED驅動晶片廠商，主力產品為戶外LED顯示屏，並跨足智慧型照明
　　　　　及車用市場。

105年Q3：資本額：3.27億元，總資產：22.62億元，累計EPS：5.01元，
　　　　　　累計ROE：10.73%

表7-33a ▶ 聚積股利政策

民國（年）	現金股利	盈餘配股	公積配股	股票股利	合計
104	3.50	0.00	0.00	0.00	3.50
103	4.50	0.00	0.00	0.00	4.50
102	4.00	0.00	0.00	0.00	4.00
101	7.80	0.00	0.00	0.00	7.80
100	8.30	0.00	0.00	0.00	8.30
99	8.00	0.00	0.00	0.00	8.00
98	5.97	0.00	0.00	0.00	5.97
97	5.98	0.00	0.00	0.00	5.98
96	10.49	1.00	0.00	1.00	11.49
95	4.51	1.50	0.00	1.50	6.01

表7-33b ▶ 聚積年度成交資訊

民國（年）	張數	金額（仟元）	筆數（仟）	最高價	日期	最低價	日期	收盤均價
104	46,058	2,902,084	33	92.40	03/25	31.95	08/24	63.01
103	32,371	2,547,155	26	92.00	03/12	56.40	10/16	78.69
102	52,366	4,615,819	41	118.00	03/06	63.50	08/02	88.15
101	129,988	16,219,655	96	145.00	05/09	88.10	01/02	124.78
100	93,036	11,351,213	69	149.50	05/05	86.10	12/19	122.01
99	199,144	28,985,599	130	174.00	10/20	102.50	02/06	145.55
98	275,226	36,839,537	193	197.50	05/25	76.10	01/05	133.85
97	117,801	22,379,796	96	296.00	05/20	63.30	11/18	166.27
96	12,854	3,829,365	9	378.00	10/31	211.50	12/26	281.01

表7-33c 聚積近4季與近5年的EPS

獲利能力（105年第3季）		最新4季每股盈餘		最新5年每股盈餘	
營業毛利率	31.47%	105年第3季	1.80元	104年	3.51元
營業利益率	9.78%	105年第2季	1.82元	103年	5.53元
稅前淨利率	8.96%	105年第1季	1.39元	102年	4.86元
資產報酬率	2.31%	104年第4季	0.69元	101年	9.02元
股東權益報酬率	3.39%	每股淨值	46.69元	100年	9.01元

近4季EPS總合5.7元

表7-33d 聚積收租股買前檢查表

民國（年）	最高價（元）（月/日）	最低價（元）（月/日）	收盤均價（元）	淨值（元）	EPS（元）	本益比（P/E）	ROE（%）	現金息（元）	現金殖利率（%）	現金配息率（%）	負債比（%）	董監事持股（%）	外資持股（%）
100	149.50（05/05）	86.10（12/19）	122.01	47.73	9.01	13.54	18.88	8.30	6.80	92.12	21.08	12.31	0.91
101	145.00（05/09）	88.10（01/02）	124.78	49.08	9.02	13.83	18.38	7.80	6.25	86.47	27.02	11.30	1.73
102	118.00（03/06）	63.50（08/02）	88.15	45.45	4.86	18.14	10.69	4.00	4.54	82.30	27.09	12.15	7.50
103	92.00（03/12）	56.40（10/16）	78.69	47.20	5.53	14.23	11.72	4.50	5.72	81.37	28.25	13.24	4.55
104	92.40（03/25）	31.95（08/24）	63.01	46.03	3.51	17.95	7.63	3.50	5.55	99.72	21.66	13.25	2.80
平均						15.54	13.46	5.62	5.77	88.40			
是否符合SOP：○X					◆	◆		▲	○	○	X	X	

②複查買價＝平均P/E×近4季EPS
　　　　　＝15×5.7元＝85.5元
※平均P/E≧15，取15計算

①基準買價＝5.62元×15＝84.3元
買入P/E＝基準買價÷近4季EPS
　　　　＝84.3元÷5.7元＝14.79
※14.79＜15，OK

註1：近5年配股記錄：無
註2：105年Q3股價淨值比（P/B）＝1.51
註3：最近4季（104年Q4～105年Q3）
　　　EPS＝5.7元
註4：105/10/31股價：70.3元
註5：105/10/31適當買價：84.3元

註6：買前最近4季EPS（自填）：
註7：買前基準買價（自填）：
註8：買前複查買價（自填）：
註9：買前適當買價（自填）：
註10：本次買入價（自填）：

㉞ 安馳（3528）

成立：2000/12/26	上櫃：2016/05/18	產業別：電子通路
地址：新北市汐止區新台五路 　　　一段75號21F	電話：02-26982526	發言人：徐敏芳 　　　（財務主管）

主要業務：邏輯性積體電路37.51%、混合信號IC 25.57%、類比積體電路
　　　　　22.71%等（2015年）。電腦、電子材料批發業，以工業控制為主，
　　　　　近期新增固態硬碟、高頻RF傳輸元件產品線。

105年Q3：資本額：6.28億元，總資產：22.84億元，累計EPS：2.13元，
　　　　　　累計ROE：10.11%

表7-34a 安馳股利政策

民國（年）	現金股利	盈餘配股	公積配股	股票股利	合計
104	2.30	0.00	0.00	0.20	2.50
103	2.20	0.00	0.00	0.30	2.50
102	2.00	0.00	0.00	0.30	2.30
101	1.80	0.00	0.00	0.50	2.30
100	1.80	0.00	0.00	0.80	2.60

表7-34b 安馳年度成交資訊

民國 （年）	張數	金額（仟元）	筆數（仟）	最高價	日期	最低價	日期	收盤均價
104	55,158	2,053,702	35	46.30	05/29	23.75	08/25	37.23
103	46,231	1,702,849	29	42.90	07/01	30.30	01/03	36.83
102	16,387	472,741	11	31.50	04/29	26.00	07/16	28.85
101	10,712	300,200	8	33.50	03/13	23.85	07/24	28.03
100	16,296	621,444	10	46.00	05/18	24.10	12/30	38.13

表7-34c ▶ 安馳近4季與近5年的EPS

獲利能力（105年第3季）		最新4季每股盈餘		最新5年每股盈餘	
營業毛利率	12.05%	105年第3季	0.60元	104年	3.41元
營業利益率	4.21%	105年第2季	0.70元	103年	3.19元
稅前淨利率	5.42%	105年第1季	0.86元	102年	2.79元
資產報酬率	1.67%	104年第4季	0.68元	101年	2.85元
股東權益報酬率	2.88%	每股淨值	21.06元	100年	3.03元

近4季EPS總合2.84元

表7-34d ▶ 安馳收租股買前檢查表

民國（年）	最高價（元）（月/日）	最低價（元）（月/日）	收盤均價（元）	淨值（元）	EPS（元）	本益比（P/E）	ROE（%）	現金息（元）	現金殖利率（%）	現金配息率（%）	負債比（%）	董監事持股（%）	外資持股（%）
100	46.00（05/18）	24.10（12/30）	38.13	19.88	3.03	12.58	15.24	1.80	4.72	59.41	39.16	30.44	12.99
101	33.50（03/13）	23.85（07/24）	28.03	19.74	2.85	9.84	14.44	1.80	6.42	63.16	31.68	25.77	11.47
102	31.50（04/29）	26.00（07/16）	28.85	19.98	2.79	10.34	13.96	2.00	6.93	71.68	37.67	25.62	11.47
103	42.90（07/01）	30.30（01/03）	36.83	21.06	3.19	11.55	15.15	2.00	5.97	68.97	51.09	25.50	11.66
104	46.30（05/29）	23.75（08/25）	37.23	21.24	3.41	10.92	16.05	2.30	6.18	67.45	45.84	24.38	10.60
平均						11.04	14.97	2.02	6.05	66.13			
是否符合SOP：○X			○	♦			♦	♦	○	♦			

②複查買價＝平均P/E×近4季EPS
　　　　　＝11.04×2.84元＝31.35元

①基準買價＝2.02元×15＝30.3元
買入P/E＝基準買價÷近4季EPS
　　　　＝30.3元÷2.84元＝10.67
※10.67＜15，OK

註1：近5年配股記錄：100～104年配股，
　　見表7-34a
註2：105 年 Q3 股價淨值比 (P/B)=1.42
註3：最近 4 季（104 年 Q4～105 年 Q3）
　　EPS=2.84 元
註4：105/10/31 股價：29.8 元
註5：105/10/31 適當買價：30.3 元

註6：買前最近 4 季 EPS（自填）：
註7：買前基準買價（自填）：
註8：買前複查買價（自填）：
註9：買前適當買價（自填）：
註10：本次買入價（自填）：

㉟ 大塚（3570）

成立：1997/08/04	上櫃：2008/10/23	產業別：資訊服務
地址：新北市板橋區縣民大道 　　　二段68號6F	電話：02-89646668	發言人：徐慧如 　　　　（協理）
主要業務：3D MCAD 35.96%、維護服務33.65%、專業應用 CAD20.39%、其他10%（2015年）。日商公司，專攻3D電腦、工程繪圖CAD軟體及網路系統整合的製造與技術服務。		
105年Q3：資本額：1.71億元，總資產：6.76億元，累計EPS：3.47元，累計ROE：11.55%		

表7-35a　大塚股利政策

民國（年）	現金股利	盈餘配股	公積配股	股票股利	合計
104	3.50	0.00	0.00	0.00	3.50
103	4.00	0.00	0.00	0.00	4.00
102	3.00	0.00	0.00	0.00	3.00
101	2.20	0.00	0.00	0.00	2.20
100	2.50	0.00	0.00	0.00	2.50
99	1.98	0.00	0.00	0.00	1.98
98	1.40	0.00	0.00	0.00	1.40
97	1.48	0.00	0.00	0.00	1.48
96	1.50	0.50	0.00	0.50	2.00
95	0.00	0.00	0.00	0.00	0.00

表7-35b　大塚年度成交資訊

民國（年）	張數	金額（仟元）	筆數（仟）	最高價	日期	最低價	日期	收盤均價
104	8,470	751,787	7	117.50	04/09	55.80	12/21	88.76
103	31,489	3,643,140	28	154.50	01/02	75.50	10/27	115.70
102	102,681	12,679,530	85	193.50	06/20	37.55	01/04	123.48
101	8,923	362,911	6	47.30	02/17	33.10	06/04	40.67
100	44,210	2,259,667	28	66.60	07/21	30.10	03/17	51.11
99	30,939	1,063,814	18	45.15	01/25	27.05	09/01	34.38
98	30,542	782,811	17	35.45	12/17	18.40	02/19	25.63
97	4,210	94,886	2	25.20	10/23	15.35	11/18	20.24

表7-35c 大塚近4季與近5年的EPS

獲利能力（105年第3季）		最新4季每股盈餘		最新5年每股盈餘	
營業毛利率	40.84%	105年第3季	1.66元	104年	5.01元
營業利益率	12.13%	105年第2季	1.02元	103年	5.49元
稅前淨利率	13.60%	105年第1季	0.80元	102年	4.62元
資產報酬率	3.88%	104年第4季	1.64元	101年	3.55元
股東權益報酬率	5.27%	每股淨值	31.48元	100年	4.09元

近4季EPS總合5.12元

表7-35d 大塚收租股買前檢查表

民國（年）	最高價（元）（月/日）	最低價（元）（月/日）	收盤均價（元）	淨值（元）	EPS（元）	本益比（P/E）	ROE（%）	現金息（元）	現金殖利率（%）	現金配息率（%）	負債比（%）	董監事持股（%）	外資持股（%）
100	66.60（07/21）	30.10（03/17）	51.11	25.91	4.09	12.50	15.79	2.50	4.89	61.12	19.79	46.97	41.11
101	47.30（02/17）	33.10（06/04）	40.67	26.65	3.55	11.46	13.32	2.20	5.41	61.97	16.54	46.71	37.85
102	193.50（06/20）	37.55（01/04）	123.48	28.44	4.62	26.73	16.24	3.00	2.43	64.94	22.55	46.47	37.82
103	154.50（01/02）	75.50（10/27）	115.70	31.21	5.49	21.07	17.59	4.00	3.46	72.86	22.64	44.46	37.82
104	117.50（04/09）	55.80（12/21）	88.76	31.95	5.01	17.72	15.68	3.50	3.94	69.86	23.20	44.25	37.86
平均						17.89	15.72	3.04	4.03	66.15			
	是否符合SOP：○X					▲	○		X	◆	○	○	

②複查買價＝平均P/E×近4季EPS
　　　　　　＝15×5.12元＝76.8元
※平均P/E≧15，取15計算

①基準買價＝3.04元×15＝45.6元
買入P/E＝基準買價÷近4季EPS
　　　　＝45.6元÷5.12元＝8.91
※8.91＜15，OK

註1：近5年配股記錄：無
註2：105年Q3股價淨值比（P/B）=1.51
註3：最近4季（104年Q4～105年Q3）
　　　EPS=5.12元
註4：105/10/31股價：47.4元
註5：105/10/31適當買價：45.6元

註6：買前最近4季EPS（自填）：
註7：買前基準買價（自填）：
註8：買前複查買價（自填）：
註9：買前適當買價（自填）：
註10：本次買入價（自填）：

㊱ 閎康（3587）

成立：2002/05/01	上櫃：2009/08/18	產業別：其他電子
地址：新竹縣竹北市台元街 26-2號1F	電話：03-6116678	發言人：楊明煌 （財務長）

主要業務：材料分析51.24%、故障分析32.37%、可靠度分析14.26%、其他 2.12%（2015年）。晶圓代工及光電業的固態檢測分析的主要廠商。 子公司閎康生技穩定成長。

105年Q3：資本額：5.33億元，總資產：19.96億元，累計EPS：3.94元， 累計ROE：14.19%

表7-36a ▶ 閎康股利政策

民國（年）	現金股利	盈餘配股	公積配股	股票股利	合計
104	2.96	0.00	0.00	0.00	2.96
103	4.00	0.00	0.00	0.00	4.00
102	4.00	0.00	0.00	0.00	4.00
101	3.50	0.00	0.00	0.00	3.50
100	2.50	0.00	0.00	0.00	2.50
99	1.36	0.58	0.00	0.58	1.94
98	0.00	0.00	0.00	0.00	0.00
97	0.27	0.64	0.00	0.64	0.91
96	0.48	1.12	0.00	1.12	1.60
95	0.00	0.00	0.00	0.00	0.00

表7-36b ▶ 閎康年度成交資訊

民國（年）	張數	金額（仟元）	筆數（仟）	最高價	日期	最低價	日期	收盤均價
104	54,301	3,014,728	38	68.20	10/26	32.00	08/25	55.52
103	116,157	8,996,546	78	88.20	03/05	60.50	10/27	77.45
102	203,629	14,538,288	141	89.60	02/26	53.50	01/17	71.40
101	115,885	5,060,147	69	60.30	12/12	23.45	01/02	43.67
100	49,607	1,508,021	24	34.80	05/20	22.20	11/23	30.40
99	59,304	1,768,240	30	35.90	12/22	22.35	02/06	29.82
98	19,716	494,312	11	28.15	10/02	21.60	08/26	25.07

表7-36c ▶ 閎康近4季與近5年的EPS

獲利能力（105年第3季）		最新4季每股盈餘		最新5年每股盈餘	
營業毛利率	42.02%	105年第3季	1.50元	104年	3.85元
營業利益率	26.23%	105年第2季	1.44元	103年	4.54元
稅前淨利率	24.40%	105年第1季	1.00元	102年	5.12元
資產報酬率	0.00%	104年第4季	1.16元	101年	4.49元
股東權益報酬率	5.45%	每股淨值	27.77元	10年	3.11元

近4季EPS總合5.1元

表7-36d ▶ 閎康收租股買前檢查表

民國（年）	最高價（元）〔月/日〕	最低價（元）〔月/日〕	收盤均價（元）	淨值（元）	EPS（元）	本益比（P/E）	ROE（%）	現金息（元）	現金殖利率（%）	現金配息率（%）	負債比（%）	董監事持股（%）	外資持股（%）
100	34.80（05/20）	22.20（11/23）	30.40	20.20	3.11	9.77	15.40	2.50	8.22	80.39	17.11	36.23	0.73
101	60.30（12/12）	23.45（01/02）	43.67	22.13	4.49	9.73	20.29	3.50	8.01	77.95	18.86	36.05	0.70
102	89.60（02/26）	53.50（01/17）	71.40	23.85	5.12	13.95	21.47	4.00	5.60	78.13	18.77	32.71	0.58
103	88.20（03/05）	60.50（10/27）	77.45	27.45	4.54	17.06	16.54	4.00	5.16	88.11	15.01	32.14	1.87
104	68.20（10/26）	32.00（08/25）	55.52	27.01	3.85	14.42	14.25	2.96	5.33	76.88	24.18	28.71	1.26
平均						12.99	17.59	3.39	6.47	80.29			
	是否符合SOP：○X		○		○			◆	○	○	○	○	

②複查買價＝平均P/E×近4季EPS
　　　　　　＝12.99×5.1元＝66.25元

①基準買價＝3.39元×15＝50.85元
買入P/E＝基準買價÷近4季EPS
　　　　＝50.85元÷5.1元＝9.97
※9.97＜15，OK

註1：近5年配股記錄：無
註2：105年Q3股價淨值比 (P/B)=2.87
註3：最近4季（104年Q4～105年Q3）
　　　EPS=5.1元
註4：105/10/31股價：79.8元
註5：105/10/31適當買價：50.85元

註6：買前最近4季EPS（自填）：
註7：買前基準買價（自填）：
註8：買前複查買價（自填）：
註9：買前適當買價（自填）：
註10：本次買入價（自填）：

㊲ 世坤（4305）

成立：1986/10/07	上市：2000/09/28	產業別：塑膠
地址：台南市麻豆區麻口里麻 豆口32-26號	電話：06-5701211	發言人：黃晏玲 （管理部協理）
主要業務：一般塑膠布61.41%、半硬質塑膠布18.3%、加壓塑膠布12.34%等 （2015年）。製造及銷售塑膠布、乳膠布、印刷貼合膠布及反光布、 桌布、浴簾等日常用品，內銷比重約佔3/4。		
105年Q3：資本額：5.5億元，總資產：11.21億元，累計EPS：1.97元， 累計ROE：11.59%		

表7-37a ▶ 世坤股利政策

民國（年）	現金股利	盈餘配股	公積配股	股票股利	合計
104	2.30	0.00	0.00	0.00	2.30
103	1.80	0.00	0.00	0.00	1.80
102	1.80	0.00	0.00	0.00	1.80
101	1.70	0.00	0.00	0.00	1.70
100	1.10	0.00	0.00	0.00	1.10
99	0.80	0.00	0.00	0.00	0.80
98	1.20	0.00	0.00	0.00	1.20
97	0.70	0.00	0.00	0.00	0.70
96	0.65	0.00	0.00	0.00	0.65
95	1.30	0.00	0.00	0.00	1.30

表7-37b ▶ 世坤年度成交資訊

民國 （年）	張數	金額（仟元）	筆數（仟）	最高價	日期	最低價	日期	收盤均價
104	2,137	56,827	1	29.45	01/23	23.10	08/24	26.59
103	4,198	122,391	3	32.45	04/14	26.55	10/16	29.15
102	8,094	213,144	5	29.10	09/14	24.00	01/29	26.33
101	19,115	469,647	11	34.55	03/30	15.85	01/13	24.57
100	4,860	104,954	3	26.30	04/08	16.55	11/24	21.59
99	20,763	571,541	12	37.05	10/13	17.50	02/08	27.53
98	16,096	397,509	8	37.90	10/29	7.71	01/21	24.70
97	3,060	38,036	1	13.90	01/11	8.02	12/31	11.71
96	5,259	83,585	3	18.40	04/23	12.80	11/28	15.25
95	2,394	30,539	1	14.50	12/28	10.70	02/21	12.59

表7-37c 世坤近4季與近5年的EPS

獲利能力（105年第3季）		最新4季每股盈餘		最新5年每股盈餘	
營業毛利率	22.52%	105年第3季	0.41元	104年	2.96元
營業利益率	15.20%	105年第2季	0.93元	103年	2.34元
稅前淨利率	9.89%	105年第1季	0.63元	102年	2.55元
資產報酬率	1.92%	104年第4季	0.86元	101年	2.41元
股東權益報酬率	2.44%	每股淨值	17.00元	100年	1.22元

近4季EPS總合2.83元

表7-37d 世坤收租股買前檢查表

民國（年）	最高價（元）（月/日）	最低價（元）（月/日）	收盤均價（元）	淨值（元）	EPS（元）	本益比（P/E）	ROE（%）	現金息（元）	現金殖利率（%）	現金配息率（%）	負債比（%）	董監事持股（%）	外資持股（%）
100	26.30（04/08）	16.55（11/24）	21.59	13.66	1.22	17.70	8.93	1.10	5.09	90.16	20.00	32.04	0.00
101	34.55（03/30）	15.85（01/13）	24.57	14.98	2.41	10.20	16.09	1.70	6.92	70.54	18.10	31.82	0.00
102	29.10（09/14）	24.00（01/29）	26.33	15.69	2.55	10.33	16.25	1.80	6.84	70.59	18.29	31.84	0.00
103	32.45（04/14）	26.55（10/16）	29.15	16.20	2.34	12.46	14.44	1.80	6.17	76.92	17.91	31.77	2.11
104	29.45（01/23）	23.10（08/24）	26.59	17.33	2.96	8.98	17.08	2.30	8.65	77.70	15.76	30.56	2.11
平均						11.93	14.56	1.74	6.74	77.18			
是否符合SOP：○X			○	◆			○	○	○	○			

②複查買價=平均P/E×近4季EPS
=11.93×2.83元=33.76元

①基準買價=1.74元×15=26.1元
買入P/E=基準買價÷近4季EPS
=26.1元÷2.83元=9.22
※9.22＜15，OK

註1：近5年配股記錄：無
註2：105年Q3股價淨值比 (P/B)=1.72
註3：最近4季（104年Q4～105年Q3）
　　　EPS=2.83元
註4：105/10/31股價：29.3元
註5：105/10/31適當買價：26.1元

註6：買前最近4季 EPS（自填）：
註7：買前基準買價（自填）：
註8：買前複查買價（自填）：
註9：買前適當買價（自填）：
註10：本次買入價（自填）：

㊳ 堃霖（4527）

成立：1988/04/05	上櫃：2000/09/28	產業別：電機機械
地址：高雄市三民區吉林街 139巷12號	電話：07-6192345	發言人：郎筱玲 （專員）

主要業務：冰水機組77%、其他23%（2015年）。國內工商業用大型冰水機製造龍頭，也在中國及越南設廠。東元為大股東。

105年Q3：資本額：7.62億元，總資產：22.51億元，累計EPS：1.94元，累計ROE：11.83%

表7-38a 堃霖股利政策

民國（年）	現金股利	盈餘配股	公積配股	股票股利	合計
104	1.80	0.00	0.00	0.00	1.80
103	1.80	0.00	0.00	0.00	1.80
102	1.70	0.00	0.00	0.00	1.70
101	1.34	0.00	0.00	0.00	1.34
100	0.59	0.49	0.00	0.49	1.08
99	0.20	0.20	0.00	0.20	0.40
98	0.20	0.00	0.00	0.00	0.20
97	0.50	0.50	0.00	0.50	1.00
96	0.10	0.90	0.00	0.90	1.00
95	0.69	0.49	0.00	0.49	1.18

表7-38b 堃霖年度成交資訊

民國（年）	張數	金額（仟元）	筆數（仟）	最高價	日期	最低價	日期	收盤均價
104	18,510	486,056	10	30.35	04/10	18.55	08/24	26.26
103	101,615	3,285,310	51	37.75	05/05	25.50	02/06	32.33
102	76,189	1,705,131	27	30.80	12/19	18.90	06/25	22.38
101	23,134	405,906	9	19.90	12/19	13.45	01/03	17.55
100	15,078	220,890	6	16.55	04/15	12.20	08/09	14.65
99	32,861	579,660	13	20.75	07/30	12.65	02/06	17.64
98	14,319	223,741	6	20.65	06/09	9.60	01/14	15.63
97	4,674	70,062	2	18.20	04/24	9.53	11/20	14.41
96	48,658	1,167,106	15	28.20	05/02	15.30	12/19	20.67
95	24,081	599,381	8	29.00	06/01	18.40	01/06	21.05

表7-38c ▶ 堅霖近4季與近5年的EPS

獲利能力（105年第3季）		最新4季每股盈餘		最新5年每股盈餘	
營業毛利率	26.31%	105年第3季	0.97元	104年	2.43元
營業利益率	13.07%	105年第2季	0.69元	103年	2.34元
稅前淨利率	13.02%	105年第1季	0.28元	102年	2.15元
資產報酬率	3.57%	104年第4季	1.08元	101年	2.11元
股東權益報酬率	5.95%	每股淨值	16.40元	100年	1.58元

近4季EPS總合3.02元

表7-38d ▶ 堅霖收租股買前檢查表

民國（年）	最高價（元）（月/日）	最低價（元）（月/日）	收盤均價（元）	淨值（元）	EPS（元）	本益比（P/E）	ROE（%）	現金息（元）	現金殖利率（%）	現金配息率（%）	負債比（%）	董監事持股（%）	外資持股（%）
100	16.55（04/15）	12.20（08/09）	14.65	13.92	1.58	9.27	11.35	0.59	4.03	37.34	59.91	44.64	4.77
101	19.90（12/19）	13.45（01/03）	17.55	15.23	2.11	8.32	13.85	1.34	7.64	63.51	45.01	44.67	4.77
102	30.80（12/19）	18.90（06/25）	22.38	15.39	2.15	10.41	13.97	1.70	7.60	79.07	41.14	40.49	6.44
103	37.75（05/05）	25.50（02/06）	32.33	16.26	2.34	13.82	14.39	1.80	5.57	76.92	37.96	40.90	4.17
104	30.35（04/10）	18.55（08/24）	26.26	16.74	2.43	10.81	14.52	1.80	6.85	74.07	37.38	40.11	4.15
平均						10.52	13.62	1.45	6.34	66.18			
			是否符合SOP：○X			○	◆		◆	◆		○	○

②複查買價＝平均P/E×近4季EPS
　　　　　＝10.52×3.02元＝31.77元

①基準買價＝1.45元×15＝21.75元
　買入P/E＝基準買價÷近4季EPS
　　　　　＝21.75元÷3.02元＝7.2
※7.2＜15，OK

註1：近5年配股記錄：100年配0.49元
註2：105年Q3股價淨值比(P/B)=1.64
註3：最近4季（104年Q4～105年Q3）
　　　EPS=3.02元
註4：105/10/31股價：26.95元
註5：105/10/31適當買價：21.75元

註6：買前最近4季EPS（自填）：
註7：買前基準買價（自填）：
註8：買前複查買價（自填）：
註9：買前適當買價（自填）：
註10：本次買入價（自填）：

㉟ 亞泰（4974）

成立：2004/01/20	上櫃：2011/11/29	產業別：電子零組件
地址：新北市中和區中正路 　　　880號2F	電話：02-82286401	發言人：吳淑品 　　　　（行政總經理）
主要業務：影像感測模組100%（2015年）。產品應用於影印機、掃描器等事 　　　　　務機器及驗鈔辨識機等。緬甸新廠產能增加。		
105年Q3：資本額：6.2億元，總資產：29.69億元，累計EPS：3.05元， 　　　　　累計ROE：11.59%		

表7-39a ▶ 亞泰股利政策

民國（年）	現金股利	盈餘配股	公積配股	股票股利	合計
104	2.65	0.00	0.00	0.00	2.65
103	2.70	0.00	0.00	0.00	2.70
102	2.50	0.00	0.00	0.00	2.50
101	2.44	0.00	0.00	0.00	2.44
100	2.60	0.00	0.00	0.00	2.60
99	2.60	0.00	0.00	0.00	2.60

表7-39b ▶ 亞泰年度成交資訊

民國 （年）	張數	金額（仟元）	筆數（仟）	最高價	日期	最低價	日期	收盤均價
104	132,303	5,887,117	80	52.00	06/03	31.85	08/24	44.50
103	179,296	8,302,594	99	53.20	04/21	33.60	10/16	46.31
102	365,468	15,598,386	196	57.50	07/18	30.30	01/02	42.68
101	176,078	5,930,431	86	39.30	09/03	22.30	01/02	33.68
100	14,640	349,529	8	27.20	11/29	20.75	12/20	23.87

表7-39c ▶ 亞泰近4季與近5年的EPS

獲利能力（105年第3季）		最新4季每股盈餘		最新5年每股盈餘	
營業毛利率	16.46%	105年第3季	1.82元	104年	4.02元
營業利益率	12.45%	105年第2季	1.20元	103年	4.07元
稅前淨利率	12.71%	105年第1季	0.03元	102年	3.87元
資產報酬率	3.87%	104年第4季	0.61元	101年	3.65元
股東權益報酬率	7.05%	每股淨值	26.31元	100年	3.59元

近4季EPS總合3.66元

表7-39d ▶ 亞泰收租股買前檢查表

民國（年）	最高價（元）（月/日）	最低價（元）（月/日）	收盤均價（元）	淨值（元）	EPS（元）	本益比（P/E）	ROE（%）	現金息（元）	現金殖利率（%）	現金配息率（%）	負債比（%）	董監事持股（%）	外資持股（%）
100	27.20（11/29）	20.75（12/20）	23.87	18.36	3.59	6.65	19.55	2.60	10.89	72.42	20.94	52.81	0.01
101	39.30（09/03）	22.30（01/02）	33.68	20.46	3.65	9.23	17.84	2.44	7.24	66.85	31.52	49.97	0.00
102	57.50（07/18）	30.30（01/02）	42.68	23.35	3.87	11.03	16.57	2.50	5.86	64.60	35.87	45.82	0.01
103	53.20（04/21）	33.60（10/16）	46.31	26.30	4.07	11.38	15.48	2.70	5.83	66.34	43.68	31.54	0.87
104	52.00（06/03）	31.85（08/24）	44.50	27.53	4.02	11.07	14.60	2.65	5.96	65.92	37.68	31.54	1.68
平均						9.87	16.81	2.58	7.16	67.23			
是否符合SOP：○X					○	○		○	○	○	○	○	

②複查買價＝平均P/E×近4季EPS
＝9.87×3.66元＝36.12元

①基準買價＝元2.58×15＝38.7元
買入P/E＝基準買價÷近4季EPS
＝38.7÷3.66元＝10.57
※10.57＜15，OK

註1：近5年配股記錄：無
註2：105年Q3股價淨值比(P/B)=1.36
註3：最近4季（104年Q4～105年Q3）
　　　EPS=3.66元
註4：105/10/31股價：35.8元
註5：105/10/31適當買價：36.12元

註6：買前最近4季EPS（自填）：
註7：買前基準買價（自填）：
註8：買前複查買價（自填）：
註9：買前適當買價（自填）：
註10：本次買入價（自填）：

⑩ 新鼎（5209）

成立：1987/08/03	上櫃：2002/02/25	產業別：資訊服務
地址：台北市士林區中山北路 　　　六段89號10F	電話：02-27853839	發言人：易惠南 　　　　（董事長）

主要業務：勞務收入89.25%、銷貨收入10.75%（2015年）。中鼎轉投資的系統
整合公司，專攻工業物聯網、工廠智慧化領域。

105年Q3：資本額：2.35億元，總資產：11億元，累計EPS：2.33元，
累計ROE：10.7%

表7-40a 新鼎股利政策

民國（年）	現金股利	盈餘配股	公積配股	股票股利	合計
104	2.53	0.00	0.00	0.00	2.53
103	2.53	0.00	0.00	0.00	2.53
102	4.24	0.00	0.00	0.00	4.24
101	4.49	0.00	0.00	0.00	4.49
100	5.38	0.00	0.00	0.00	5.38
99	3.97	0.00	0.00	0.00	3.97
98	2.98	0.00	0.00	0.00	2.98
97	1.00	0.00	0.00	0.00	1.00
96	1.60	0.11	0.00	0.11	1.71
95	2.24	0.16	0.00	0.16	2.40

表7-40b 新鼎年度成交資訊

民國 （年）	張數	金額（仟元）	筆數（仟）	最高價	日期	最低價	日期	收盤均價
104	2,342	113,363	2	56.40	03/06	38.20	08/24	48.40
103	8,369	523,830	7	74.30	05/07	50.00	11/17	62.59
102	6,676	376,690	5	66.30	04/01	45.60	08/22	56.43
101	14,345	897,137	10	71.90	07/26	50.50	01/13	62.54
100	23,326	1,538,411	16	76.60	01/03	49.00	12/20	65.95
99	69,919	4,692,779	43	84.40	02/24	35.60	01/05	67.12
98	19,129	480,151	11	38.50	12/16	14.00	01/19	25.10
97	7,049	170,506	5	31.20	04/29	14.25	10/28	22.58
96	56,112	2,262,016	30	46.70	07/25	22.65	12/21	34.87
95	47,917	1,150,509	21	42.55	12/29	16.80	02/22	20.66

表7-40c 新鼎近4季與近5年的EPS

獲利能力（105年第3季）		最新4季每股盈餘		最新5年每股盈餘	
營業毛利率	17.67%	105年第3季	0.71元	104年	3.40元
營業利益率	8.00%	105年第2季	0.92元	103年	3.30元
稅前淨利率	7.41%	105年第1季	0.70元	102年	4.32元
資產報酬率	1.48%	104年第4季	0.86元	101年	5.38元
股東權益報酬率	3.31%	每股淨值	21.78元	100年	6.02元

近4季EPS總合3.19元

表7-40d 新鼎收租股買前檢查表

民國（年）	最高價（元）（月/日）	最低價（元）（月/日）	收盤均價（元）	淨值（元）	EPS（元）	本益比（P/E）	ROE（%）	現金息（元）	現金殖利率（%）	現金配息率（%）	負債比（%）	董監事持股（%）	外資持股（%）
100	76.60（01/03）	49.00（12/20）	65.95	22.04	6.02	10.96	27.31	5.38	8.16	89.37	66.68	55.75	0.28
101	71.90（07/26）	50.50（01/13）	62.54	22.27	5.38	11.62	24.16	4.49	7.18	83.46	55.05	54.49	0.26
102	66.30（04/01）	45.60（08/22）	56.43	22.97	4.32	13.06	18.81	4.24	7.51	98.15	54.67	53.33	0.00
103	74.30（05/07）	50.00（11/17）	62.59	21.92	3.30	18.97	15.05	2.53	4.04	76.67	58.53	52.58	0.07
104	56.40（03/06）	38.20（08/24）	48.40	22.00	3.40	14.24	15.45	2.53	5.23	74.41	55.91	51.78	0.07
平均						13.77	20.16	3.83	6.42	84.41			
是否符合SOP：○X			○	○				◆	○		◆	○	

②複查買價＝平均P/E×近4季EPS
＝13.77×3.19元＝43.93元

①基準買價＝3.83元×15＝57.45元
買入P/E＝基準買價÷近4季EPS
＝57.45元÷3.19元＝18.01
※18.01＞15，不宜

註1：近5年配股記錄：無
註2：105年Q3股價淨值比(P/B)=1.91
註3：最近4季（104年Q4～105年Q3）
EPS=3.19元
註4：105/10/31股價：41.5元
註5：105/10/31適當買價：43.93元

註6：買前最近4季EPS（自填）：
註7：買前基準買價（自填）：
註8：買前複查買價（自填）：
註9：買前適當買價（自填）：
註10：本次買入價（自填）：

㊶ 天鉞電（5251）

成立：1992/05/23	上櫃：2012/11/26	產業別：光電
地址：新北市中和區中正路 700號3F-3	電話：02-82278582	發言人：齊祖杰 （處長）
主要業務：安全監視產品89.31%、倒車系統6.75%、門口機0.75%、其他 3.19%（2015年）。		
105年Q3：資本額：3.06億元，總資產：8.19億元，累計EPS：1.47元， 累計ROE：6.42%		

表7-41a 天鉞電股利政策

民國（年）	現金股利	盈餘配股	公積配股	股票股利	合計
104	2.00	0.00	0.00	0.00	2.00
103	3.49	0.00	0.00	0.00	3.49
102	2.50	2.00	0.00	2.00	4.50
101	4.00	0.00	0.00	0.00	4.00
100	1.40	0.00	0.00	0.00	1.40

表7-41b 天鉞電年度成交資訊

民國 (年)	張數	金額（仟元）	筆數（仟）	最高價	日期	最低價	日期	收盤均價
104	20,850	902,402	16	59.50	01/21	29.20	08/07	43.28
103	39,396	2,625,967	32	78.20	06/06	43.00	11/10	66.66
102	98,677	7,498,090	73	92.00	08/05	52.30	01/02	75.99
101	13,651	700,020	9	60.00	11/30	42.00	11/26	51.28

表7-41c 天鈸電近4季與近5年的EPS

獲利能力（105年第3季）		最新4季每股盈餘		最新5年每股盈餘	
營業毛利率	33.28%	105年第3季	0.27元	104年	2.40元
營業利益率	7.96%	105年第2季	0.83元	103年	4.01元
稅前淨利率	8.10%	105年第1季	0.37元	102年	7.35元
資產報酬率	0.83%	104年第4季	0.48元	101年	5.54元
股東權益報酬率	1.11%	每股淨值	22.91元	100年	1.66元

近4季EPS總合1.95元

表7-41d 天鈸電收租股買前檢查表

民國（年）	最高價（元）（月/日）	最低價（元）（月/日）	收盤均價（元）	淨值（元）	EPS（元）	本益比（P/E）	ROE（%）	現金股息（元）	現金殖利率（%）	現金配息率（%）	負債比（%）	董監事持股（%）	外資持股（%）
100	28.00	17.79	20.26	15.28	1.66	12.20	10.86	1.40	6.91	84.34	44.49	NA	NA
101	60.00（11/30）	42.00（11/26）	51.28	20.79	5.54	9.26	26.65	4.00	7.80	72.20	31.10	40.53	0.00
102	92.00（08/05）	52.30（01/02）	75.99	28.80	7.35	10.34	25.52	2.50	3.29	34.01	27.06	37.84	0.00
103	78.20（06/06）	43.00（11/10）	66.66	26.16	4.01	16.62	15.33	3.49	5.24	87.03	23.58	23.95	0.17
104	59.50（01/21）	29.20（08/07）	43.28	23.86	2.40	18.03	10.06	2.40	4.62	83.33	21.87	24.05	0.50
平均						13.29	17.68	2.67	5.57	72.18			
是否符合SOP：○X						○	○		▲	○	○	◆	

②複查買價=平均P/E×近4季EPS
=13.29×1.95元=25.92元

①基準買價=2.67元×15=40.05元
買入P/E=基準買價÷近4季EPS
=40.05元÷1.95元=20.54
※20.54＞15，不宜

註1：近5年配股記錄：102年配股2元
註2：105年Q3股價淨值比(P/B)=1.23
註3：最近4季（104年Q4～105年Q3）
　　　EPS=1.95元
註4：105/10/31股價：28.1元
註5：105/10/31適當買價：25.92元

註6：買前最近4季EPS（自填）：
註7：買前基準買價（自填）：
註8：買前複查買價（自填）：
註9：買前適當買價（自填）：
註10：本次買入價（自填）：
註11：NA表示無公告

㊷ 先豐（5349）

成立：1987/06/08	上櫃：1998/06/25	產業別：電子零組件
地址：桃園市觀音工業區經建一路16號	電話：03-4839611	發言人：紀金志（副總）
主要業務：多層印刷電路板84.88%、雙面印刷電路板12.01%等（2015年）。產品主要應用於手機基地台、伺服器及汽車雷達。		
105年Q3：資本額：22.41億元，總資產：70.53億元，累計EPS：1.56元，累計ROE：9.77%		

表7-42a 先豐股利政策

民國（年）	現金股利	盈餘配股	公積配股	股票股利	合計
104	2.57	0.00	0.00	0.00	2.57
103	3.14	0.00	0.00	0.00	3.14
102	2.70	0.00	0.00	0.00	2.70
101	1.93	0.00	0.00	0.00	1.93
100	1.00	0.85	0.00	0.85	1.85
99	0.80	0.26	0.00	0.26	1.06
98	0.43	0.00	0.00	0.00	0.43
97	0.00	0.00	0.00	0.00	0.00
96	0.00	0.00	0.00	0.00	0.00
95	0.00	0.00	0.00	0.00	0.00

表7-42b 先豐年度成交資訊

民國（年）	張數	金額（仟元）	筆數（仟）	最高價	日期	最低價	日期	收盤均價
104	786,090	32,733,241	444	66.20	04/17	23.10	08/25	41.64
103	510,069	18,575,593	248	44.60	12/24	29.10	08/08	36.42
102	755,023	22,850,681	312	40.30	09/06	20.50	01/21	30.26
101	615,091	12,867,535	221	25.75	03/05	15.35	01/02	20.92
100	924,191	20,823,705	300	31.70	06/03	13.40	03/16	22.53
99	585,665	10,486,990	179	22.25	04/27	13.70	02/06	17.91
98	433,290	5,998,181	107	21.35	12/29	2.88	01/14	13.84
97	53,365	383,771	12	10.90	04/28	2.82	11/25	6.79
96	175,378	1,995,942	41	14.05	07/17	8.13	11/12	10.38
95	180,406	2,156,817	44	14.95	01/03	9.31	08/02	11.00

表7-42c 先豐近4季與近5年的EPS

獲利能力（105年第3季）		最新4季每股盈餘		最新5年每股盈餘	
營業毛利率	10.64%	105年第3季	-0.06元	104年	9.80元
營業利益率	2.09%	105年第2季	0.95元	103年	9.12元
稅前淨利率	-0.17%	105年第1季	0.68元	102年	7.41元
資產報酬率	-0.01%	104年第4季	0.73元	101年	5.88元
股東權益報酬率	-0.19%	每股淨值	15.96元	100年	2.28元

近4季EPS總合2.3元

表7-42d 先豐收租股買前檢查表

民國（年）	最高價（元）（月/日）	最低價（元）（月/日）	收盤均價（元）	淨值（元）	EPS（元）	本益比（P/E）	ROE（%）	現金息（元）	現金殖利率（%）	現金配息率（%）	負債比（%）	董監事持股（%）	外資持股（%）
100	31.70（06/03）	13.40（03/16）	22.53	14.84	2.28	9.88	15.36	1.00	4.44	43.86	52.31	41.30	0.03
101	25.75（03/05）	15.35（01/02）	20.92	15.04	2.06	10.16	13.70	1.93	9.23	93.69	47.28	41.78	0.34
102	40.30（09/06）	20.50（01/21）	30.26	16.13	3.18	9.52	19.71	2.70	8.92	84.91	42.04	42.35	5.08
103	44.60（12/24）	29.10（08/08）	36.42	17.09	3.72	9.79	21.77	3.14	8.62	84.41	45.24	42.57	5.89
104	66.20（04/17）	23.10（08/25）	41.64	17.01	3.03	13.74	17.81	2.57	6.17	84.82	43.69	36.47	12.76
平均						10.62	17.67	2.27	7.48	78.34			
是否符合SOP：○X						○	○		○	○	○	○	

②複查買價＝平均P/E×近4季EPS
＝10.62×2.3元＝24.43元

①基準買價＝2.27元×15＝34.05元
買入P/E＝基準買價÷近4季EPS
＝34.05元÷2.3元＝14.8
※14.8＜15，OK

註1：近5年配股記錄：100年配股0.85元
註2：105年Q3股價淨值比(P/B)=1.96
註3：最近4季（104年Q4～105年Q3）
　　　EPS=2.3元
註4：105/10/31股價：31.3元
註5：105/10/31適當買價：24.43元
註6：買前最近4季EPS（自填）：
註7：買前基準買價（自填）：
註8：買前複查買價（自填）：
註9：買前適當買價（自填）：
註10：本次買入價（自填）：

㊸ 彩富（5489）

成立：1991/07/16	上櫃：2001/03/12	產業別：其他電子
地址：台北市內湖區洲子街 116號	電話：02-26598898	發言人：葉善鈞（副總）

主要業務：安全監控系統91.67%、其他6.81%、監視器自動調測系統1.51%（2015年）。安全控制設備製造商，代工（約80%）、自有品牌（約20%），客戶多為歐美安控設備大品牌。

105年Q3：資本額：10.42億元，總資產：28.59億元，累計EPS：0.98元，累計ROE：5.15%

表7-43a ▶ 彩富股利政策

民國（年）	現金股利	盈餘配股	公積配股	股票股利	合計
104	3.50	0.00	0.00	0.00	3.50
103	4.08	0.00	0.00	0.00	4.08
102	4.04	0.00	0.00	0.00	4.04
101	3.00	0.00	0.00	0.00	3.00
100	1.21	0.00	0.00	0.00	1.21
99	2.33	0.00	0.00	0.00	2.33
98	1.50	0.50	0.00	0.50	2.00
97	0.98	0.49	0.00	0.49	1.47
96	2.50	0.70	0.00	0.70	3.20
95	1.99	0.50	0.00	0.50	2.49

表7-43b ▶ 彩富年度成交資訊

民國（年）	張數	金額（仟元）	筆數（仟）	最高價	日期	最低價	日期	收盤均價
104	35,899	2,031,499	24	72.40	01/23	43.50	08/24	56.59
103	71,610	5,370,607	50	89.30	03/18	56.00	10/16	75.00
102	156,661	9,099,219	95	86.50	12/18	39.40	01/14	58.08
101	46,562	1,710,109	24	44.20	11/19	26.45	01/02	36.73
100	21,564	624,316	10	36.00	01/05	22.80	09/23	28.95
99	30,990	1,181,798	16	44.40	04/06	31.05	11/11	38.14
98	27,325	821,925	14	39.85	12/31	18.20	01/09	30.08
97	43,832	1,652,466	18	54.70	01/02	15.50	11/18	36.60
96	167,585	9,033,417	73	79.40	07/25	29.00	01/30	49.64
95	73,771	1,717,182	21	32.00	12/29	17.50	01/23	22.67

表7-43c 彩富近4季與近5年的EPS

獲利能力（105年第3季）		最新4季每股盈餘		最新5年每股盈餘	
營業毛利率	34.50%	105年第3季	0.09元	104年	4.15元
營業利益率	11.14%	105年第2季	0.33元	103年	5.78元
稅前淨利率	2.00%	105年第1季	0.56元	102年	5.77元
資產報酬率	0.32%	104年第4季	1.01元	101年	3.70元
股東權益報酬率	0.46%	每股淨值	19.02元	100年	1.81元

近4季EPS總合1.99元

表7-43d 彩富收租股買前檢查表

民國（年）	最高價（元）（月/日）	最低價（元）（月/日）	收盤均價（元）	淨值（元）	EPS（元）	本益比（P/E）	ROE（%）	現金息（元）	現金殖利率（%）	現金配息率（%）	負債比（%）	董監事持股（%）	外資持股（%）
100	36.00（01/05）	22.80（09/23）	28.95	14.14	1.81	15.99	12.80	1.21	4.18	66.85	20.39	30.14	0.41
101	44.20（11/19）	26.45（01/02）	36.73	16.75	3.70	9.93	22.09	3.00	8.17	81.08	23.74	30.12	0.49
102	86.50（12/18）	39.40（01/14）	58.08	20.72	5.77	10.07	27.85	4.04	6.96	70.02	21.39	30.31	0.30
103	89.30（03/18）	56.00（10/16）	75.00	22.70	5.78	12.98	25.46	4.08	5.44	70.59	21.89	34.29	4.87
104	72.40（01/23）	43.50（08/24）	56.59	21.97	4.15	13.64	18.89	3.50	6.18	84.34	20.26	34.55	4.94
平均						12.52	21.42	3.17	6.19	74.57			
是否符合SOP：○X						○	○	♦		○	○	○	○

②複查買價＝平均P/E×近4季EPS
　　　　　＝12.52×1.99元＝24.91元

①基準買價＝3.17元×15＝47.55元
買入P/E＝基準買價÷近4季EPS
　　　　＝47.55元÷1.99元＝23.89
※23.89＞15，不宜

註1：近5年配股記錄：無
註2：105年Q3股價淨值比(P/B)=2.21
註3：最近4季（104年Q4～105年Q3）
　　　EPS=1.99元
註4：105/10/31股價：42元
註5：105/10/31適當買價：24.91元

註6：買前最近4季EPS（自填）：
註7：買前基準買價（自填）：
註8：買前複查買價（自填）：
註9：買前適當買價（自填）：
註10：本次買入價（自填）：

㊹ 詩肯（6195）

成立：1995/10/09	上櫃：2002/10/21	產業別：貿易百貨
地址：桃園市龜山區頂湖一街 　　　69號	電話：03-3180555	發言人：何山壯 　　　　（財會主管）
主要業務：房間組45.37%、沙發組26.14%、餐廳組16.33%、床墊10.57%等 　　　　　（2015年）。經營柚木家具，包括沙發、床墊等，並提供系統家具設 　　　　　計服務。有詩肯柚木、詩肯家居及詩肯睡眠館3大門市。		
105年Q3：資本額：4.3億元，總資產：14.23億元，累計EPS：2.47元， 　　　　　累計ROE：14.07%		

表7-44a ▶ 詩肯股利政策

民國（年）	現金股利	盈餘配股	公積配股	股票股利	合計
104	3.50	0.00	0.00	0.00	3.50
103	5.11	0.00	0.00	0.00	5.11
102	5.00	0.50	0.00	0.50	5.50
101	4.00	0.50	0.00	0.50	4.50
100	4.50	0.50	0.00	0.50	5.00
99	2.00	0.00	0.00	0.00	2.00
98	0.00	0.00	0.00	0.00	0.00
97	0.50	0.00	0.00	0.00	0.50
96	0.00	0.00	0.00	0.00	0.00
95	0.00	0.00	0.00	0.00	0.00

表7-44b ▶ 詩肯年度成交資訊

民國 （年）	張數	金額（仟元）	筆數（仟）	最高價	日期	最低價	日期	收盤均價
104	25,328	1,671,270	20	81.00	01/12	41.00	08/25	65.98
103	22,778	2,258,963	19	116.00	02/19	71.60	11/18	99.17
102	65,363	5,095,631	50	120.00	12/02	44.50	01/17	77.96
101	61,703	3,415,028	41	69.80	03/26	40.50	11/21	55.35
100	144,935	7,909,612	88	69.50	06/02	30.50	03/17	54.57
99	68,857	2,679,244	35	56.60	08/30	19.00	01/08	38.91
98	34,380	548,377	14	21.60	12/17	6.40	02/03	15.95
97	13,150	133,614	6	14.05	06/02	4.86	09/18	9.52
96	48,540	863,069	21	22.70	07/26	11.20	12/20	16.22
95	3,990	36,488	2	13.30	12/04	2.83	08/22	5.96

表7-44c ▶ 詩肯近4季與近5年的EPS

獲利能力（105年第3季）		最新4季每股盈餘		最新5年每股盈餘	
營業毛利率	53.82%	105年第3季	0.82元	104年	4.40元
營業利益率	10.60%	105年第2季	0.71元	103年	6.11元
稅前淨利率	10.92%	105年第1季	0.94元	102年	6.62元
資產報酬率	0.00%	104年第4季	1.23元	101年	5.04元
股東權益報酬率	4.76%	每股淨值	17.55元	100年	6.23元

近4季EPS總合3.7元

表7-44d ▶ 詩肯收租股買前檢查表

民國（年）	最高價（元）（月/日）	最低價（元）（月/日）	收盤均價（元）	淨值（元）	EPS（元）	本益比（P/E）	ROE（%）	現金息（元）	現金殖利率（%）	現金配息率（%）	負債比（%）	董監事持股（%）	外資持股（%）
100	69.50（06/02）	30.50（03/17）	54.57	18.21	6.23	8.76	34.21	4.50	8.25	72.23	30.59	54.84	48.93
101	69.80（03/26）	40.50（11/21）	55.35	18.10	5.04	10.98	27.85	4.00	7.23	79.37	28.38	40.20	47.74
102	120.00（12/02）	44.50（01/17）	77.96	19.94	6.62	11.78	33.20	5.00	6.41	75.53	47.82	40.21	47.94
103	116.00（02/19）	71.60（11/18）	99.17	20.34	6.11	16.23	30.04	5.11	5.15	83.63	45.10	38.72	47.44
104	81.00（01/12）	41.00（08/25）	65.98	18.58	4.40	15.00	23.68	3.50	5.30	79.55	48.38	37.56	48.05
平均					12.55	29.80	4.42	6.42	78.06				
是否符合SOP：○X				○	○		♦	○	○	○	○	

②複查買價＝平均P/E×近4季EPS
＝12.55×3.7元＝46.44元

①基準買價＝4.42元×15＝66.3元
買入P/E＝基準買價÷近4季EPS
＝66.3元÷3.7元＝17.92
※17.92＞15，不宜

註1：近5年配股記錄：100～102年均
　　　配股0.5元
註2：105年Q3股價淨值比(P/B)＝2.84
註3：最近4季（104年Q4～105年Q3）
　　　EPS＝3.7元
註4：105/10/31股價：49.8元
註5：105/10/31適當買價：46.44元

註6：買前最近4季EPS（自填）：
註7：買前基準買價（自填）：
註8：買前複查買價（自填）：
註9：買前適當買價（自填）：
註10：本次買入價（自填）：

㊺ 海韻電（6203）

成立：1975/09/19	上櫃：2002/12/26	產業別：電子零組件
地址：台北市內湖區內湖路一 段360巷19號8F	電話：02-26590338	發言人：李欽漳 （執行副總）

主要業務：電源供應器97.91%、其他2.09%（2015年）。電腦電源供應器大廠，具研發高階產品能力，以自有品牌SeaSonic行銷全球。

105年Q3：資本額：8億元，總資產：19.79億元，累計EPS：1.76元，累計ROE：9.78%

表7-45a ▶ 海韻電股利政策

民國（年）	現金股利	盈餘配股	公積配股	股票股利	合計
104	2.00	0.00	0.00	0.00	2.00
103	3.50	0.00	0.00	0.00	3.50
102	3.00	0.00	0.00	0.00	3.00
101	2.30	0.50	0.00	0.50	2.80
100	2.70	0.00	0.00	0.00	2.70
99	3.50	0.00	0.00	0.00	3.50
98	3.21	3.00	0.00	3.00	6.21
97	5.09	0.00	0.00	0.00	5.09
96	8.59	0.00	0.00	0.00	8.59
95	3.83	0.00	0.00	0.00	3.83

表7-45b ▶ 海韻電年度成交資訊

民國（年）	張數	金額（仟元）	筆數（仟）	最高價	日期	最低價	日期	收盤均價
104	18,981	743,668	14	51.10	01/09	26.60	08/25	39.18
103	131,425	7,727,726	88	74.60	07/11	35.90	02/05	58.80
102	16,172	578,973	11	40.00	08/20	31.80	11/13	35.80
101	18,666	700,309	13	44.80	03/15	30.20	01/02	37.52
100	19,944	832,115	15	56.00	01/13	28.95	10/03	41.72
99	67,325	5,124,813	43	94.40	04/29	53.00	11/11	76.12
98	88,737	5,179,517	58	76.50	08/04	31.20	01/13	58.37
97	96,570	9,211,521	60	245.00	02/27	29.90	11/20	115.03
96	37,169	5,962,751	16	244.50	11/07	108.00	02/08	151.23
95	33,626	2,112,885	6	106.50	12/29	49.50	05/12	57.52

表7-45c ▶ 海韻電近4季與近5年的EPS

獲利能力（105年第3季）		最新4季每股盈餘		最新5年每股盈餘	
營業毛利率	33.94%	105年第3季	0.51元	104年	2.46元
營業利益率	18.50%	105年第2季	0.63元	103年	4.38元
稅前淨利率	12.23%	105年第1季	0.63元	102年	3.45元
資產報酬率	2.00%	104年第4季	0.65元	101年	3.35元
股東權益報酬率	2.84%	每股淨值	18.00元	100年	4.26元

近4季EPS總合2.42元

表7-45d ▶ 海韻電收租股買前檢查表

民國（年）	最高價（元）（月/日）	最低價（元）（月/日）	收盤均價（元）	淨值（元）	EPS（元）	本益比（P/E）	ROE（%）	現金息（元）	現金殖利率（%）	現金配息率（%）	負債比（%）	董監事持股（%）	外資持股（%）
100	56.00（01/13）	28.95（10/03）	41.72	16.96	4.26	9.79	25.12	2.70	6.47	63.38	40.24	48.19	6.40
101	44.80（03/15）	30.20（01/02）	37.52	17.50	3.35	11.20	19.14	2.30	6.13	68.66	41.44	47.95	5.64
102	40.00（08/20）	31.80（11/13）	35.80	18.00	3.45	10.38	19.17	3.00	8.38	86.96	35.46	48.03	5.64
103	74.60（07/11）	35.90（02/05）	58.80	19.43	4.38	13.42	22.54	3.50	5.95	79.91	28.13	48.03	5.64
104	51.10（01/09）	26.60（08/25）	39.18	18.39	2.46	15.93	13.38	2.00	5.10	81.30	28.08	47.15	5.40
平均						12.14	19.87	2.70	6.41	76.04			
	是否符合SOP：○X					○	○		◆	○	○	○	○

②複查買價＝平均P/E×近4季EPS
　　　　　＝12.14×2.42元＝29.38元

①基準買價＝2.7元×15＝40.5元
　買入P/E＝基準買價÷近4季EPS
　　　　　＝40.5元÷2.42元＝16.74
　※16.74＞15，不宜

註1：近5年配股記錄：101年配股0.5元
註2：105年Q3股價淨值比(P/B)=1.72
註3：最近4季（104年Q4～105年Q3）
　　　EPS=2.42元
註4：105/10/31股價：30.9元
註5：105/10/31適當買價：29.38元

註6：買前最近4季EPS（自填）：
註7：買前基準買價（自填）：
註8：買前複查買價（自填）：
註9：買前適當買價（自填）：
註10：本次買入價（自填）：

㊻ 慶生（6210）

成立：1984/10/05	上櫃：2003/02/14	產業別：電子零組件
地址：桃園市中壢區中壢工業 　　　區松江北路24號	電話：03-4529556	發言人：范揚淵 　　　　　（財務部經理）
主要業務：印刷電路板100%（2015年）。主攻客製化工業用電腦的印刷電路板 　　　　　（PCB）。			
105年Q3：資本額：3.5億元，總資產：9.52億元，累計EPS：2.17元， 　　　　　累計ROE：10.55%			

表7-46a 慶生股利政策

民國（年）	現金股利	盈餘配股	公積配股	股票股利	合計
104	4.00	0.00	0.00	0.00	4.00
103	4.00	0.00	0.00	0.00	4.00
102	3.50	0.00	0.00	0.00	3.50
101	3.00	0.00	0.00	0.00	3.00
100	3.00	0.00	0.00	0.00	3.00
99	4.00	0.00	0.00	0.00	4.00
98	1.00	0.00	0.00	0.00	1.00
97	0.70	0.00	0.00	0.00	0.70
96	0.45	0.00	0.00	0.00	0.45
95	0.00	0.00	0.00	0.00	0.00

表7-46b 慶生年度成交資訊

民國（年）	張數	金額（仟元）	筆數（仟）	最高價	日期	最低價	日期	收盤均價
104	71,938	4,008,896	44	69.50	04/14	36.35	08/24	55.73
103	33,286	1,497,237	21	49.45	03/27	39.60	10/28	44.98
102	28,877	1,311,360	14	51.70	08/20	39.65	01/08	45.41
101	57,180	2,646,690	20	55.00	09/26	31.60	01/13	46.29
100	48,823	2,545,281	25	64.60	03/11	30.50	08/22	52.13
99	267,358	10,119,780	111	53.90	09/07	16.50	01/27	37.85
98	138,551	2,519,127	51	24.30	10/20	11.45	02/03	18.18
97	54,638	1,794,796	11	43.90	04/21	13.50	12/30	27.47
96	61,026	891,055	18	21.80	10/30	9.29	01/03	15.01
95	37,944	335,708	10	11.20	12/13	4.77	03/22	7.20

表7-46c ▶ 慶生近4季與近5年的EPS

獲利能力（105年第3季）		最新4季每股盈餘		最新5年每股盈餘	
營業毛利率	27.23%	105年第3季	0.30元	104年	5.40元
營業利益率	11.93%	105年第2季	0.93元	103年	5.77元
稅前淨利率	10.20%	105年第1季	0.95元	102年	4.28元
資產報酬率	1.02%	104年第4季	1.13元	101年	4.47元
股東權益報酬率	1.46%	每股淨值	20.57元	100年	3.82元

近4季EPS總合3.31元

表7-46d ▶ 慶生收租股買前檢查表

民國（年）	最高價（元）（月/日）	最低價（元）（月/日）	收盤均價（元）	淨值（元）	EPS（元）	本益比（P/E）	ROE（%）	現金息（元）	現金殖利率（%）	現金配息率（%）	負債比（%）	董監事持股（%）	外資持股（%）
100	64.60（03/11）	30.50（08/22）	52.13	16.67	3.82	13.65	22.92	3.00	5.75	78.53	31.23	25.03	2.73
101	55.00（09/26）	31.60（01/13）	46.29	18.14	4.47	10.36	24.64	3.00	6.48	67.11	30.88	21.48	1.86
102	51.70（08/20）	39.65（01/08）	45.41	18.71	4.28	10.61	22.88	3.50	7.71	81.78	32.19	21.48	0.07
103	49.45（03/27）	39.60（10/28）	44.98	21.05	5.77	7.80	27.41	4.00	8.89	69.32	32.38	21.48	0.10
104	69.50（04/14）	36.35（08/24）	55.73	22.40	5.40	10.32	24.11	4.00	7.18	74.07	28.31	22.01	1.01
平均						10.55	24.39	3.50	7.20	74.16			
是否符合SOP：○X						○	○		○	○	○	◆	

②複查買價=平均P/E×近4季EPS
=10.55×3.31元=34.92元

①基準買價=3.5元×15=52.5元
買入P/E=基準買價÷近4季EPS
=52.5元÷3.31元=15.86
※15.86＞15，不宜

註1：近5年配股記錄：無
註2：105年Q3股價淨值比 (P/B)=1.72
註3：最近4季（104年Q4～105年Q3）
　　　EPS=3.31元
註4：105/10/31 股價：35.3元
註5：105/10/31 適當買價：34.92元

註6：買前最近4季 EPS（自填）：
註7：買前基準買價（自填）：
註8：買前複查買價（自填）：
註9：買前適當買價（自填）：
註10：本次買入價（自填）：

㊼ 普萊德（6263）

成立：1993/01/05	上櫃：2003/09/17	產業別：通信網路
地址：新北市新店區民權路96號10F	電話：02-22199518	發言人：林滿足（財務長）

主要業務：乙太網路供電31.88%、工業網路17.81%、交換器17.4%、光纖網路系統產品等（2015年）。主攻高階工業級網路、雲端網路及B2B應用市場。

105年Q3：資本額：6.25億元，總資產：13.77億元，累計EPS：3.19元，累計ROE：17.6%

表7-47a 普萊德股利政策

民國（年）	現金股利	盈餘配股	公積配股	股票股利	合計
104	3.80	0.00	0.00	0.00	3.80
103	3.30	0.20	0.00	0.20	3.50
102	2.60	0.20	0.00	0.20	2.80
101	2.10	0.20	0.00	0.20	2.30
100	1.40	0.00	0.00	0.00	1.40
99	1.50	0.00	0.00	0.00	1.50
98	1.70	0.30	0.00	0.30	2.00
97	2.00	0.30	0.00	0.30	2.30
96	2.80	0.50	0.00	0.50	3.30
95	2.80	0.80	0.00	0.80	3.60

表7-47b 普萊德年度成交資訊

民國（年）	張數	金額（仟元）	筆數（仟）	最高價	日期	最低價	日期	收盤均價
104	89,688	4,748,201	61	66.10	05/29	35.95	08/24	52.94
103	56,116	2,642,532	37	56.60	04/10	37.90	01/02	47.09
102	51,525	1,675,030	31	40.00	12/24	25.60	01/28	32.51
101	22,330	538,991	13	29.10	07/05	17.35	01/03	24.14
100	11,574	270,727	8	30.45	01/06	15.80	11/23	23.39
99	47,545	1,630,521	29	38.80	03/18	28.50	05/25	34.29
98	79,184	2,333,117	43	38.60	10/20	16.90	02/02	29.46
97	29,643	1,061,850	19	45.40	05/22	17.10	12/05	32.84
96	180,753	12,407,750	100	82.90	07/06	38.10	12/18	61.56
95	70,822	3,484,120	41	56.80	04/17	33.40	09/14	44.82

表7-47c ▶ 普萊德近4季與近5年的EPS

獲利能力（105年第3季）		最新4季每股盈餘		最新5年每股盈餘	
營業毛利率	38.09%	105年第3季	0.94元	104年	4.26元
營業利益率	23.28%	105年第2季	1.23元	103年	4.00元
稅前淨利率	23.26%	105年第1季	1.02元	102年	3.20元
資產報酬率	4.02%	104年第4季	1.11元	101年	2.62元
股東權益報酬率	5.33%	每股淨值	18.12元	100年	1.51元

近4季EPS總合4.3元

表7-47d ▶ 普萊德收租股買前檢查表

民國（年）	最高價（元）（月/日）	最低價（元）（月/日）	收盤均價（元）	淨值（元）	EPS（元）	本益比（P/E）	ROE（%）	現金息（元）	現金殖利率（%）	現金配息率（%）	負債比（%）	董監事持股（%）	外資持股（%）
100	30.45（01/06）	15.80（11/23）	23.39	14.90	1.51	15.49	10.13	1.40	5.99	92.72	14.94	41.26	0.07
101	29.10（07/05）	17.35（01/03）	24.14	16.11	2.62	9.21	16.26	2.10	8.70	80.15	14.48	41.47	0.05
102	40.00（12/24）	25.60（01/28）	32.51	16.96	3.20	10.16	18.87	2.60	8.00	81.25	18.83	41.23	0.05
103	56.60（04/10）	37.90（01/02）	47.09	18.08	4.00	11.77	22.12	3.30	7.01	82.50	18.86	41.03	0.38
104	66.10（05/29）	35.95（08/24）	52.94	18.73	4.26	12.43	22.74	3.80	7.18	89.20	15.87	40.97	0.32
平均						11.81	18.03	2.64	7.37	85.16			
是否符合SOP：○X						○	○		○	○	○	○	○

②複查買價＝平均P/E×近4季EPS
　　　　　＝11.81×4.3元＝50.78元

①基準買價＝2.64元×15＝39.6元
買入P/E＝基準買價÷近4季EPS
　　　　＝39.6元÷4.3元＝9.21
※9.21＜15，OK

註1：近5年配股記錄：101～103年均配股0.2元
註2：105年Q3股價淨值比(P/B)=2.52
註3：最近4季（104年Q4～105年Q3）EPS=4.3元
註4：105/10/31股價：45.65元
註5：105/10/31適當買價：39.6元

註6：買前最近4季EPS（自填）：
註7：買前基準買價（自填）：
註8：買前複查買價（自填）：
註9：買前適當買價（自填）：
註10：本次買入價（自填）：

㊽ 迅德（6292）

成立：1986/05/19	上櫃：2003/11/26	產業別：電子零組件
地址：桃園市龜山區民生北路 一段38-1號	電話：03-3554556	發言人：張美薇 （財務行政部經理）
主要業務：變壓器94.21%、電源供應器4.28%、其他1.5%（2015年）。 變壓器大廠，主攻汽車、醫療、照明LED等工業市場。		
105年Q3：資本額：4.69億元，總資產：15.83億元，累計EPS：2.3元， 累計ROE：11.64%		

表7-48a ▶ 迅德股利政策

民國（年）	現金股利	盈餘配股	公積配股	股票股利	合計
104	2.00	0.00	0.00	0.00	2.00
103	3.00	0.00	0.00	0.00	3.00
102	3.20	0.00	0.00	0.00	3.20
101	2.50	0.00	0.00	0.00	2.50
100	1.50	0.00	0.00	0.00	1.50
99	2.90	0.00	0.00	0.00	2.90
98	1.60	0.00	0.00	0.00	1.60
97	0.41	0.00	0.00	0.00	0.41
96	1.21	0.05	0.00	0.05	1.26
95	0.60	0.40	0.00	0.40	1.00

表7-48b ▶ 迅德年度成交資訊

民國 （年）	張數	金額（仟元）	筆數（仟）	最高價	日期	最低價	日期	收盤均價
104	16,249	535,340	8	37.45	03/19	24.10	08/24	32.95
103	33,104	1,134,031	18	39.45	03/21	27.30	10/13	34.26
102	41,468	1,218,781	22	35.30	12/25	22.25	01/08	29.39
101	12,749	314,083	6	28.95	03/05	21.00	06/04	24.64
100	24,469	812,072	14	37.85	05/09	20.85	11/25	33.19
99	62,882	2,047,636	27	41.50	04/30	23.30	02/05	32.56
98	25,224	453,971	11	26.40	12/21	8.71	03/02	18.00
97	5,252	92,411	3	23.15	04/08	9.87	12/05	17.19
96	59,545	1,613,317	25	33.30	08/10	19.60	12/20	26.17
95	49,140	829,005	19	23.00	12/20	11.40	03/21	15.01

表7-48c 迅德近4季與近5年的EPS

獲利能力（105年第3季）		最新4季每股盈餘		最新5年每股盈餘	
營業毛利率	30.44%	105年第3季	0.99元	104年	2.06元
營業利益率	11.28%	105年第2季	0.73元	103年	3.31元
稅前淨利率	17.06%	105年第1季	0.59元	102年	2.72元
資產報酬率	3.00%	104年第4季	0.26元	101年	2.81元
股東權益報酬率	5.08%	每股淨值	19.76元	100年	2.78元

近4季EPS總合2.57元

表7-48d 迅德收租股買前檢查表

民國（年）	最高價（元）（月/日）	最低價（元）（月/日）	收盤均價（元）	淨值（元）	EPS（元）	本益比（P/E）	ROE（%）	現金息（元）	現金殖利率（%）	現金配息率（%）	負債比（%）	董監事持股（%）	外資持股（%）
100	37.85（05/09）	20.85（11/25）	33.19	18.83	2.78	11.94	14.76	1.50	4.52	53.96	30.05	51.36	0.03
101	28.95（03/05）	21.00（06/04）	24.64	19.85	2.81	8.77	14.16	2.50	10.15	88.97	29.29	50.71	0.02
102	35.30（12/25）	22.25（01/08）	29.39	20.54	2.72	10.81	13.24	3.20	10.89	117.65	30.03	45.03	0.02
103	39.45（03/21）	27.30（10/13）	34.26	21.02	3.31	10.35	15.75	3.00	8.76	90.63	33.78	45.00	0.34
104	37.45（03/19）	24.10（8/24）	32.95	20.04	2.06	16.00	10.28	2.00	6.07	97.09	40.50	51.52	0.19
平均						11.57	13.64	2.44	8.08	89.66			
是否符合SOP：○X			○	◆		○	○	○	○				

②複查買價＝平均P/E×近4季EPS
　　　　　＝11.57×2.57元＝29.73元

①基準買價＝2.44元×15＝36.6元
　買入P/E＝基準買價÷近4季EPS
　　　　　＝36.6元÷2.57元＝14.24
　※14.24＜15，ok

註1：近5年配股記錄：無
註2：105年Q3股價淨值比(P/B)=1.38
註3：最近4季（104年Q4～105年Q3）
　　　EPS=2.57元
註4：105/10/31股價：27.3元
註5：105/10/31適當買價：29.73元

註6：買前最近4季EPS（自填）：
註7：買前基準買價（自填）：
註8：買前複查買價（自填）：
註9：買前適當買價（自填）：
註10：本次買入價（自填）：

㊾ 廣積（8050）

成立：2000/02/15	上櫃：2003/10/24	產業別：電腦及周邊設備
地址：台北市南港區園區街3-1號11F	電話：02-26557588	發言人：吳玉成（總經理）

主要業務：高階系統產品81.32%、單板電腦主機板10%、嵌入式電腦主機板2.35%（2015年）。主攻汽車、醫療、網通等工業電腦市場，子公司廣錠則專攻博奕領域業務。

105年Q3：資本額：12.02億元，總資產：43.64億元，累計EPS：4.54元，累計ROE：18.27%

表7-49a ▶ 廣積股利政策

民國（年）	現金股利	盈餘配股	公積配股	股票股利	合計
104	3.49	0.38	0.00	0.38	3.87
103	3.33	0.50	0.00	0.50	3.83
102	4.52	0.51	0.00	0.51	5.03
101	2.93	0.49	0.00	0.49	3.42
100	2.99	0.44	0.00	0.44	3.43
99	3.02	0.31	0.00	0.31	3.33
98	2.34	0.10	0.10	0.20	2.54
97	1.98	0.10	0.39	0.49	2.47
96	4.03	1.01	0.00	1.01	5.04
95	3.29	0.09	0.85	0.94	4.23

表7-49b ▶ 廣積年度成交資訊

民國（年）	張數	金額（仟元）	筆數（仟）	最高價	日期	最低價	日期	收盤均價
104	348,501	21,182,728	234	79.20	06/03	39.60	08/25	60.78
103	369,740	22,940,115	225	74.00	06/09	43.85	01/02	62.04
102	102,213	4,161,338	62	44.90	12/30	35.40	01/17	40.71
101	70,183	2,849,150	44	47.20	03/09	33.20	10/29	40.60
100	65,403	3,059,892	41	54.70	05/11	31.10	11/24	46.78
99	90,050	4,839,185	58	64.70	01/19	44.10	05/25	53.74
98	293,552	15,388,724	172	66.70	09/22	33.20	01/21	52.42
97	194,307	15,772,405	135	120.00	04/23	30.35	11/18	73.21
96	481,919	56,693,610	296	178.50	07/10	62.20	03/05	107.93
95	157,494	10,403,700	80	75.40	01/05	50.50	09/28	60.92

表7-49c 廣積近4季與近5年的EPS

獲利能力（105年第3季）		最新4季每股盈餘		最新5年每股盈餘	
營業毛利率	34.29%	105年第3季	1.33元	104年	4.45元
營業利益率	16.00%	105年第2季	1.81元	103年	4.07元
稅前淨利率	15.10%	105年第1季	1.53元	102年	2.89元
資產報酬率	3.93%	104年第4季	1.16元	101年	3.83元
股東權益報酬率	5.69%	每股淨值	24.85元	100年	4.03元

近4季EPS總合5.83元

表7-49d 廣積收租股買前檢查表

民國（年）	最高價（元）（月/日）	最低價（元）（月/日）	收盤均價（元）	淨值（元）	EPS（元）	本益比（P/E）	ROE（%）	現金（元）	現金殖利率（%）	現金配息率（%）	負債比（%）	董監事持股（%）	外資持股（%）
100	54.70（05/11）	31.10（11/24）	46.78	23.07	4.03	11.61	17.47	2.99	6.39	74.19	33.06	6.50	0.41
101	47.20（03/09）	33.20（10/29）	40.60	24.69	3.83	10.60	15.51	2.93	7.22	76.50	27.60	6.29	0.88
102	44.90（12/30）	35.40（01/17）	40.71	24.32	2.89	14.09	11.88	4.52	11.10	156.40	25.67	6.58	2.14
103	74.00（06/09）	43.85（01/02）	62.04	22.80	4.07	15.24	17.85	3.33	5.37	81.82	35.40	8.61	5.20
104	79.20（06/03）	39.60（08/25）	60.78	24.12	4.45	13.66	18.45	3.49	5.74	78.43	27.42	8.43	5.11
平均						13.04	16.23	3.45	7.16	93.47			
	是否符合SOP：○X		○	○					○	○	○	X	X

②複查買價＝平均P/E×近4季EPS
　　　　　＝13.04×5.83元＝76.02元

①基準買價＝3.45元×15＝51.75元
　買入P/E＝基準買價÷近4季EPS
　　　　　＝51.75元÷5.83元＝8.88
　※8.88＜15，OK

註1：近5年配股記錄：101～104年配股，
　　　見表7-49a
註2：105 年 Q3 股價淨值比 (P/B)=2.64
註3：最近 4 季（104 年 Q4 ～ 105 年 Q3）
　　　EPS=5.83 元
註4：105/10/31 股價：65.7 元
註5：105/10/31 適當買價：51.75 元

註6：買前最近 4 季 EPS（自填）：
註7：買前基準買價（自填）：
註8：買前複查買價（自填）：
註9：買前適當買價（自填）：
註10：本次買入價（自填）：

㊿ 鉅邁（8435）

成立：1977/09/01	上櫃：2012/12/28	產業別：其他
地址：新北市汐止區新台五路 　　　一段77號5F-4	電話：02-26988112	發言人：郭侗 　　　（財會處副總）

主要業務：冷卻水處理劑52.12%、製程處理劑22.75%、鍋爐水處理劑12.2%等
　　　　　（2015年）。台灣前3大水處理廠商，為老牌公司，但2012年才上
　　　　　櫃，中國業務穩定成長。

105年Q3：資本額：3.17億元，總資產：8.25億元，累計EPS：2.02元，
　　　　　累計ROE：9.17%

表7-50a 鉅邁股利政策

民國（年）	現金股利	盈餘配股	公積配股	股票股利	合計
104	3.15	0.00	0.00	0.00	3.15
103	3.00	0.30	0.00	0.30	3.30
102	2.90	0.40	0.00	0.40	3.30
101	3.00	0.00	0.00	0.00	3.00
100	2.50	0.50	0.00	0.50	3.00

表7-50b 鉅邁年度成交資訊

民國（年）	張數	金額（仟元）	筆數（仟）	最高價	日期	最低價	日期	收盤均價
104	13,141	697,949	9	60.30	04/21	43.65	08/24	53.11
103	23,210	1,220,748	16	57.60	01/08	46.80	02/05	52.60
102	47,539	2,429,503	33	60.20	12/25	39.00	01/02	51.11
101	2,060	82,038	1	41.00	12/28	38.40	12/28	39.82

表7-50c ▶ 鉅邁近4季與近5年的EPS

獲利能力（105年第3季）		最新4季每股盈餘		最新5年每股盈餘	
營業毛利率	55.15%	105年第3季	0.75元	104年	3.09元
營業利益率	17.05%	105年第2季	0.78元	103年	3.27元
稅前淨利率	19.51%	105年第1季	0.49元	102年	3.70元
資產報酬率	2.75%	104年第4季	0.82元	101年	3.68元
股東權益報酬率	3.44%	每股淨值	22.02元	100年	3.44元

近4季EPS總合2.84元

表7-50d ▶ 鉅邁收租股買前檢查表

民國（年）	最高價（元）（月/日）	最低價（元）（月/日）	收盤均價（元）	淨值（元）	EPS（元）	本益比（P/E）	ROE（%）	現金息（元）	現金殖利率（%）	現金配息率（%）	負債比（%）	董監事持股（%）	外資持股（%）
100	NA	NA	NA	21.56	3.44	NA	15.96	2.50	NA	72.67	17.73	NA	NA
101	41.00（12/28）	38.40（12/28）	39.82	23.36	3.68	10.82	15.75	3.00	7.53	81.52	17.64	19.11	0.00
102	60.20（12/25）	39.00（01/02）	51.11	24.57	3.70	13.81	15.06	2.90	5.67	78.38	13.98	20.85	0.00
103	57.60（01/08）	46.80（02/05）	52.60	24.45	3.27	16.09	13.37	2.90	5.70	91.74	15.63	17.52	0.39
104	60.30（04/21）	43.65（08/24）	53.11	23.75	3.09	17.19	13.01	3.15	5.93	101.94	16.33	16.72	0.09
平均						14.48	14.63	2.91	6.21	85.25			
是否符合SOP：○X					○	♦		♦	○	○		▲	

②複查買價＝平均P/E×近4季EPS
＝14.48×2.84元＝41.12元

①基準買價＝2.91元×15＝43.65元
買入P/E＝基準買價÷近4季EPS
＝43.65元÷2.84元＝15.37
※15.37＞15，不宜

註1：近5年配股記錄：100年0.5元，102
　　　年0.4元，103年0.3元
註2：105年Q3股價淨值比(P/B)＝1.88
註3：最近4季（104年Q4～105年Q3）
　　　EPS＝2.84元
註4：105/10/31股價：41.3元
註5：105/10/31適當買價：41.12元

註6：買前最近4季EPS（自填）：
註7：買前基準買價（自填）：
註8：買前複查買價（自填）：
註9：買前適當買價（自填）：
註10：本次買入價（自填）：
註11：NA表示無公告

277

(51) 豐興（2015）

成立：1969/01/07	上市：1992/05/25	產業別：鋼鐵
地址：台中市后里區甲后路702號	電話：04-25565101	發言人：陳連興（營業三處協理）
主要業務：鋼筋38.96%、型鋼31.13%、棒鋼29.87%、其他0.04%（2015年）。煉鋼廠，以國內市場為主，佔有率約≦15%，易受營建景氣影響，但近10年均至少配2元現金息。		
105年Q3：資本額：58.16億元，總資產：187.87億元，累計EPS：2.54元，累計ROE：9.06%		

表7-51a 豐興股利政策

民國（年）	現金股利	盈餘配股	公積配股	股票股利	合計
104	2.50	0.00	0.00	0.00	2.50
103	2.50	0.00	0.00	0.00	2.50
102	3.00	0.00	0.00	0.00	3.00
101	2.50	0.00	0.00	0.00	2.50
100	3.00	0.00	0.00	0.00	3.00
99	2.75	0.00	0.00	0.00	2.75
98	2.00	0.00	0.00	0.00	2.00
97	2.00	0.00	0.00	0.00	2.00
96	3.00	0.30	0.00	0.30	3.30
95	3.25	0.00	0.00	0.00	3.25

表7-51b 豐興年度成交資訊

民國（年）	張數	金額（仟元）	筆數（仟）	最高價	日期	最低價	日期	收盤均價
104	81,760,759	3,152,800	50	42.00	05/07	33.40	08/24	38.46
103	238,279,571	10,375,035	125	54.60	01/02	36.45	10/17	44.33
102	131,121,432	6,961,520	81	57.90	05/31	50.00	04/10	52.88
101	151,226,184	7,519,295	92	52.50	03/23	46.00	07/23	49.44
100	391,404,717	20,763,834	181	59.80	02/09	45.40	12/19	52.23
99	471,391,373	24,909,569	197	61.30	01/11	41.05	05/27	50.86
98	1,567,647,847	70,639,481	597	61.50	08/17	30.15	03/03	46.80
97	1,327,493,884	77,384,610	487	106.00	05/29	20.30	10/29	59.78
96	514,778,452	23,586,871	156	58.90	10/01	38.20	05/30	44.76
95	831,428,269	26,182,676	215	40.20	12/28	22.20	01/02	30.86

表7-51c 豐興近4季與近5年的EPS

獲利能力（105年第3季）		最新4季每股盈餘		最新5年每股盈餘	
營業毛利率	15.18%	105年第3季	0.89元	104年	3.45元
營業利益率	11.26%	105年第2季	0.84元	103年	2.87元
稅前淨利率	12.24%	105年第1季	0.81元	102年	2.49元
資產報酬率	2.68%	104年第4季	1.04元	101年	2.78元
股東權益報酬率	3.22%	每股淨值	28.05元	100年	4.59元

近4季EPS總合3.58元

表7-51d 豐興收租股買前檢查表

民國（年）	最高價（元）〔月/日〕	最低價（元）〔月/日〕	收盤均價（元）	淨值（元）	EPS（元）	本益比（P/E）	ROE（%）	現金息（元）	現金殖利率（%）	現金配息率（%）	負債比（%）	董監事持股（%）	外資持股（%）
100	59.80（02/09）	45.40（12/19）	52.23	28.32	4.59	11.38	16.21	3.00	5.74	65.36	33.45	21.15	11.01
101	52.50（03/23）	46.00（07/23）	49.44	27.44	2.78	17.78	10.13	2.50	5.06	89.93	20.19	21.14	15.65
102	57.90（05/31）	50.00（04/10）	52.88	27.29	2.49	21.24	9.12	3.00	5.67	120.48	19.02	20.30	17.66
103	54.60（01/02）	36.45（10/17）	44.33	27.12	2.87	15.45	10.58	2.50	5.64	87.11	18.29	19.84	22.84
104	42.00（05/07）	33.40（08/24）	38.46	28.01	3.45	11.15	12.32	2.50	6.50	72.46	14.45	19.41	12.00
平均						15.40	11.67	2.70	5.72	87.07			
是否符合SOP：○X						◆	▲		▲	○	○	◆	◆

②複查買價＝平均P/E×近4季EPS
　　　　　＝15×3.58元＝53.7元
※平均P/E≧15，取15計算

①基準買價＝2.7元×15＝40.5元
　買入P/E＝基準買價÷近4季EPS
　　　　　＝40.5元÷3.58元＝11.31
※11.31＜15，OK

註1：近5年配股記錄：無
註2：105年Q3股價淨值比(P/B)＝1.49
註3：最近4季（104年Q4～105年Q3）
　　　EPS＝3.58元
註4：105/10/31股價：41.9元
註5：105/10/31適當買價：40.5元

註6：買前最近4季EPS（自填）：
註7：買前基準買價（自填）：
註8：買前複查買價（自填）：
註9：買前適當買價（自填）：
註10：本次買入價（自填）：

㊷ 正新（2105）

成立：1969/12/19	上市：1987/12/07	產業別：橡膠
地址：彰化縣大村鄉黃厝村美 港路215號	電話：04-8525151	發言人：羅永勵 （財務部協理）

主要業務：輻射層汽車外胎46.33%、輻射層卡車外胎16.27%、機車外胎13.62%等（2015年）。汽機車輪胎業龍頭，在中國、印尼、印度及越南等地均有設廠，產品銷售至全球。

105年Q3：資本額：324.14億元，總資產：1644.31億元，累計EPS：3.4元，累計ROE：12.79%

表7-52a ▶ 正新股利政策

民國（年）	現金股利	盈餘配股	公積配股	股票股利	合計
104	3.00	0.00	0.00	0.00	3.00
103	3.00	0.00	0.00	0.00	3.00
102	3.00	0.00	0.00	0.00	3.00
101	1.50	1.50	0.00	1.50	3.00
100	1.40	1.40	0.00	1.40	2.80
99	2.00	2.00	0.00	2.00	4.00
98	2.00	2.50	0.00	2.50	4.50
97	1.00	1.00	0.00	1.00	2.00
96	1.20	1.50	0.00	1.50	2.70
95	0.75	0.70	0.00	0.70	1.45

表7-52b ▶ 正新年度成交資訊

民國（年）	張數	金額（仟元）	筆數（仟）	最高價	日期	最低價	日期	收盤均價
104	1,060,522	67,790,726	540	78.10	02/24	48.80	08/24	64.46
103	1,687,263	129,593,535	732	91.00	04/03	65.10	09/24	75.94
102	1,747,500	148,502,443	748	103.00	04/22	72.70	11/11	83.92
101	1,556,188	113,414,228	594	81.80	08/01	64.50	01/02	72.70
100	1,659,629	116,854,918	691	90.80	07/18	58.20	09/26	70.33
99	1,988,971	136,269,922	763	84.60	08/02	57.70	02/06	67.62
98	2,450,042	135,353,310	827	76.50	11/25	22.50	01/21	53.32
97	1,625,398	76,801,698	570	64.00	03/25	26.25	11/24	45.54
96	2,068,807	103,266,147	575	75.40	10/03	28.50	03/14	46.26
95	1,150,339	33,999,965	294	37.55	10/14	22.40	04/04	28.41

表7-52c 正新近4季與近5年的EPS

獲利能力（105年第3季）		最新4季每股盈餘		最新5年每股盈餘	
營業毛利率	30.12%	105年第3季	0.92元	104年	3.94元
營業利益率	14.39%	105年第2季	1.23元	103年	4.94元
稅前淨利率	13.62%	105年第1季	1.24元	102年	5.72元
資產報酬率	1.93%	104年第4季	0.99元	101年	5.64元
股東權益報酬率	3.48%	每股淨值	26.58元	100年	3.45元

近4季EPS總合4.38元

表7-52d 正新收租股買前檢查表

民國（年）	最高價（元）（月/日）	最低價（元）（月/日）	收盤均價（元）	淨值（元）	EPS（元）	本益比（P/E）	ROE（％）	現金息（元）	現金殖利率（％）	現金配息率（％）	負債比（％）	董監事持股（％）	外資持股（％）
100	90.80（07/18）	58.20（09/26）	70.33	20.96	3.45	20.39	16.46	1.40	1.99	40.58	63.40	32.91	11.64
101	81.80（08/01）	64.50（01/02）	72.70	22.31	5.64	12.89	25.28	1.50	2.06	26.60	58.02	43.49	14.59
102	81.20（08/27）	72.70（11/11）	83.92	24.31	5.72	14.67	23.53	3.00	3.57	52.45	51.06	43.24	19.78
103	102.00（07/01）	65.10（09/24）	75.94	27.08	4.94	15.37	18.24	3.00	3.95	60.73	47.87	55.95	5.43
104	119.50（04/28）	48.80（08/24）	64.46	27.51	3.94	16.36	14.32	3.00	4.65	76.14	45.80	29.02	13.49
平均						15.94	19.57	2.38	3.25	51.3			
是否符合SOP：○X						◆	○		X	X	○	○	

②複查買價＝平均P/E×近4季EPS
　　　　　＝15×4.38元＝65.7元
※平均P/E≧15，取15計算

①基準買價＝2.38元×15＝35.7元
　買入P/E＝基準買價÷近4季EPS
　　　　　＝35.7元÷4.38元＝8.15
※8.15＜15，OK

註1：近5年配股記錄：100年1.4元，101
　　年1.5元
註2：105年Q3股價淨值比（P/B）＝2.42
註3：最近4季（104年Q4～105年Q3）
　　EPS＝4.38元
註4：105/10/31股價：64.3元
註5：105/10/31適當買價：35.7元

註6：買前最近4季EPS（自填）：
註7：買前基準買價（自填）：
註8：買前複查買價（自填）：
註9：買前適當買價（自填）：
註10：本次買入價（自填）：

㊾ 矽品（2325）

成立：1984/05/17	上市：1993/04/07	產業別：半導體
地址：台中市潭子區大豐路三段123號	電話：04-25341525	發言人：馬光華（研發中心副總）

主要業務：封裝87.82%、測試服務11.53%、其他0.65%（2015年）。
　　　　　業務以手機及穿戴裝置為主力。自2015年起，日月光持續收購矽品股權，收購案已成定局。

105年Q3：資本額：311.64億元，總資產：1202.45億元，累計EPS：2.28元，累計ROE：11.05%

表7-53a ▶ 矽品股利政策

民國（年）	現金股利	盈餘配股	公積配股	股票股利	合計
104	3.80	0.00	0.00	0.00	3.80
103	3.00	0.00	0.00	0.00	3.00
102	1.80	0.00	0.00	0.00	1.80
101	1.65	0.00	0.00	0.00	1.65
100	1.42	0.00	0.00	0.00	1.42
99	1.62	0.00	0.00	0.00	1.62
98	2.58	0.00	0.00	0.00	2.58
97	1.80	0.00	0.00	0.00	1.80
96	4.50	0.10	0.00	0.10	4.60
95	3.35	0.20	0.00	0.20	3.55

表7-53b ▶ 矽品年度成交資訊

民國（年）	張數	金額（仟元）	筆數（仟）	最高價	日期	最低價	日期	收盤均價
104	3,821,074	173,596,952	1,388	57.90	02/25	32.50	08/20	46.41
103	3,691,009	162,665,867	1,102	55.80	07/09	35.40	02/06	43.33
102	2,339,646	80,321,298	686	39.50	07/01	30.00	02/06	34.18
101	2,133,705	68,440,902	699	36.50	04/03	26.65	01/02	32.03
100	3,304,053	108,983,013	968	41.90	02/18	23.05	08/22	32.57
99	4,147,181	151,933,809	1,182	47.70	01/08	28.45	08/31	35.69
98	4,468,518	176,749,048	1,378	49.30	10/20	25.05	01/21	39.78
97	4,355,171	188,574,662	1,171	59.00	04/18	21.50	12/04	42.34
96	3,354,479	209,184,733	863	75.80	07/10	47.50	01/08	63.32
95	4,601,611	195,334,529	1,053	52.50	11/30	33.00	07/17	42.21

表7-53c 矽品近4季與近5年的EPS

獲利能力（105年第3季）		最新4季每股盈餘		最新5年每股盈餘	
營業毛利率	23.02%	105年第3季	0.86元	104年	2.81元
營業利益率	13.60%	105年第2季	0.90元	103年	3.77元
稅前淨利率	14.39%	105年第1季	0.51元	102年	1.90元
資產報酬率	0.00%	104年第4季	-0.07元	101年	1.83元
股東權益報酬率	4.23%	每股淨值	20.63元	100年	1.56元

近4季EPS總合2.2元

表7-53d 矽品收租股買前檢查表

民國（年）	最高價（元）（月/日）	最低價（元）（月/日）	收盤均價（元）	淨值（元）	EPS（元）	本益比（P/E）	ROE（%）	現金息（元）	現金殖利率（%）	現金配息率（%）	負債比（%）	董監事持股（%）	外資持股（%）
100	41.90（02/18）	23.05（08/22）	32.57	19.10	1.56	20.88	8.17	1.42	4.36	91.03	27.57	6.09	61.06
101	36.50（04/03）	26.65（01/02）	32.03	19.40	1.83	17.50	9.43	1.65	5.15	90.16	31.60	5.81	55.70
102	39.50（07/01）	30.00（02/06）	34.18	20.05	1.90	17.99	9.48	1.80	5.27	94.74	38.64	5.80	55.37
103	55.80（07/09）	35.40（02/06）	43.33	23.14	3.76	11.52	16.25	3.00	6.92	79.79	44.42	4.92	57.22
104	57.90（02/25）	32.50（08/20）	46.41	22.65	2.81	16.52	12.41	3.80	8.19	135.23	42.72	4.87	59.22
平均						16.88	11.15	2.33	5.98	98.19			
是否符合SOP：○X						▲	▲		▲	○	○	○	○

②複查買價＝平均P/E×近4季EPS
＝15×2.2元=33元
※平均P/E≧15，取15計算

①基準買價=2.33元×15=34.95元
買入P/E=基準買價÷近4季EPS
=34.95元÷2.2元=15.88
※15.88＞15，不宜

註1：近5年配股記錄：無
註2：105年 Q3 股價淨值比 (P/B)=2.31
註3：最近 4 季（104 年 Q4 ～ 105 年 Q3）
　　　EPS=2.2 元
註4：105/10/31 股價：47.75 元
註5：105/10/31 適當買價：33 元

註6：買前最近 4 季 EPS（自填）：
註7：買前基準買價（自填）：
註8：買前複查買價（自填）：
註9：買前適當買價（自填）：
註10：本次買入價（自填）：

(54) 廣達（2382）

成立：1988/05/09	上市：88/01/08	產業別：電腦及周邊設備
地址：桃園市龜山區文化二路188號	電話：03-3272345	發言人：楊俊烈（財務中心副總）
主要業務：資訊產品100%（2015年）。全球筆電代工業龍頭，近年攻進雲端硬體市場，筆電業務趨緩，但雲端業務持續增加。		
105年Q3：資本額：386.26億元，總資產：5777.69億元，累計EPS：2.87元，累計ROE：8.63%		

表7-54a 廣達股利政策

民國（年）	現金股利	盈餘配股	公積配股	股票股利	合計
104	3.80	0.00	0.00	0.00	3.80
103	4.00	0.00	0.00	0.00	4.00
102	3.80	0.00	0.00	0.00	3.80
101	4.00	0.00	0.00	0.00	4.00
100	4.00	0.00	0.00	0.00	4.00
99	3.60	0.00	0.00	0.00	3.60
98	3.68	0.00	0.00	0.00	3.68
97	3.50	0.10	0.00	0.10	3.60
96	3.50	0.30	0.00	0.30	3.80
95	2.50	0.20	0.00	0.20	2.70

表7-54b 廣達年度成交資訊

民國（年）	張數	金額（仟元）	筆數（仟）	最高價	日期	最低價	日期	收盤均價
104	1,604,969	107,795,620	756	82.50	02/04	50.50	11/30	66.96
103	1,906,751	150,449,225	803	91.00	07/01	67.60	01/03	79.31
102	1,814,618	117,373,044	740	71.00	10/30	56.40	04/22	64.88
101	2,615,949	192,334,776	1,034	86.40	05/04	62.10	02/01	73.57
100	2,692,746	162,371,912	953	73.00	07/27	48.10	09/23	60.09
99	2,619,768	151,992,038	889	72.30	01/18	45.40	09/01	58.50
98	3,508,341	196,023,260	1,162	75.30	09/16	29.55	01/12	54.84
97	2,831,540	121,375,744	838	53.10	05/07	29.35	10/28	42.54
96	3,606,078	189,569,080	948	59.90	01/02	42.50	12/21	51.83
95	2,091,108	107,082,132	571	61.90	12/29	43.10	08/29	50.92

表7-54c 廣達近4季與近5年的EPS

獲利能力（105年第3季）		最新4季每股盈餘		最新5年每股盈餘	
營業毛利率	5.52%	105年第3季	1.03元	104年	4.62元
營業利益率	2.66%	105年第2季	0.91元	103年	4.90元
稅前淨利率	2.20%	105年第1季	0.94元	102年	4.84元
資產報酬率	0.80%	104年第4季	1.28元	101年	6.01元
股東權益報酬率	3.01%	每股淨值	33.23元	100年	6.02元

近4季EPS總合4.16元

表7-54d 廣達收租股買前檢查表

民國(年)	最高價(元)(月/日)	最低價(元)(月/日)	收盤均價(元)	淨值(元)	EPS(元)	本益比(P/E)	ROE(%)	現金息(元)	現金殖利率(%)	現金配息率(%)	負債比(%)	董監事持股(%)	外資持股(%)
100	73.00(07/27)	48.10(09/23)	60.09	30.35	6.02	9.98	19.84	4.00	6.66	66.45	81.55	33.48	35.22
101	86.40(05/04)	62.10(02/01)	73.57	32.24	6.01	12.24	18.64	4.00	5.44	66.56	76.88	33.32	37.87
102	71.00(10/30)	56.40(04/22)	64.88	31.99	4.84	13.40	15.13	3.80	5.86	78.51	76.51	31.63	35.86
103	91.00(07/01)	67.60(01/03)	79.31	34.34	4.90	16.19	14.27	4.00	5.04	81.63	76.95	29.93	40.33
104	82.50(02/04)	50.50(11/30)	66.96	34.44	4.62	14.49	13.41	3.80	5.68	82.25	73.65	29.12	37.99
平均						13.26	16.26	3.92	5.73	75.08			
是否符合SOP：○X						○	○			▲	○	X	○

②複查買價＝平均P/E×近4季EPS
　＝13.26×4.16元＝55.16元

①基準買價＝3.92元×15＝58.8元
　買入P/E＝基準買價÷近4季EPS
　＝58.8元÷4.16元＝14.13
※14.13＜15，OK

註1：近5年配股記錄：無
註2：105年Q3股價淨值比(P/B)＝1.93
註3：最近4季(104年Q4～105年Q3)
　　　EPS＝4.16元
註4：105/10/31股價：64元
註5：105/10/31適當買價：55.16元

註6：買前最近4季EPS（自填）：
註7：買前基準買價（自填）：
註8：買前複查買價（自填）：
註9：買前適當買價（自填）：
註10：本次買入價（自填）：

⑤⑤ 興富發（2542）

成立：1980/01/23	上市：1999/05/03	產業別：建材營造
地址：台北市大安區敦化南路 　　　二段76號8F	電話：02-27555899	發言人：廖昭雄 　　　（開發部副總）

主要業務：房屋76.46%、建築工程5.36%、環科底渣處理0.53%、其他17.64%
（2015年）。全台推案多，餘屋也多，目前房市景氣趨緩及政府政策
不明朗，是不利因素。

105年Q3：資本額：116.66億元，總資產：1085.61億元，累計EPS：4.73元，
累計ROE：16.03%

表7-55a▶ 興富發股利政策

民國（年）	現金股利	盈餘配股	公積配股	股票股利	合計
104	6.00	0.00	0.00	0.00	6.00
103	4.00	3.00	0.00	3.00	7.00
102	2.00	5.00	0.00	5.00	7.00
101	3.00	0.00	0.00	0.00	3.00
100	3.00	0.00	0.00	0.00	3.00
99	6.10	0.00	0.00	0.00	6.10
98	5.04	0.00	0.00	0.00	5.04
97	2.30	0.42	0.04	0.46	2.76
96	3.01	0.43	0.07	0.50	3.51
95	0.45	3.76	0.23	3.99	4.44

表7-55b▶ 興富發年度成交資訊

民國 （年）	張數	金額（仟元）	筆數 （仟）	最高價	日期	最低價	日期	收盤均價
104	858,629	49,631,097	508	83.00	04/08	34.15	12/14	60.93
103	658,681	40,179,491	328	74.00	08/19	47.50	09/30	61.98
102	509,021	33,074,579	299	76.40	08/06	54.90	01/02	64.21
101	565,339	28,586,600	300	57.50	03/21	41.05	10/29	49.52
100	1,208,336	74,262,222	546	76.00	07/22	38.10	12/20	59.37
99	2,352,545	127,157,389	942	67.90	12/02	43.70	02/06	52.99
98	2,725,155	96,728,303	917	49.60	10/15	12.10	03/03	31.91
97	2,662,359	94,595,830	854	59.70	04/21	11.10	11/21	31.00
96	1,260,243	57,050,782	373	68.20	07/26	24.20	12/18	42.84
95	2,590,041	100,877,925	697	55.30	07/06	23.40	01/03	36.95

表7-55c 興富發近4季與近5年的EPS

獲利能力（105年第3季）		最新4季每股盈餘		最新5年每股盈餘	
營業毛利率	28.29%	105年第3季	1.72元	104年	7.06元
營業利益率	20.06%	105年第2季	0.52元	103年	11.44元
稅前淨利率	19.61%	105年第1季	2.48元	102年	10.85元
資產報酬率	2.44%	104年第4季	5.04元	101年	8.13元
股東權益報酬率	6.61%	每股淨值	29.50元	100年	9.19元

近4季EPS總合9.76元

表7-55d 興富發收租股買前檢查表

民國（年）	最高價（元）（月/日）	最低價（元）（月/日）	收盤均價（元）	淨值（元）	EPS（元）	本益比（P/E）	ROE（%）	現金息（元）	現金殖利率（%）	現金配息率（%）	負債比（%）	董監事持股（%）	外資持股（%）
100	76.00（07/22）	38.10（12/20）	59.37	28.05	9.19	6.46	32.76	3.00	5.05	32.64	69.81	12.56	14.83
101	57.50（03/21）	41.05（10/29）	49.52	37.71	8.13	6.09	21.56	3.00	6.06	36.90	73.37	8.50	20.95
102	76.40（08/06）	54.90（01/02）	64.21	36.65	10.85	5.92	29.60	2.00	3.11	18.43	75.86	8.49	26.72
103	74.00（08/19）	47.50（09/30）	61.98	34.56	11.44	5.42	33.10	4.00	6.45	34.97	68.32	8.48	28.07
104	83.00（04/08）	34.15（12/14）	60.93	30.78	7.06	8.63	22.94	5.00	9.85	84.99	65.57	8.41	33.71
平均						6.50	27.99	3.60	6.11	41.59			
	是否符合SOP：○X		○	○				◆	X	X		○	○

②複查買價＝平均P/E×近4季EPS
　　　　　＝6.5×9.76元＝63.44元

①基準買價＝3.6元×15＝54元
買入P/E＝基準買價÷近4季EPS
　　　　＝54元÷9.76元＝5.53
※5.53＜15，OK

註1：近5年配股記錄：102年5元，103年3元
註2：105年Q3股價淨值比（P/B）＝1.58
註3：最近4季（104年Q4～105年Q3）EPS＝9.76元
註4：105/10/31股價：46.75元
註5：105/10/31適當買價：54元

註6：買前最近4季EPS（自填）：
註7：買前基準買價（自填）：
註8：買前複查買價（自填）：
註9：買前適當買價（自填）：
註10：本次買入價（自填）：

㊺ 中信金（2891）

成立：2002/05/17	上市：2002/05/17	產業別：金融保險
地址：台北市南港區經貿二路 168號27F、29F	電話：02-33277777	發言人：吳一揆 （總經理）

主要業務：保險業務淨收益52.3%、淨利息收益27.4%、手續費收入11.9%等
（2015年）。國內消費金融龍頭，近5年平均ROE為同業最高，每年
配發現金及股票股利。

105年Q3：資本額：1949.7億元，總資產：48,481.89億元，累計EPS：1.29元，
累計ROE：8.05%

表7-56a▶ 中信金股利政策

民國（年）	現金股利	盈餘配股	公積配股	股票股利	合計
104	0.81	0.80	0.00	0.80	1.61
103	0.81	0.81	0.00	0.81	1.62
102	0.38	0.37	0.00	0.37	0.75
101	0.71	0.70	0.00	0.70	1.41
100	0.40	0.88	0.00	0.88	1.28
99	0.73	0.72	0.00	0.72	1.45
98	0.64	0.39	0.25	0.64	1.28
97	0.18	0.00	0.32	0.32	0.50
96	0.20	0.40	0.40	0.80	1.00
95	0.00	0.00	0.00	0.00	0.00

表7-56b▶ 中信金年度成交資訊

民國（年）	張數	金額（仟元）	筆數（仟）	最高價	日期	最低價	日期	收盤均價
104	10,386,977	211,177,368	2,089	24.80	04/28	16.05	12/14	20.44
103	7,258,997	146,929,237	1,451	22.15	09/01	17.95	05/02	20.14
102	9,643,072	177,856,271	1,571	20.35	12/31	16.45	01/17	18.64
101	7,989,554	142,929,110	1,483	20.85	02/04	15.45	11/19	17.80
100	10,631,930	235,492,312	1,786	27.10	07/27	16.10	11/23	22.35
99	9,976,892	187,568,141	1,604	21.80	12/31	15.15	05/25	18.69
98	19,729,015	341,168,782	2,697	23.40	06/02	9.60	02/23	17.74
97	14,169,038	302,656,682	1,672	32.70	04/16	7.90	10/30	22.17
96	7,347,017	185,643,796	866	28.50	07/18	21.20	08/17	25.10
95	6,515,500	167,664,483	899	29.30	05/09	21.35	08/29	25.43

表7-56c 中信金近4季與近5年的EPS

獲利能力（105年第3季）		最新4季每股盈餘		最新5年每股盈餘	
營業毛利率	0.00%	105年第3季	0.50元	104年	2.10元
營業利益率	0.00%	105年第2季	0.43元	103年	2.58元
稅前淨利率	35.63%	105年第1季	0.36元	102年	1.50元
資產報酬率	0.19%	104年第4季	0.62元	101年	1.65元
股東權益報酬率	3.16%	每股淨值	14.84元	100年	1.61元

近4季EPS總合1.91元

表7-56d 中信金收租股買前檢查表

民國（年）	最高價（元）（月/日）	最低價（元）（月/日）	收盤均價（元）	淨值（元）	EPS（元）	本益比（P/E）	ROE（%）	現金息（元）	現金殖利率（%）	現金配息率（%）	負債比（%）	董監事持股（%）	外資持股（%）
100	27.10（07/27）	16.10（11/23）	22.35	14.97	1.61	13.88	10.75	0.40	1.79	24.84	91.51	1.12	51.68
101	20.85（02/04）	15.45（11/19）	17.80	13.71	1.65	10.79	12.04	0.71	3.99	43.03	91.93	4.12	45.19
102	20.35（12/31）	16.45（01/17）	18.64	13.10	1.50	12.43	11.45	0.38	2.04	25.33	92.05	3.89	41.66
103	22.15（09/01）	17.95（05/02）	20.14	15.03	2.58	7.81	17.17	0.81	4.02	31.40	93.72	1.18	40.55
104	24.80（04/28）	16.05（12/14）	20.44	15.39	2.10	9.73	13.65	0.81	3.96	38.57	93.96	1.20	47.45
平均						10.93	13.01	0.62	3.16	32.64			
是否符合SOP：○X						○	◆		X	X	X	○	○

②複查買價＝平均P/E×近4季EPS
＝10.93×1.91元＝20.87元

①基準買價＝0.62元×15＝9.3元
買入P/E＝基準買價÷近4季EPS
＝9.3元÷1.91元＝4.87
※4.87＜15，OK

註1：近5年配股記錄：101～104配股，見表 **7-56a**
註2：105年Q3股價淨值比(P/B)＝1.18
註3：最近4季（104年Q4～105年Q3）EPS＝1.91元
註4：105/10/31股價：17元
註5：105/10/31適當買價：9.3元
註6：買前最近4季EPS（自填）：
註7：買前基準買價（自填）：
註8：買前複查買價（自填）：
註9：買前適當買價（自填）：
註10：本次買入價（自填）：

(57) 大聯大（3702）

成立：2005/11/09	上市：2005/11/09	產業別：電子通路
地址：台北市內湖區堤頂大道二段489號8F	電話：02-87978860	發言人：袁興文（副總）
主要業務：核心元件30.23%、類比及混合訊號元件16.63%、記憶元件16.13%等（2015年）。電子零件銷售，業務範圍包含手機、電腦、電子、雲端、汽車及工業控制等領域。		
105年Q3：資本額：165.57億元，總資產：1774.98億元，累計EPS：2.99元，累計ROE：10.79%		

表7-57a 大聯大股利政策

民國（年）	現金股利	盈餘配股	公積配股	股票股利	合計
104	2.40	0.00	0.00	0.00	2.40
103	2.50	0.00	0.00	0.00	2.50
102	2.30	0.00	0.00	0.00	2.30
101	2.40	0.00	0.00	0.00	2.40
100	2.60	0.00	0.00	0.00	2.60
99	2.10	0.00	0.90	0.90	3.00
98	2.00	1.80	0.00	1.80	3.80
97	1.40	0.00	0.00	0.00	1.40
96	2.08	0.31	0.00	0.31	2.39
95	1.19	0.50	0.00	0.50	1.69

表7-57b 大聯大年度成交資訊

民國（年）	張數	金額（仟元）	筆數（仟）	最高價	日期	最低價	日期	收盤均價
104	979,615	35,414,328	507	41.40	03/25	27.25	08/24	35.95
103	1,379,634	52,640,998	550	43.50	06/05	34.05	01/06	37.56
102	1,535,531	54,088,027	610	40.15	01/30	32.60	11/22	35.15
101	1,341,751	50,714,375	566	43.25	03/19	30.00	07/25	37.42
100	1,794,796	81,116,881	788	59.40	01/21	28.90	11/23	45.42
99	2,054,993	121,252,696	904	76.10	08/10	46.30	02/06	58.79
98	3,532,859	111,671,327	1,169	56.00	12/31	15.80	01/06	34.93
97	2,773,429	85,800,709	963	46.70	04/24	10.95	11/21	31.12
96	3,164,962	112,047,425	960	56.90	10/29	16.45	01/11	29.92
95	1,181,064	16,119,864	214	19.55	11/30	8.84	02/27	11.89

表7-57c ▶ 大聯大近4季與近5年的EPS

獲利能力（105年第3季）		最新4季每股盈餘		最新5年每股盈餘	
營業毛利率	4.17%	105年第3季	1.12元	104年	3.27元
營業利益率	1.80%	105年第2季	0.94元	103年	3.51元
稅前淨利率	1.60%	105年第1季	0.94元	102年	2.87元
資產報酬率	1.23%	104年第4季	0.75元	101年	2.72元
股東權益報酬率	4.00%	每股淨值	27.72元	100年	3.21元

近4季EPS總合3.75元

表7-57d ▶ 大聯大收租股買前檢查表

民國（年）	最高價（元）（月/日）	最低價（元）（月/日）	收盤均價（元）	淨值（元）	EPS（元）	本益比（P/E）	ROE（%）	現金息（元）	現金殖利率（%）	現金配息率（%）	負債比（%）	董監事持股（%）	外資持股（%）
100	59.40（01/21）	28.90（11/23）	45.42	23.43	3.21	14.15	13.70	2.60	5.72	81.00	65.32	12.49	36.48
101	43.25（03/19）	30.00（07/25）	37.42	23.04	2.72	13.76	11.81	2.40	6.41	88.24	68.07	11.93	38.19
102	40.15（01/30）	32.60（11/22）	35.15	24.09	2.87	12.25	11.91	2.30	6.54	80.14	70.44	11.51	34.81
103	43.50（06/05）	34.05（01/06）	37.56	27.21	3.51	10.70	12.90	2.40	6.66	71.23	71.86	11.67	30.22
104	41.40（03/25）	27.25（08/24）	35.95	28.85	3.27	10.99	11.33	2.40	6.68	73.39	73.01	10.52	29.80
平均						12.37	12.33	2.44	6.40	78.80			
是否符合SOP：○X						○	◆		◆	○	X	○	○

②複查買價＝平均P/E×近4季EPS
　　　　　＝12.37×3.75元=46.39元

①基準買價=2.44元×15=36.6元
買入P/E=基準買價÷近4季EPS
　　　　=36.6元÷3.75元=9.76
※9.76＜15，OK

註1：近5年配股記錄：無
註2：105年Q3股價淨值比(P/B)=1.33
註3：最近4季（104年Q4～105年Q3）EPS=3.75元
註4：105/10/31股價：37元
註5：105/10/31適當買價：36.6元

註6：買前最近4季EPS（自填）：
註7：買前基準買價（自填）：
註8：買前複查買價（自填）：
註9：買前適當買價（自填）：
註10：本次買入價（自填）：

㊸ 遠傳（4904）

成立：1997/04/11	上市：2001/12/10	產業別：通信網路
地址：台北市大安區敦化南路 二段207號28F	電話：02-77235000	發言人：郎亞玲 （公關處資深協理）

主要業務：行動通信服務62.37%、其他28.34%等（2015年）。近5年平均ROE優於中華電，是電信三雄中，唯一一家每年股價可能低於65元（比較表5-2、表5-3）。

105年Q3：資本額：325.85億元，總資產：1408.31億元，累計EPS：2.83元，累計ROE：13.39%

表7-58a 遠傳股利政策

民國（年）	現金股利	盈餘配股	公積配股	股票股利	合計
104	3.75	0.00	0.00	0.00	3.75
103	3.75	0.00	0.00	0.00	3.75
102	3.75	0.00	0.00	0.00	3.75
101	3.50	0.00	0.00	0.00	3.50
100	3.00	0.00	0.00	0.00	3.00
99	2.50	0.00	0.00	0.00	2.50
98	2.80	0.00	0.00	0.00	2.80
97	2.80	0.00	0.00	0.00	2.80
96	3.10	0.00	0.00	0.00	3.10
95	3.10	0.00	0.00	0.00	3.10

表7-58b 遠傳年度成交資訊

民國 （年）	張數	金額（仟元）	筆數 （仟）	最高價	日期	最低價	日期	收盤均價
104	1,085,018	78,378,997	531	80.50	02/24	65.00	12/14	72.28
103	1,120,475	71,583,162	533	73.00	12/31	57.00	09/16	64.24
102	1,536,074	107,856,927	608	83.00	07/23	59.60	10/22	71.04
101	1,944,796	127,000,295	689	76.10	12/12	53.00	01/18	66.56
100	1,444,631	69,740,645	498	61.10	11/29	41.55	02/15	46.89
99	1,148,258	45,981,839	323	45.60	08/09	36.90	02/10	40.71
98	1,964,821	72,175,826	531	41.00	07/20	31.20	02/19	36.53
97	1,732,285	74,886,217	377	54.90	03/31	29.25	11/07	43.71
96	1,563,627	61,475,430	275	44.50	11/30	35.30	01/23	39.25
95	1,596,393	60,303,830	223	43.00	05/05	34.10	09/14	37.40

表7-58c 遠傳近4季與近5年的EPS

獲利能力（105年第3季）		最新4季每股盈餘		最新5年每股盈餘	
營業毛利率	41.92%	105年第3季	0.98元	104年	3.52元
營業利益率	18.27%	105年第2季	0.92元	103年	3.52元
稅前淨利率	16.67%	105年第1季	0.92元	102年	3.63元
資產報酬率	2.31%	104年第4季	0.65元	101年	3.25元
股東權益報酬率	4.74%	每股淨值	21.13元	100年	2.73元

近4季EPS總合3.47元

表7-58d 遠傳租股買前檢查表

民國（年）	最高價（元）〔月/日〕	最低價（元）〔月/日〕	收盤均價（元）	淨值（元）	EPS（元）	本益比（P/E）	ROE（%）	現金息（元）	現金殖利率（%）	現金配息率（%）	負債比（%）	董監事持股（%）	外資持股（%）
100	61.10〔11/29〕	41.55〔02/15〕	46.89	22.09	2.73	17.18	12.36	3.00	6.40	109.89	23.74	33.76	27.72
101	76.10〔12/12〕	53.00〔01/18〕	66.56	22.38	3.25	20.48	14.52	3.50	5.26	107.69	24.95	33.75	37.94
102	83.00〔07/23〕	59.60〔10/22〕	71.04	22.34	3.63	19.57	16.25	3.75	5.28	103.31	38.45	33.76	33.52
103	73.00〔12/31〕	57.00〔09/16〕	64.24	22.32	3.52	18.25	15.77	3.75	5.84	106.53	40.56	33.76	27.49
104	80.50〔02/24〕	65.00〔12/14〕	72.28	22.07	3.52	20.53	15.95	3.75	5.19	106.53	46.92	33.76	31.86
平均						19.20	14.97	3.55	5.59	106.79			
是否符合SOP：○X						X	◆		▲	○	○	○	○

②複查買價＝平均P/E×近4季EPS
　　　　　＝15×3.47元＝52.05元
※平均P/E≧15，取15計算

①基準買價＝3.55元×15＝53.25元
　買入P/E＝基準買價÷近4季EPS
　　　　　＝53.25元÷3.47元＝15.35
※15.35＞15，不宜

註1：近5年配股記錄：無
註2：105年Q3股價淨值比(P/B)=3.53
註3：最近4季（104年Q4～105年Q3）
　　　EPS=3.47元
註4：105/10/31股價：74.6元
註5：105/10/31適當買價：52.05元

註6：買前最近4季EPS（自填）：
註7：買前基準買價（自填）：
註8：買前複查買價（自填）：
註9：買前適當買價（自填）：
註10：本次買入價（自填）：

⑤⑨ 瑞儀（6176）

成立：1995/07/24	上市：2007/05/15	產業別：光電
地址：高雄市高雄加工出口區 中六路1號	電話：07-8216151	發言人：張紋祥 （特助）
主要業務：背光模組82.46%、其他17.54%（2015年）。電子零組件及模具製 造，應用於平板電腦、手機、電視及車用面板等產品。		
105年Q3：資本額：46.5億元，總資產：452.82億元，累計EPS：2.32元， 累計ROE：4.85%		

表7-59a　瑞儀股利政策

民國（年）	現金股利	盈餘配股	公積配股	股票股利	合計
104	4.50	0.00	0.00	0.00	4.50
103	5.50	0.00	0.00	0.00	5.50
102	7.00	0.00	0.00	0.00	7.00
101	8.00	0.30	0.00	0.30	8.30
100	6.50	0.30	0.00	0.30	6.80
99	3.80	0.30	0.00	0.30	4.10
98	2.30	0.30	0.00	0.30	2.60
97	1.70	0.30	0.00	0.30	2.00
96	3.00	0.30	0.00	0.30	3.30
95	2.50	0.30	0.00	0.30	2.80

表7-59b　瑞儀年度成交資訊

民國（年）	張數	金額（仟元）	筆數（仟）	最高價	日期	最低價	日期	收盤均價
104	1,189,063	115,741,240	749	120.00	06/24	71.60	08/10	97.75
103	983,967	121,437,140	566	144.00	07/22	95.50	10/27	120.79
102	936,981	99,757,670	536	123.00	03/25	86.40	08/08	107.27
101	1,552,628	196,987,093	873	158.50	06/25	82.30	01/02	126.86
100	2,301,498	204,436,773	1,145	121.00	07/28	56.10	01/03	87.05
99	834,281	39,655,375	357	65.00	12/14	37.20	02/06	45.28
98	1,426,746	54,834,571	542	49.00	07/22	19.40	01/10	37.15
97	979,416	33,793,451	362	50.40	05/20	16.80	11/26	33.53
96	717,907	37,827,340	278	61.80	07/09	36.50	12/18	50.68

表7-59c ▶ 瑞儀近4季與近5年的EPS

獲利能力（105年第3季）		最新4季每股盈餘		最新5年每股盈餘	
營業毛利率	18.03%	105年第3季	2.32元	104年	6.61元
營業利益率	11.38%	105年第2季	1.21元	103年	8.01元
稅前淨利率	12.56%	105年第1季	0.94元	102年	10.13元
資產報酬率	2.40%	104年第4季	2.94元	101年	12.05元
股東權益報酬率	4.86%	每股淨值	47.8元	100年	10.01元

近4季EPS總合7.41元

表7-59d ▶ 瑞儀收租股買前檢查表

民國（年）	最高價（元）（月/日）	最低價（元）（月/日）	收盤均價（元）	淨值（元）	EPS（元）	本益比（P/E）	ROE（%）	現金息（元）	現金殖利率（%）	現金配息率（%）	負債比（%）	董監事持股（%）	外資持股（%）
100	121.00（07/28）	56.10（01/03）	87.05	43.27	10.01	8.70	23.13	6.50	7.47	64.94	19.54	5.93	50.38
101	158.50（06/25）	82.30（01/02）	126.86	46.09	12.05	10.53	26.14	8.00	6.31	66.39	21.13	5.05	59.24
102	123.00（03/25）	86.40（08/08）	107.27	48.01	10.13	10.59	21.10	7.00	6.53	69.10	57.50	12.87	57.37
103	144.00（07/22）	95.50（10/27）	120.79	52.58	8.01	15.08	15.23	5.50	4.55	68.66	55.81	4.60	64.84
104	120.00（06/24）	71.60（08/10）	97.75	52.27	6.61	14.79	12.65	4.50	4.60	68.08	54.99	4.94	55.69
平均						11.94	19.65	6.3	5.89	67.43			
是否符合SOP：○X				○	○				▲	◆	○	○	○

②複查買價＝平均P/E×近4季EPS
　　　　　＝11.94×7.41元＝88.48元

①基準買價＝6.3元×15＝94.5元
　買入P/E＝基準買價÷近4季EPS
　　　　　＝94.5元÷7.41元＝12.75
※12.75＜15，OK

註1：近5年配股記錄：100年0.3元，101年0.3元
註2：105年Q3股價淨值比（P/B）＝1.12
註3：最近4季（104年Q4～105年Q3）EPS＝7.41元
註4：105/10/31股價：53.3元
註5：105/10/31適當買價：88.48元
註6：買前最近4季EPS（自填）：
註7：買前基準買價（自填）：
註8：買前複查買價（自填）：
註9：買前適當買價（自填）：
註10：本次買入價（自填）：

⑥ 中鼎（9933）

成立：1979/04/06	上市：1993/05/28	產業別：其他
地址：台北市士林區中山北路 六段89號	電話：02-28339999	發言人：蕭銘證 （副總）
主要業務：工程技術服務93.93%、環境工程5.41%、其他0.43%等（2015年）。 國內統包工程業龍頭，除國內市場外，中東、東協、印度等市場業 務逐漸成長中。		
105年Q3：資本額：76.33億元，總資產：59.57億元，累計EPS：2.27元， 累計ROE：10.27%		

表7-60a 中鼎股利政策

民國（年）	現金股利	盈餘配股	公積配股	股票股利	合計
104	2.40	0.00	0.00	0.00	2.40
103	2.23	0.00	0.00	0.00	2.23
102	1.99	0.00	0.00	0.00	1.99
101	2.84	0.00	0.00	0.00	2.84
100	2.76	0.00	0.00	0.00	2.76
99	2.42	0.00	0.00	0.00	2.42
98	2.37	0.00	0.00	0.00	2.37
97	1.92	0.00	0.00	0.00	1.92
96	1.74	0.12	0.00	0.12	1.86
95	1.32	0.21	0.00	0.21	1.53

表7-60b 中鼎年度成交資訊

民國（年）	張數	金額（仟元）	筆數（仟）	最高價	日期	最低價	日期	收盤均價
104	4,165,834	17,577,481	253	55.50	04/24	33.05	12/14	46.57
103	366,645	17,727,417	226	56.00	06/13	39.70	02/06	48.93
102	462,531	25,351,141	274	65.50	03/15	42.30	08/22	54.53
101	531,629	29,192,905	295	69.50	10/01	40.00	02/04	54.23
100	445,508	16,668,874	171	42.15	12/21	31.00	03/15	36.73
99	356,334	11,863,425	153	36.35	08/23	30.80	01/26	33.19
98	1,283,098	35,660,605	383	36.00	08/14	19.80	02/11	27.65
97	591,310	13,764,575	185	29.20	04/17	17.45	10/28	23.25
96	682,954	19,026,650	189	33.55	01/23	18.60	12/24	27.07
95	951,103	18,625,295	179	30.40	12/28	12.90	01/19	18.37

表7-60c 中鼎近4季與近5年的EPS

獲利能力（105年第3季）		最新4季每股盈餘		最新5年每股盈餘	
營業毛利率	9.47%	105年第3季	0.92元	104年	2.69元
營業利益率	6.37%	105年第2季	0.74元	103年	2.51元
稅前淨利率	5.99%	105年第1季	0.62元	102年	2.22元
資產報酬率	1.46%	104年第4季	0.79元	101年	3.32元
股東權益報酬率	4.51%	每股淨值	22.10元	100年	3.22元

近4季EPS總合3.07元

表7-60d 中鼎收租股買前檢查表

民國（年）	最高價（元）（月/日）	最低價（元）（月/日）	收盤均價（元）	淨值（元）	EPS（元）	本益比（P/E）	ROE（%）	現金息（元）	現金殖利率（%）	現金配息率（%）	負債比（%）	董監事持股（%）	外資持股（%）
100	42.15（12/21）	31.00（03/15）	36.73	19.91	3.22	11.41	16.17	2.76	7.51	85.71	69.54	29.37	51.53
101	69.50（10/01）	40.00（02/04）	54.23	20.84	3.32	16.33	15.93	2.84	5.24	85.54	67.06	9.80	55.59
102	65.50（03/15）	42.30（08/22）	54.53	22.08	2.22	24.56	10.05	1.99	3.65	89.64	61.21	9.86	55.82
103	56.00（06/13）	39.70（02/06）	48.93	22.66	2.51	19.49	11.08	2.23	4.56	88.84	65.33	9.93	48.97
104	55.50（04/24）	33.05（12/14）	46.57	22.40	2.69	17.31	12.01	2.40	5.15	89.22	67.25	9.51	50.85
平均						17.82	13.05	2.44	5.22	87.79			
	是否符合SOP：○X					▲	◆		X	○	X	○	○

②複查買價＝平均P/E×近4季EPS
　　　　　＝15×3.07元＝46.05元
※平均P/E≧15，取15計算

①基準買價＝2.44元×15＝36.6元
買入P/E＝基準買價÷近4季EPS
　　　　＝36.6元÷3.07元＝11.92
※11.92＜15，OK

註1：近5年配股記錄：無
註2：105年Q3股價淨值比（P/B）=2.1
註3：最近4季（104年Q4～105年Q3）
　　　EPS=3.07元
註4：105/10/31股價：46.35元
註5：105/10/31適當買價：36.6元

註6：買前最近4季EPS（自填）：
註7：買前基準買價（自填）：
註8：買前複查買價（自填）：
註9：買前適當買價（自填）：

圖表索引

國家圖書館出版品預行編目(CIP)資料

股素人、卡小孜的收租股總覽 1：好存股一把抓，3～5年賺100% / 股素人、卡小孜著
－－ 台北市 ； 大樂文化, 2017.01
面 ； 公分. －（Money；13）

ISBN 978-986-93867-6-0（平裝）
1. 股票投資 2. 投資技術 3. 投資分析
563.53　　　　　　　　　　　　　　　　　　　　　　　105022194

Money 013

股素人、卡小孜的收租股總覽 1
好存股一把抓，3～5年賺100%

作　　　者／股素人、卡小孜
封面設計／蕭壽佳
內頁排版／思　思
責任編輯／詹靚秋
主　　　編／皮海屏
圖書企劃／張硯甯
發行專員／張允謙
會計經理／陳碧蘭
發行經理／高世權、呂和儒
總編輯、總經理／蔡連壽
出 版 者／大樂文化有限公司（優渥誌）
　　　　　　地址：臺北市 100 衡陽路 20 號 3 樓
　　　　　　電話：（02）2389-8972
　　　　　　傳真：（02）2388-8286
　　　　　　詢問購書相關資訊請洽：2389-8972
　　　　　　郵政劃撥帳號／50211045　戶名／大樂文化有限公司

香港發行／豐達出版發行有限公司
地址：香港柴灣永泰道 70 號柴灣工業城 2 期 1805 室
電話：852-2172 6513　傳真：852-2172 4355

法律顧問／第一國際法律事務所余淑杏律師
印　　　刷／科億印刷有限公司

出版日期／2017 年 1 月 16 日
定　　　價／350 元　　　（缺頁或損毀的書，請寄回更換）
I S B N　978-986-93867-6-0